Die Stiftung von Todes wegen im erbrechtlichen Konfliktfall

Bochumer Studien zum Stiftungswesen

Herausgegeben von Karlheinz Muscheler

Band 17

Zur Qualitätssicherung und Peer Review der vorliegenden Publikation

Die Qualität der in dieser Reihe erscheinenden Arbeiten wird vor der Publikation durch externe, von der Herausgeberschaft benannte Gutachter geprüft.

Notes on the quality assurance and peer review of this publication

Prior to publication, the quality of the work published in this series is reviewed by external referees appointed by the editorship.

Caroline Krezer

Die Stiftung von Todes wegen im erbrechtlichen Konfliktfall

PETER LANG

Bibliografische Information der Deutschen Nationalbibliothek
Die Deutsche Nationalbibliothek verzeichnet diese Publikation in der Deutschen Nationalbibliografie; detaillierte bibliografische Daten sind im Internet über http://dnb.d-nb.de abrufbar.

Zugl.: Hamburg, Bucerius Law School, Diss., 2021

Gedruckt auf alterungsbeständigem, säurefreiem Papier.

H 360
ISSN 1864-936X
ISBN 978-3-631-85172-2 (Print)
E-ISBN 978-3-631-86989-5 (E-PDF)
E-ISBN 978-3-631-86990-1 (EPUB)
DOI 10.3726/b19220XXX

PL Academic Research ist ein Imprint der Peter Lang GmbH.

Peter Lang – Frankfurt am Main · Bern · Bruxelles · New York · Oxford · Warszawa · Wien

Diese Publikation wurde begutachtet.

www.peterlang.com

Meiner Familie

Vorwort

Die vorliegende Arbeit wurde im September 2020 von der Bucerius Law School – Hochschule für Rechtswissenschaft – als Dissertation angenommen. Das Manuskript wurde im Mai 2020 fertiggestellt. Die mündliche Prüfung fand am 2. Dezember 2020 statt. Für die Drucklegung wurde die bis Mitte Dezember 2020 veröffentlichte Rechtsprechung und Literatur berücksichtigt.

Mein besonderer Dank gilt meinem Doktorvater, Herrn Professor Dr. Peter Rawert, der mich bereits in meiner Zeit als studentische Hilfskraft im Notariat Ballindamm für Fragen des Stiftungs- und Erbrechts begeistern konnte. Ich danke ihm herzlich für die Anregung zum Thema dieser Arbeit und seine hervorragende Betreuung während der Promotionszeit, in der er mir stets als Gesprächspartner für interessante und kritische Diskussionen zur Verfügung stand. Frau Professorin Dr. Birgit Weitemeyer danke ich für den anregenden Austausch zu meinem Promotionsthema im Rahmen eines Doktorandenseminars und die Möglichkeit, auf die Bibliothek ihres Lehrstuhls zugreifen zu dürfen.

Bedanken möchte ich außerdem bei allen, die mich bei der Entstehung dieser Arbeit unterstützt haben. Mein größter Dank gebührt hierbei meinem Vater für seine Ermutigung zu einer Promotion, die zahlreichen Diskussionen und seine wertvollen Ideen. Meiner Mutter und meiner Schwester danke ich von ganzem Herzen für ihren bedingungslosen Rückhalt und den liebevollen Zuspruch in allen Phasen der Arbeit. Einen besonderen Dank möchte ich meinem Ehemann aussprechen. Ohne sein kritisches Hinterfragen meiner Thesen, die gewissenhafte Durchsicht des Manuskripts und seine immerwährende Unterstützung wäre diese Arbeit nicht möglich gewesen.

Hamburg, im Dezember 2020
Caroline Krezer

Inhaltsverzeichnis

Einleitung

Die Stiftung erfährt seit vielen Jahren eine Renaissance. Allein im Jahr 2018 wurden 554 Stiftungen neuerrichtet, 2019 waren es 576. Insgesamt gibt es im Jahr 2019 rund 23.230 Stiftungen in Deutschland.[1] Hauptmotivationen der Stifterinnen und Stifter sind Verantwortungsbewusstsein und der Wunsch, der Gesellschaft etwas zurückgeben. Die Stifter sind zu 95 Prozent über 45 Jahre alt, meist männlich, gebildet und vermögend. Bei der Gründung lassen sich ca. 90 Prozent der Stifter fachlich beraten.[2]

Der Stifter kann seine Stiftung entweder durch Stiftungsgeschäft unter Lebenden oder durch Verfügung von Todes wegen errichten. Zwar erfolgt ein Großteil dieser Stiftungserrichtungen lebzeitig, jedoch wird auch die letztwillige Stiftungserrichtung von zahlreichen Stifterinnen und Stiftern genutzt. Doch was sind die Vor- und Nachteile einer solchen Stiftungserrichtung? Vorteil ist offenkundig, dass die Stifter ihr Vermögen bis zu ihrem Lebensende behalten. Sie müssen nicht schon lange vor ihrem Tod eine Schätzung darüber treffen, wie viel Vermögen sie voraussichtlich für den Rest ihres Lebens benötigen werden und wie großzügig sie sein können. Zugleich birgt die letztwillige Stiftungserrichtung aber auch Risiken: In Zweifelsfällen können die Stifter nicht mehr hinsichtlich ihrer Wünsche befragt werden, sie können keinen Einfluss darauf nehmen, ob die Stiftung am Ende tatsächlich nach ihren Vorstellungen errichtet wird und sie können die Stiftung in der Errichtungsphase nicht vor Dritten schützen. Eine Stiftung von Todes wegen ist bis zur Anerkennung deutlich mehr Einflüssen verschiedener Personen ausgesetzt, als dies bei einer lebzeitig errichteten Stiftung der Fall ist. Nach dem Tod des Stifters und der Eröffnung seiner – gegebenenfalls unter fachkundigem Rat errichteten – letztwilligen Verfügung entscheidet die Stiftungsbehörde über die Anerkennung der Stiftung. Erben oder „Erbinteressenten" können Ansprüche aus dem letzten Willen oder aus Erb- und Pflichtteilsrecht geltend machen, die der Stiftung ihre Vermögensgrundlage unter Umständen entziehen, und auch Dritte können versuchen, die Anerkennung der Stiftung als solche anzugreifen. Tatsächlich befindet sich die Stiftung von Todes

1 https://www.stiftungen.org/stiftungen/zahlen-und-daten/statistiken.html [zuletzt abgerufen am 22.09.2020].

2 Zu den Motivationen einer Stiftungserrichtung Stiftungsstudie, Stifterinnen und Stifter in Deutschland, Engagement – Motive – Ansichten, S. 8 f.

wegen in einem besonderen erbrechtlichen Konfliktfeld, das es zu erkennen gilt. Die folgende Untersuchung widmet sich den im Rahmen des Anerkennungsverfahrens denkbaren Problemen und den in Betracht kommenden Lösungen.

Ausgangspunkt der Untersuchung und zwei besondere Normen des BGB sind § 1923 BGB und § 84 BGB. § 1923 Abs. 1 BGB statuiert, dass nur Erbe werden kann, wer zur Zeit des Erbfalls lebt – die Stiftung von Todes wegen existiert im Zeitpunkt des Erbfalls jedoch gerade noch nicht. Allerdings gilt nach § 84 BGB die Stiftung, wenn sie erst nach dem Tod des Stifters als rechtsfähig anerkannt wird, für Zuwendungen des Stifters als schon vor dessen Tod entstanden. Es stellt sich damit die Frage, wer in der Phase zwischen Tod des Erblassers und Anerkennung der Stiftung Rechtsträger des Nachlasses geworden ist und welche Verfügungsbefugnisse diesem in der Phase bis zur Anerkennung zukommen. Diese Frage wird in Kapitel B. behandelt.[3]

Die in Kapitel C. und D. behandelten Fragestellungen wurden von einer wahren letztwilligen Stiftungserrichtung inspiriert, bei der eine alleinstehende Stifterin eine letztwillige Stiftungserrichtung in ihrem Testament anordnete. Nach ihrem Versterben und der Testamentseröffnung meldeten entfernte Verwandte Erbansprüche an und versuchten den Nachlass für sich zu vereinnahmen. Es folgte ein Rechtsstreit zwischen der Stiftung, der Stiftungsbehörde und den Verwandten, bei dem die Wirksamkeit der Stiftungserrichtung zentrale Frage war. Unter Berücksichtigung der besonderen Situation einer letztwilligen Stiftungserrichtung soll in dieser Arbeit daher geprüft werden, welche Rechte und Pflichten der Stiftungsbehörde im Errichtungsstadium zukommen. Hierbei sind Prüfungsumfang sowie die formellen und materiellen Anforderungen an die letztwillige Stiftungserrichtung herauszuarbeiten. Die anschließende Untersuchung der Auslegungs- und Ergänzungskompetenzen fokussiert sich auf die Frage, mit welchen Instrumenten und in welchen Grenzen die Stiftungsbehörde einen unvollständigen letzten Willen auslegen und ein nicht ausreichendes Stiftungsgeschäft ergänzen darf. Die Ergebnisse der Untersuchung werden in Kapitel D. zu einer Handlungsempfehlung für die Praxis zusammengefasst, die eine

3 Wesentliche Gedanken dieses Kapitels und des Kapitels E. werden durch eine nach dem Abschluss dieser Arbeit ergangene Entscheidung des OLG Braunschweig, Beschluss vom 8.7.2020 – 3 W 19/20, bestätigt. Die Rechtsprechung wurde in den Fußnoten nachträglich aufgenommen, die dazu ergangene Literatur, die erst im Jahre 2021 erschienen ist, konnte nicht mehr eingearbeitet werden.

„Entscheidungsmatrix“ zur Prüfung der Anerkennung einer durch letztwillige Verfügung errichteten Stiftung enthält.

Kapitel E. beschäftigt sich mit der Frage der Austragung von erbrechtlichen Konflikten vor Gericht und den Kompetenzen der einzelnen Gerichte und Behörden. Hierbei wird zunächst untersucht, welche Absicherungsmöglichkeiten der Stiftungsbehörde bei Zweifeln an der Wirksamkeit des letzten Willens zukommen und wie die bestehenden Rechtsschutzlücken geschlossen werden können. Sodann stellt sich aufgrund der besonderen Stellung der Stiftung insbesondere die Frage der Zuständigkeit von Verwaltungsgerichten einerseits und Zivilgerichten andererseits. Im Anschluss ist zu untersuchen, welche Folgen eine Konkurrenz der Rechtswege haben kann.

Das letzte Kapitel der Dissertation behandelt eine Sonderkonstellation der letztwilligen Stiftungserrichtung und prüft, welche Schritte zu ergreifen sind, wenn nach Anerkennung der Stiftung ein weiterer, aktuellerer letzter Wille gefunden wird, der hinsichtlich der Stiftungserrichtung bzw. Erbeinsetzung andere Vorgaben macht. Ist die im Rahmen eines zuvor gefundenen letzten Willens errichtete Stiftung bereits anerkannt, wirft dies teils schwierige rechtliche Fragen auf. In diesem Kapitel sollen die Auswirkungen des späteren Funds anhand verschiedener Fallgruppen und mit Blick auf die Rechtsbeziehungen zwischen der bereits anerkannten Stiftung, gegebenenfalls anderen Erben, einer eventuell neu anzuerkennenden Stiftung und möglichen Zustiftern und Spendern untersucht werden.

Ziel der Arbeit ist es, die Risiken einer letztwilligen Stiftungserrichtung aufzuzeigen und einen Überblick über mögliche Konfliktfälle und ihre rechtliche Lösung zu geben.

A. Überblick: Das Stiftungsgeschäft von Todes wegen

Bei der Stiftung bürgerlichen Rechts handelt es sich nach herrschender Auffassung um einen selbstständigen, nicht auf einem Personenverband beruhenden Rechtsträger, welcher in einem Stiftungsgeschäft festgelegte Zwecke mit Hilfe eines diesen Zwecken gewidmeten Vermögens dauerhaft verfolgt.[4]

Nach § 80 Abs. 1 BGB sind zur Errichtung einer rechtsfähigen Stiftung ein Stiftungsgeschäft durch den Stifter und die Anerkennung der Stiftung durch die zuständige Stiftungsaufsichtsbehörde erforderlich. Diese Kombination aus privatrechtlichem Errichtungsakt und öffentlich-rechtlicher Anerkennung stellt ein besonderes Merkmal der rechtsfähigen Stiftung dar.[5] Die hieraus resultierenden Konflikte im gerichtlichen Streitfall sollen im Kapitel E. der Arbeit behandelt werden.

Die Errichtung einer Stiftung von Todes wegen wird durch letztwillige Verfügung im Rahmen eines Testaments oder eines Erbvertrages vom Erblasser angeordnet.[6] Die Besonderheit hierbei ist, dass sowohl im Zeitpunkt der letztwilligen Verfügung als auch im Moment des Erbfalls die Stiftung – d.h. die Zuwendungsempfängerin – noch nicht existiert.[7] Formal entsteht bei einem Stiftungsgeschäft von Todes wegen die rechtsfähige Stiftung erst mit ihrer Anerkennung mittels privatrechtsgestaltenden Verwaltungsakts.[8] Dieser wirkt allerdings rückwirkend,

---

4 BVerwG, Urteil vom 12.02.1998 – 3 C 55/96, Rn. 31 (BVerwGE 106, 177-186); BTDrucks. 14/8765 S. 10; *Hüttemann/Rawert*, in: Staudinger, Vor § 80 ff. Rn. 1. m.w.N.; *Weitemeyer*, in: MüKo, § 80 Rn. 1; *Reuter*, in: MüKo 6. Aufl., Vor § 80, 81 Rn. 51.; *v. Campenhausen/Stumpf*, in: Handbuch Stiftungsrecht, § 1 Rn. 6; *Backert*, in: Bamberger/Roth, § 80 Rn. 3, ähnlich auch *Jakob*, Schutz der Stiftung, S. 37.

5 S. *Weidmann*, Stiftung und Testamentsvollstreckung, S. 22; *Jakob*, Schutz der Stiftung, S. 45 ff.

6 S. *Hüttemann/Rawert*, in: Staudinger, § 83 Rn. 2; *Weitemeyer*, in: MüKo, § 83 Rn. 1.

7 Als „organisatorischen Schöpfungsakt" bezeichnet von *O. Schmidt*, Unternehmensträgerstiftung, S. 10; ähnlich auch *Schewe*, ZSt 2004, 270, 271; *Weitemeyer*, in: MüKo, § 83 Rn. 3.

8 S. BVerwG, Urteil vom 26.04.1968 – VII C 103.66, Rn. 42 (BVerwGE 29, 314-317); *Weidmann*, Stiftung und Testamentsvollstreckung, S. 24.

sodass für die Zuwendung des Erblassers die Stiftung gem. § 84 BGB als schon vor dessen Tode entstanden gilt.[9] Wer in dieser Schwebephase zwischen Erbfall und Anerkennung der Stiftung Rechtsträger des Nachlasses ist, wird in Kapitel B. untersucht.

I. Inhaltliche Anforderungen – Stiftungsmerkmale

Die Stiftung von Todes wegen, die in den §§ 83 f. BGB geregelt ist, wird durch eine letztwillige Verfügung errichtet. Die inhaltlichen Anforderungen an das Stiftungsgeschäft richten sich gem. § 83 S. 2 BGB nach § 81 BGB. Das letztwillige Stiftungsgeschäft hat damit sämtliche Tatbestandsmerkmale erfüllen, die das Gesetz auch für die lebzeitigte Stiftungserrichtung gem. § 81 Abs. 1 BGB vorschreibt. Es muss die verbindliche Erklärung des Stifters enthalten, ein Vermögen zur Erfüllung eines von ihm vorgegebenen Zwecks zu widmen. Das Vermögen kann im Rahmen der von § 80 Abs. 2 S. 2 BGB definierten Einschränkungen auch zum Verbrauch bestimmt werden.[10] Durch das Stiftungsgeschäft muss die Stiftung eine Satzung erhalten, die Regelungen über den Namen der Stiftung, ihren Sitz, den Zweck der Stiftung, ihr Vermögen sowie die Bildung des Stiftungsvorstands beinhaltet.

Da die Stiftung von Todes wegen durch letztwillige Verfügung angeordnet wird, muss der Erblasser als natürliche Person mit Testierwillen und Testierfähigkeit gehandelt haben. Auch die erbrechtlichen Formvorschriften gem. §§ 2231 ff. BGB sind zu beachten.[11]

Konstitutive Elemente des Stiftungsbegriffs der §§ 80 ff. BGB sind nach herrschender Meinung der Stiftungszeck, das Stiftungsvermögen sowie die Stiftungsorganisation.[12]

---

9 Vgl. *Schwake*, in: Münchener Handbuch des Gesellschaftsrechts Band 5, § 79 Rn. 188.

10 Vgl. *Weitemeyer*, in: MüKo, § 81 Rn. 20; § 80 Rn. 132.

11 LG Berlin, Beschluss vom 26.05.2000 – 87 T 708/99, Rn. 28 ff. (FamRZ 2001, 450-451); statt aller auch *Backert*, in: Bamberger/Roth, § 83 Rn. 2.

12 Vgl. *Campenhausen/Stumpf*, in: Handbuch Stiftungsrecht, § 1 Rn. 6; *Ebersbach*, Handbuch Stiftungsrecht, S. 15; *Ellenberger*, in: Beck'sche Kurzkommentare BGB, Vor § 80 Rn. 6 ff.; *Hüttemann/Rawert*, in: Staudinger, Vor § 80 Rn. 4; *Strickrodt*, Stiftungsrecht, S. 26, 160; *Wiese*, in: Erman, Vor § 80 Rn. 1.

1. Stiftungszweck

Liermann bezeichnete den Stiftungszweck schon im Jahre 1955 als „Seele der Stiftung“[13], der Stiftungsvermögen und Stiftungsorganisation dienen solle.[14] Gem. § 81 Abs. 1 S. 2 BGB hat der Stifter den Zweck im Stiftungsgeschäft festzulegen. Auch in der Satzung ist er wiederzugeben (vgl. § 81 Abs. 1 S. 3 Nr. 3 BGB).

Aufgabe des Stiftungszwecks ist es, der Stiftung eine Richtung und ein Tätigkeitsfeld zu geben, innerhalb derer sie agieren soll. Er dient als Leitlinie für die Arbeit der Stiftung.[15] Darüber hinaus kommt dem Stiftungszweck aber noch eine weitere maßgebliche Rolle zu: Es soll ein überindividueller Wille des Stifters unabhängig von dessen eigener Existenz geschaffen werden – der Wille des Stifters soll regelmäßig über seinen Tod hinaus verwirklicht und befolgt werden.[16] Dies unterscheidet die Stiftung von einer Körperschaft.[17] Bei Letzterer entscheiden die Mitglieder über Aufgaben, Ausgestaltung und letztendlich auch die Existenz der Körperschaft selbst.[18] Bei der Stiftung hingegen fehlt es bereits an der Verbandsstruktur. In der Folge gibt es keine Stiftungsorgane, denen das Recht oder die Möglichkeit zukommt, einen autonomen Willen zu bilden.[19] Stattdessen wird der in einer Körperschaft vorhandene Mitgliederwille in einer Stiftung durch den objektivierten Stifterwillen ersetzt.[20]

---

13 *Liermann*, in: Deutsches Stiftungswesen 1948-1966, S. 153, 154; vgl. auch *v. Campenhausen/Stumpf*, in: Handbuch Stiftungsrecht, § 1 Rn. 9; *Backert*, in: Bamberger/Roth, § 80 Rn. 4; *Hüttemann/Rawert*, in: Staudinger, Vor § 80 Rn. 5; *Strickrodt*, Stiftungsrecht, S. 26; ähnlich auch *Ebersbach*, Handbuch Stiftungsrecht, S. 16.

14 Vgl. auch *Ebersbach*, Handbuch Stiftungsrecht, S. 16; *Strickrodt*, Stiftungsrecht, S. 26; *Hüttemann/Rawert*, in: Staudinger, Vor § 80 Rn. 5, 10; *Neuhoff*, in: Soergel, Vor § 80 Rn. 10; kritisch *Kronke*, Stiftungstypus und Unternehmerträgerstiftung, S. 57; *Burgard*, Gestaltungsfreiheit, S. 116; *Dylla*, Die Weisungsfunktion des Stiftungszwecks, passim; *Rawert*, in: Stiftungsrecht in Europa, S. 109, 125.

15 Vgl. *Hüttemann/Rawert*, in: Staudinger, Vor § 80 Rn. 5, § 81 Rn. 45.

16 Statt aller vgl. *v. Campenhausen/Stumpf*, in: Handbuch Stiftungsrecht, § 1 Rn. 6 ff.

17 Vgl. *Weitemeyer*, in: MüKo, § 81 Rn. 35.

18 Vgl. *Rittner*, Die werdende juristische Person, S. 234 f.; *Happ*, Stifterwille und Zweckänderung, S. 18.

19 Vgl. *Flume*, Allgemeiner Teil des Bürgerlichen Rechts, 1. Band 2. Teil, § 4 V 1, S. 131; *Happ*, Stifterwille und Zweckänderung, S. 19; *Rawert*, in: Stiftungsrecht in Europa, S. 109, 129; *Riehmer*, Körperschaften als Stiftungsorganisationen, S. 29.

20 Statt aller *v. Campenhausen/Stumpf*, in: Handbuch Stiftungsrecht, § 1 Rn. 7.

Grundsätzlich steht es dem Stifter frei, welchen Zweck er seiner Stiftung gibt (vgl. § 80 Abs. 2 BGB). Hierbei ist er nicht auf die Festlegung eines einzigen Zwecks beschränkt. Sowohl die Angabe verschiedener Haupt- und Nebenzwecke[21] als auch sukzessiver Zwecke sind zulässig.[22] Der Stiftungszweck muss grundsätzlich auf Dauer angelegt sein.[23] Regelfall soll die auf unabsehbare Zeit errichtete Stiftung sein.[24] Dennoch sind auch zeitlich beschränkte Stiftungen nicht per se unzulässig.[25]

2. Stiftungsvermögen

Damit Stiftungszweck und Stifterwille erfüllt werden können, ist für die Gründung und den Erhalt einer Stiftung ein Stiftungsvermögen (zuweilen auch Grundstockvermögen genannt) erforderlich.[26] Die Bestimmung des Vermögens ist bereits Teil des Stiftungsgeschäfts.[27] Zwingend ist dabei allerdings nicht eine konkrete Summenangabe, vielmehr muss es sich um eine Regelung über die Vermögensausstattung als solche handeln.[28] Nach § 80 Abs. 2 S. 1 BGB ist die Stiftung als rechtsfähig anzuerkennen, wenn das Stiftungsgeschäft den Anforderungen des § 81 Abs. 1 BGB genügt, die dauernde und nachhaltige Erfüllung des Stiftungszwecks gesichert erscheint und der Stiftungszweck das Gemeinwohl nicht gefährdet. Die konkret erforderliche Höhe des Vermögens für ein individuelles Stiftungsvorhaben ist damit nicht pauschal bezifferbar. Erforderlich ist jedoch nach dem Gesetzeswortlaut, dass der angegebene Zweck mit den vorgesehenen Mitteln erreichbar erscheint.[29]

Das Stiftungsvermögen ist zur Zweckverfolgung einzusetzen, wobei nach dem Grundsatz der Vermögenserhaltung nur die Erträge, die mithilfe des sogenannten Grundstockvermögens erwirtschaftet werden, hierfür verwendet werden dürfen.[30] Das Grundstockvermögen selbst ist in seinem Bestand zu erhalten,

---

21 Vgl. *Dutta*, in: Handbuch Stiftungsrecht, § 5 Rn. 9, 12.

22 Vgl. *Reuter*, in: MüKo 6. Aufl., § 81 Rn. 33; *Hüttemann/Rawert*, in: Staudinger, § 81 Rn. 49; *Happ*, Stifterwille und Zweckänderung, S. 62 ff.

23 Statt aller *Weitemeyer*, in: MüKo, § 80 Rn. 120.

24 S. BT-Drucks. 14/8765 S. 13 f.

25 S. *Hüttemann/Rawert*, in: Staudinger, § 81 Rn. 53 ff.

26 Vgl. *v. Campenhausen/Stumpf*, in: Handbuch Stiftungsrecht, § 1 Rn. 12; *Hüttemann/Rawert*, in: Staudinger, Vor § 80 Rn. 10 f., § 81 Rn. 59 ff.

27 S. *Weitemeyer*, in: MüKo, § 81 Rn. 39.

28 S. *Weitemeyer*, in: MüKo, § 81 Rn. 39.

29 S. *Schiffer/Pruns*, in: Heidel/Hüßtege/Mansel/Noack, § 81 Rn. 53.

30 S. *Schlüter*, in: Henssler/Strohn, § 81 Rn. 12.

Zustiftungen können es erhöhen.[31] Soweit das Stiftungsvermögen dennoch aufgebraucht sein sollte und die Stiftung sich nicht in absehbarer Zeit regenerieren kann, ist sie wegen Vermögenslosigkeit aufzulösen.[32]

3. Stiftungsorganisation

Die Stiftung benötigt neben dem Stiftungszweck und dem Stiftungsvermögen auch eine Organisationsstruktur, welche ihr die Verwirklichung ihres Zwecks innerhalb eines vorgesehenen Rahmens ermöglicht. Unter Beachtung der Grundanforderungen des § 86 BGB i.V.m. § 26 BGB steht die Ausgestaltung der Stiftungsorganisation dem Stifter frei.[33] Die Organisationsstruktur bestimmt sich primär nach der Satzung der Stiftung und subsidiär nach den entsprechenden Vorschriften des bürgerlichen Rechts.

Fehlen bei einer letztwilligen Stiftungserrichtung einzelne Elemente, so kann die Stiftungsbehörde diese teilweise durch erbrechtliche Auslegung und ihre behördliche Ergänzungskompetenz vervollständigen. Die Möglichkeiten und Grenzen dieser Kompetenzen werden in Kapitel C. untersucht.

II. Organisatorischer Ablauf des Anerkennungsverfahrens

1. Entwicklung der Rolle der Stiftungsbehörde

Das Stiftungsrecht besteht historisch bedingt aus bundes- und landesgesetzlichen Reglungen. Seit der Modernisierung des Stiftungsrechts im Jahre 2002 ist die Frage der Anerkennung einer Stiftung abschließend in den §§ 80 ff. BGB geregelt, sodass die Länder nunmehr nur noch die Befugnis zur Bestimmung der zuständigen Anerkennungsbehörde innehaben.[34] Den zuständigen Landesstiftungsbehörden kommt seither vor allem die Aufgabe der Stiftungsaufsicht zu.[35] Die Funktion der Stiftungsaufsicht ist heute die Gewährleistung einer reinen Rechtskontrolle.[36]

---

31 Vgl. *Godron*, in: Handbuch Stiftungsrecht, § 7 Rn. 43; *Backert*, in: Bamberger/Roth, § 80 Rn. 8; *Schlüter*, in: Henssler/Strohn, § 81 Rn. 13.

32 Vgl. *Backert*, in: Bamberger/Roth, § 80 Rn. 9.

33 Vgl. *Schiffer/Pruns*, in: Heidel/Hüßtege/Mansel/Noack, § 80 Rn. 1.

34 S. hierzu *Hüttemann/Rawert* in: Staudinger, Vor § 80 Rn. 114; *Muscheler*, ZSt 2004, 3, 5; *ders.*, NJW 2004, 713, 715.

35 Für eine Übersicht der verschiedenen Verständnismöglichkeiten des Begriffs „Stiftungsaufsicht" vgl. *Hüttemann/Rawert* in: Staudinger, Vor § 80 Rn. 122.

36 Vgl. BVerwG, Urteil vom 22.09.1972 – VII C 27.71, Rn. 23 ff. (BVerwGE 40, 347); *Weitemeyer*, in: MüKo, § 80 Rn. 66 m.w.N.; *Fischer*, in: Handbuch Stiftungsrecht, § 8 Rn. 8 ff.; *Schulte*, in: Hüttemann/Richter/Weitemeyer, Kapitel 28 Rn. 28.11.

Dies war jedoch nicht immer so. Die Rolle der Stiftungsbehörden hat sich über die Jahre nicht unerheblich gewandelt. Im preußischen Stiftungsrecht sollte die Stiftungsaufsicht noch die Moral der Bürger „schützen".[37] Ziel war eine Kontrolle der Stiftungsorgane durch die Behörde, wobei diese Art staatlicher Fürsorge nur einer „würdigen" Stiftung zuteilwerden sollte.[38] Hintergrund dieses Aufsichtsverständnisses war unter anderem der aus dem aufgeklärten Absolutismus herrührende Gedanke, dass Stiftungen, die nicht gewissen, zu diesem Zeitpunkt privilegierten Zwecken dienten, den Vorstellungen des Staates gefährlich werden konnten und aus diesem Grund zu überwachen waren.[39] Dieser an Kontrolle und einer vormundschaftlichen Fürsorge orientierte Ansatz hielt sich noch bis ins späte 20. Jahrhundert etwa in den Stiftungsgesetzen von Bayern, Rheinland-Pfalz und Hessen.[40]

Im Rahmen der Modernisierung des Stiftungsrechts im Jahre 2002 wurde ein Anspruch des Stifters auf Anerkennung der Stiftung im Gesetz verankert. Soweit die Voraussetzungen der §§ 80 ff. BGB vorliegen, muss die Stiftungsbehörde die Anerkennung der Stiftung aussprechen.[41] Durch die bundeseinheitlichen Regelungen zur Stiftungsanerkennung wurden die landesrechtlichen Regelungen hierzu verdrängt.[42] Der Stiftungsbehörde kommt nach dem heutigen Verständnis vor allem eine Kontrollfunktion, eine Garantiefunktion, eine Schutzfunktion und eine Beratungsfunktion zugunsten der Stiftung und des ursprünglichen Stifterwillens zu.[43]

Durch die Ständige Konferenz der Innenminister und -senatoren der Länder (IMK) wurde im Juni 2014 ein Beschluss zur Reform des Stiftungsrechts gefasst. Im Rahmen der Reform sollen die stiftungsrechtlichen Vorschriften auf Möglichkeiten der Vereinheitlichung, Vereinfachung und Zusammenführung überprüft werden. Hierbei stehen die Themen Rechte von Stifterinnen und Stiftern zu Lebzeiten, Möglichkeiten der Bündelung von Ressourcen nicht überlebensfähiger Stiftungen, Steigerung der Transparenz im Stiftungswesen, Schaffung und Verbesserung bundeseinheitlicher rechtlicher Rahmenbedingungen sowie die Absicherung von Stiftungen in Zeiten niedriger Erträge im Fokus. Im November 2014 errichtete das Bundesministerium der Justiz und für Verbraucherschutz die

---

37 S. *Weitemeyer*, in: MüKo 7. Aufl., § 80 Rn. 46; *Weitemeyer*, in: MüKo, § 80 Rn. 66.

38 S. *Weitemeyer*, in: MüKo 7. Aufl., § 80 Rn. 46.

39 S. *Hüttemann/Rawert*, in: Staudinger, Vor § 80 Rn. 70 f.

40 S. *Weitemeyer*, MüKo 7. Aufl., in: MüKo, § 80 Rn. 46.

41 Vgl. *Stumpf*, in: Handbuch Stiftungsrecht, § 4 Rn. 124 f.

42 Vgl. *Hüttemann/Rawert*, in: Staudinger, Vor § 80 Rn. 114; *Stumpf*, in: Handbuch Stiftungsrecht, § 2 Rn. 10 ff.

43 Statt aller *Fischer*, in: Stiftungsrechts-Handbuch, § 8 Rn. 8 ff.

Bund-Länder-Arbeitsgruppe „Stiftungsrecht“.[44] Diese veröffentlichte im Februar 2018 einen Diskussionsentwurf für ein Gesetz zur Vereinheitlichung des Stiftungsrechts.[45] Ein Professorenentwurf mit alternativen Vorschlägen ist im März 2020 veröffentlicht wurden[46], der Referentenentwurf[47] des Bundesministeriums der Justiz und für Verbraucherschutz wurde im September 2020 veröffentlicht.[48]

2. Ablauf des Anerkennungsverfahrens

Eine Stiftung kann von jeder natürlichen oder juristischen Person errichtet werden. Um das Anerkennungsverfahren für ein Stiftungsgeschäft unter Lebenden einzuleiten, muss die Person einen entsprechenden Antrag bei der zuständigen Behörde des Bundeslandes stellen.[49] Bei einer Stiftung von Todes wegen muss gem. § 83 S. 1 BGB das Nachlassgericht der für die Anerkennung zuständigen Behörde das Vorliegen eines Stiftungsgeschäfts mitteilen, sofern die Anerkennung nicht bereits von dem Erben oder dem Testamentsvollstrecker beantragt wurde. Dieser Formulierung lässt sich entnehmen, dass es bei der Stiftung von Todes wegen grundsätzlich Aufgabe von Erben und Testamentsvollstrecker ist, einen entsprechenden Antrag bei der zuständigen Behörde zu stellen. Geschieht dies nicht durch diese Personen, muss das Nachlassgericht seiner Amtspflicht nachkommen und die im Nachlassverfahren zum letztwilligen Stiftungsgeschäft gewonnenen Informationen an die zuständige Stiftungsbehörde herantragen.[50] Diese hat sodann ihrerseits von Amts wegen und ohne gesonderten Antrag das Anerkennungsverfahren einleiten.[51] Eine solche Pflicht trifft die Behörde auch dann, wenn sie auf andere Weise vom letztwilligen Stiftungsgeschäft erfährt.[52]

---

44 Bericht der der Bund-Länder-Arbeitsgruppe „Stiftungsrecht“ an die Ständige Konferenz der Innenminister und -senatoren der Länder vom 9. September 2016, S. 10 f.

45 Abrufbar unter https://www.innenministerkonferenz.de/IMK/DE/termine/to-beschluesse/2018-06-08_06/anlage-zu-top-46.pdf?__blob=publicationFile&v=2, [zuletzt abgerufen am 05.03.2020].

46 Professorenentwurf zur Stiftungsrechtsreform 2020, ZIP 2020, Beilage zu Heft 10, S. 3.

47 https://www.bmjv.de/SharedDocs/Gesetzgebungsverfahren/Dokumente/RefE_Stiftungsrecht.pdf?__blob=publicationFile&v=2, [zuletzt abgerufen am 15.10.2020].

48 Inzwischen ist eine Reform in dieser Legislaturperiode wegen der Corona-Krise jedoch unwahrscheinlich geworden.

49 Vgl. *Backert*, in: Hüttemann/Richter/Weitemeyer, Kapitel 10 Rn. 10.10.

50 S. *Backert*, in: Hüttemann/Richter/Weitemeyer, Kapitel 10 Rn. 10.11.

51 *Backert*, in: Hüttemann/Richter/Weitemeyer, Kapitel 10 Rn. 10.11.

52 *Backert*, in: Hüttemann/Richter/Weitemeyer, Kapitel 10 Rn. 10.11; *Schlüter/Stolte*, in: Stiftungsrecht, Kap. 2 Rn. 152; *Hof/Bianchini-Hartmann/Richter*, Stiftungen: Errichtung, Gestaltung, Geschäftsfähigkeit, Steuern, S. 69.

Hintergrund dieser Regelung ist die besondere Situation im Falle einer Stiftungserrichtung durch Verfügung von Todes wegen: Der Stifter kann aufgrund seines Versterbens keinen entsprechenden Antrag mehr stellen. Andere potentielle oder sonst gesetzlich bestimmte Erben haben nicht selten der Stiftungserrichtung entgegenstehende Interessen, sodass eine Antragsstellung durch sie – obwohl der Gesetzgeber dies als Regelfall sieht – nicht immer gesichert ist.[53] Der Antrag auf Anerkennung der Stiftung als rechtsfähig kann formlos gestellt werden.[54]

53 Vgl. *Backert*, in: Hüttemann/Richter/Weitemeyer, Kapitel 10 Rn. 10.12; *Reuter*, in: MüKo 6. Aufl., § 83 Rn. 17.

54 S. *Backert*, in: Hüttemann/Richter/Weitemeyer, Kapitel 10 Rn. 10.22 ff.

B. Rechtsträger und Verfügungsbefugnis

I. Problemdarstellung

Die Stiftungserrichtung von Todes wegen setzt eine letztwillige Verfügung des Erblassers voraus, in der er die Errichtung der Stiftung anordnet und sie als Erbin einsetzt.[55] Wie bereits in Kapitel A.II.2. gezeigt, beginnt die letztwillige Stiftungserrichtung immer mit einem Erblasser, der in seinem letzten Willen die Errichtung einer Stiftung von Todes wegen anordnet. Nachdem der Erblasser verstorben ist und die Stiftungsbehörde Kenntnis von der potentiellen letztwilligen Stiftungserrichtung erhalten hat, prüft sie die Stiftungserrichtung im Rahmen ihrer Kompetenz in erbrechtlicher und stiftungsrechtlicher Hinsicht. Diese Prüfung nimmt üblicherweise mehrere Wochen bis Monate in Anspruch. Kommt die Stiftungsbehörde zu dem Ergebnis, dass die Voraussetzungen der letztwilligen Stiftungserrichtung erfüllt sind, erkennt sie die Stiftung an. Erst zu diesem Zeitpunkt existiert die Stiftung im rechtlichen Sinne.

Nach § 1923 Abs. 1 BGB kann jedoch Erbe nur werden, wer zur Zeit des Erbfalls lebt. Im Ausgangsfall spricht § 1923 BGB zwar von natürlichen Personen. Die Erbfähigkeit von juristischen Personen ist jedoch unbestritten und wird auch im Gesetz vorausgesetzt (vgl. beispielsweise §§ 2044 Abs. 2 S. 3, 2101 Abs. 2, 2106 Abs. 2 S. 2, 2109 Abs. 2, 2163 Abs. 2 BGB). Für juristische Personen bedeutet das damit, dass sie zum Zeitpunkt des Erbfalls existieren müssen, um Erbe werden zu können.[56] Bei der letztwilligen Stiftungserrichtung ist die Besonderheit jedoch, dass der Zuwendungsempfänger zum Zeitpunkt des Erbfalls noch nicht besteht und erst durch einen späteren Anerkennungsakt entsteht. Eine Erbeinsetzung dieser später anzuerkennenden und erst dann existierenden Stiftung würde gegen die Regelung des § 1923 BGB verstoßen und wäre der Systematik des Erbrechts fremd. Über § 84 BGB und § 1923 Abs. 2 BGB wirkt die

55 Ausführlich zum erbrechtlichen Erfordernis einer letztwilligen Zuwendung bei der Stiftungserrichtung von Todes wegen s. C.II.2.b)cc)(2).

56 S. statt aller *Leipold*, in: MüKo, § 1923 Rn. 36.

Stiftungsanerkennung für Zuwendungen des Stifters daher rückwirkend auf die juristische Sekunde vor dem Tod des Erblassers.[57] Hierdurch wird die Hürde des § 1923 Abs. 1 BGB umgangen und die Erbeinsetzung einer noch anzuerkennenden Stiftung ermöglicht. Für die Zuwendung des Erblassers gilt die Stiftung damit gem. § 84 BGB als schon vor dessen Tod entstanden.[58] Diese gesetzliche Fiktion findet ausschließlich auf Zuwendungen des Stifters im Rahmen von letztwilligen Verfügungen Anwendung.[59]

Aus dem Auseinanderfallen des Zeitpunkts der Anerkennung und der Rückwirkungsfiktion des § 84 BGB ergeben sich jedoch zahlreiche rechtliche Probleme. Diese wurden bereits mit Blick auf erbschaftssteuerliche und ertragssteuerliche Folgen in der Literatur behandelt.[60] Unbeantwortet ist aber bisher die Frage, wer in der Phase zwischen dem Erbfall und der tatsächlichen Anerkennung Rechtsträger des Nachlasses ist und welche Verfügungsbefugnisse dieser formale Eigentümer besitzt.

II. Wer ist Rechtsträger in der Errichtungsphase?

Die §§ 1922 ff. BGB mit dem von ihnen angeordneten Erwerb *ipso iure* stellen sicher, dass es zu keinem Zeitpunkt einen subjektlosen Nachlass (*hereditas*

57 Vgl. *Schwake*, in: Münchener Handbuch des Gesellschaftsrechts Band 5, § 79 Rn. 188.
58 S. *Tolksdorf*, in: BeckOGK [01.12.2020], § 84 Rn. 1.
59 S. *Hüttemann/Rawert*, in: Staudinger, § 84 Rn. 2 m.w.N.
60 S. *Weitemeyer*, in: MüKo, § 84 Rn. 3 ff.; *Tolksdorf*, in: BeckOGK [01.12.2020], § 84 Rn. 1, 18 ff. 26 ff. m.w.N.

iacens) gibt.[61] Von diesem Grundsatz wird beispielsweise auch bei einer Ausschlagung, Anfechtung oder Erbunwürdigkeit keine Ausnahme gemacht. In einem solchen Fall fällt die Erbschaft bei dem vorherigen Erben weg und rückwirkend auf den Zeitpunkt des Erbfalls den hilfsweise berufenen Erben an.[62] Im Falle von auflösenden Bedingungen oder Befristungen der Erbeinsetzung wird mithilfe der Instrumentarien von Vor- und Nacherbschaft (§§ 2100 ff. BGB) sichergestellt, dass keine *hereditas iacens* entsteht.

Nach diesen Grundsätzen muss die Erbschaft auch in der Errichtungsphase der letztwilligen Stiftung, in der sie selbst noch nicht existiert, einen Rechtsträger besitzen. Fraglich ist jedoch, wem der Nachlass bis zur Errichtung der Stiftung anfällt. In Betracht kommen in diesem Zusammenhang verschiedene rechtliche Konstruktionen.

1. Möglichkeit einer Vor-Stiftung

Denkbar wäre zunächst, dass Rechtsträger des Nachlasses eine sog. Vor-Stiftung wird. In Anlehnung an die Institute des Vor-Vereins, der Vor-GmbH und der Vor-AG wird die Existenz einer Vor-Stiftung für eine noch nicht anerkannte Stiftung von Teilen der Literatur angenommen.[63]

Durch die Annahme einer solchen Vor-Stiftung könnte zahlreichen Problemen im Anerkennungsstadium begegnet werden. Nach Ansicht ihrer Befürworter ist die Vor-Stiftung grundbuchfähig und kann Beteiligungen erwerben. Sie sichert darüber hinaus die Erhaltung des zukünftigen Vermögens der Stiftung im Gründungsstadium[64] und ermöglicht, dass mit Anerkennung sämtliche vor Anerkennung erworbenen Rechte und Pflichten *eo ipso*, d.h. ohne gesonderten

---

61 S. *Preuß*, in: BeckOGK [01.11.2020], § 1922 Rn. 43, *Mayer* ZEV 2010, 445, 446; *Leipold*, in: MüKo, § 1960 Rn. 39; *Muscheler*, Erbrecht I, § 19 Rn. 1031; *Kunz*, in: Staudinger, § 1922 Rn. 12; vgl. auch *Otte*, in: Staudinger, § 1942 Rn. 8.

62 S. *Mayer* ZEV 2010, 445, 446.

63 So *Schwinge* BB 1978, 527; *Eder* ZStV 2013, 52; *Weimar/Delp* BB 1987, 1709 Rn. 37; *Delp*, Stiftung & Co. KG, S. 26, 29 ff.; *Ellenberger*, in: Beck'sche Kurzkommentare BGB, § 80 Rn. 2; *Hennerkes/Binz/Sorg*, DB 1986, 2269, 2270; *Hunnius*, Die Vorstiftung, passim; *Wachter* ZEV 2003, 445, 446; *Werner*, in: Werner/Saenger/Fischer, § 11 Rn. 156; *Beuthien*, in: Münchener Handbuch des Gesellschaftsrechts Band 5, § 77 Rn. 36 ff., *Schwake*, in: Münchener Handbuch des Gesellschaftsrechts Band 5, § 84 Rn. 11 ff.

64 Vgl. *Hunnius*, Die Vorstiftung, Abschnitt E; *Eder* ZStV 2013, 52, 55.

Übertragungsakt, auf die rechtsfähige Stiftung übergehen.[65] Außerdem sollen die für die spätere Rechtsform geltenden Rechtsgrundsätze dabei grundsätzlich schon auf die Vor-Stiftung anwendbar sein.[66] Dies hätte zur Folge, dass Rechtsträger des Nachlasses die Vor-Stiftung selbst wäre.

a) Meinungsstand

Die vorherrschende Meinung lehnt die Annahme einer Vor-Stiftung allerdings in Übereinstimmung mit der Rechtsprechung des BFH ab.[67] Die vorgebrachten Argumente gegen eine Vor-Stiftung sind dabei vielschichtig.

Der BFH befand in Einklang mit zahlreichen Literaturstimmen, dass die Situation im Ergebnis zu den anderen Vorgesellschaften nicht hinreichend vergleichbar sei. Zunächst sei der Stifter bis zur Anerkennung der Stiftung nicht an sein Zuwendungsversprechen gebunden.[68] Darüber hinaus mangele es an einem verselbstständigten Vermögen, weshalb sich die Vor-Stiftung von den sonstigen

---

65 Vgl. *Hunnius*, Die Vorstiftung, Abschnitt E; *Werner*, in: Werner/Saenger/Fischer, § 11 Rn. 156.

66 S. *Beuthien*, in: Münchener Handbuch des Gesellschaftsrechts Band 5, § 77 Rn. 36 ff., *Schwake*, in: Münchener Handbuch des Gesellschaftsrechts Band 5, § 84 Rn. 24 ff.

67 BFH, Urteil vom 11.02.2015 – X R 36/11 (BFHE 249, 159); zur „Stiftung in Gründung" OLG Braunschweig, Beschluss vom 08.07.2020 – 3 W 19/20, Rn. 28 (ZEV 2020, 565-570); *Backert*, in: Bamberger/Roth, § 80 Rn. 56; *O. Schmidt*, Unternehmensträgerstiftungen, S. 100 ff.; *ders.*, ZEV 1998, 81 f.; *Hüttemann/Rawert*, in: Staudinger, § 80 Rn. 47 ff.; *Neuhoff*, in: Soergel, § 80 Rn. 16; *Weitemeyer*, in: MüKo, § 81 Rn. 5361 f.; *Reuter*, in: MüKo 6. Aufl., § 81 Rn. 71; *Muscheler*, DNotZ 2003, 661, 669; *Wiese*, in: Erman, § 80 Rn. 8; *Langenfeld*, ZEV 2002, 481, 483; *Andrick*, RNotZ 2002, 441, 442; *Andrick*, ZSt 2003, 3, 8; *Andrick/Suerbaum*, NJW 2002, 2905, 2906 f.; *Schiffer/Pruns*, BB 2015, 1756, 1757 ff.; *dies./Schürmann*, in: Die Stiftung in der Beraterpraxis, § 3 Rn. 112 ff.; *Schiffer*, Die Stiftung in der anwaltlichen Praxis, S. 125 f.; *Schick/Schmidt/Ries/Walbröl*, Praxishandbuch Stiftungen, S. 237 f.; *Flume*, Die werdende juristische Person, S. 4 f.; *Burgard*, Gestaltungsfreiheit, S. 87 f.; *Hinz*, Die Haftung des Stifters für Verbindlichkeiten der Stiftung, S. 91 ff.; *Hüttemann*, ZHR 167 (2003), 35, 43; *Kaper*, Bürgerstiftungen, S. 146 f.; *Kronke*, Stiftungstypus und Unternehmerträgerstiftung, S. 47 f.; *Pues/Scheerbarth*, Gemeinnützige Stiftungen, S. 31; *Rittner*, Die werdende juristische Person, S. 36 ff., 41; *K. Schmidt*, Verbandszweck und Rechtsfähigkeit im Vereinsrecht, § 2 S. 15 f.; *ders.*, Gesellschaftsrecht, § 7 II 2 b, S. 177; *Thole*, Die Stiftung in Gründung, S. 97; *Schauhoff*, in: Schauhoff, Handbuch der Gemeinnützigkeit, § 3 Rn. 39.

68 BFH, Urteil vom 11.02.2015 – X R 36/11, Rn. 63 (BFHE 249, 159).

Vorgesellschaften unterscheide.[69] Weiter sei ein Stifter, anders als der Gesellschafter einer Kapitalgesellschaft, nicht zur Übertragung eines Vermögens auf die Stiftung vor deren Anerkennung verpflichtet.[70] Auch sei die Tatsache, dass der Gesetzgeber bei der Modernisierung des Stiftungsrechts eine Vor-Stiftung nicht vorgesehen habe, ein Indiz gegen diese.[71] Ergänzend führte der BFH aus, dass es an einer mit § 1923 Abs. 2 BGB vergleichbaren Regelung für die Stiftung fehle.[72]

Ähnlich argumentiert auch die Literatur – die Stiftung entstehe durch nur einen einzigen Akt in Gestalt der Anerkennung, anders als Kapitalgesellschaften, die einen stufenweisen Prozess bis zu ihrer Entstehung durchliefen.[73] Insbesondere sei der Stifter gem. § 82 BGB erst mit Anerkennung der Stiftung zur Übertragung des Vermögens verpflichtet, was gegen die Annahme einer Vor-Stiftung spreche.[74] Weiter wird eingewendet, dass die Vor-Stiftung schon deshalb abzulehnen sei, weil der Gesetzgeber im Rahmen der Modernisierung des Stiftungsrechts keine dem § 11 Abs. 1 GmbHG oder § 41 Abs. 1 S. 2 AktG vergleichbare Regelung geschaffen habe.[75]

b) Stellungnahme

Im Ergebnis sprechen die besseren Argumente gegen die Annahme einer Vor-Stiftung.

Zunächst ist festzustellen, dass sich aus dem Umstand, dass der Gesetzgeber keine den § 11 Abs. 1 GmbHG und § 41 Abs. 1 S. 2 AktG vergleichbare Regelung geschaffen hat, noch nicht zwingend schließen lässt, dass er das Institut der Vor-Stiftung kategorisch ausschließen wollte. Vielmehr finden sich in der Gesetzgebungshistorie zahlreiche Beispiele, in denen ein Teil der Materie durch den Gesetzgeber trotz eines eigentlich bestehenden Regelungsbedürfnisses letztlich nicht explizit geregelt wurde.[76] Die Gründe hierfür sind vielfältig. Nicht selten

69 BFH, Urteil vom 11.02.2015 – X R 36/11, Rn. 64 (BFHE 249, 159).
70 BFH, Urteil vom 11.02.2015 – X R 36/11, Rn. 65 (BFHE 249, 159).
71 BFH, Urteil vom 11.02.2015 – X R 36/11, Rn. 66 (BFHE 249, 159).
72 BFH, Urteil vom 11.02.2015 – X R 36/11, Rn. 67 (BFHE 249, 159).
73 S. *Hüttemann/Rawert*, in: Staudinger, § 80 Rn. 53.
74 S. *O. Schmidt*, Unternehmensträgerstiftungen, S. 101; *Andrick/Suerbaum* NJW 2002, 2905, 2906 f.; *Hüttemann/Rawert*, in: Staudinger, § 80 Rn. 52, 53.
75 BFH, Urteil vom 11.02.2015 – X R 36/11, Rn. 66 (BFHE 249, 159).
76 So zum Beispiel bei der Fortsetzungsfeststellungsklage gem. § 113 Abs. 1 S. 4 VwGO analog, bei der der Gesetzgeber trotz des Bedarfs diese Klageart nicht gesetzlich geregelt

handelt es sich schlicht um ein Übersehen oder ein Redaktionsversehen. Auch während der Modernisierung des Stiftungsrechts im Jahre 2002 wurden nicht alle klärungsbedürftigen Fragen durch den Gesetzgeber behandelt und in Gesetzesmaterie umgesetzt. Im Ergebnis kann ohne einen entsprechenden Hinweis in der Gesetzesbegründung vom Fehlen einer gesetzlichen Regelung daher noch nicht ohne Weiteres darauf geschlossen werden, dass der Gesetzgeber eine Vor-Stiftung grundsätzlich ablehnt. Konkrete Anhaltspunkte dafür finden sich in der Gesetzesbegründung jedenfalls nicht.

Betrachtete man ausschließlich die Stiftung von Todes wegen, so erscheint die Annahme einer Vor-Stiftung tatsächlich nicht per se ausgeschlossen. Anders als bei lebzeitiger Stiftungserrichtung hat der Stifter mit seinem Versterben keine Möglichkeit zum Widerruf des Stiftungsgeschäfts. Selbstverständlich kann der Stifter bis zu seinem Tod seinen letzten Willen jederzeit ändern und sich so gegen eine Stiftungserrichtung entscheiden. Ab dem Zeitpunkt seines Todes ist dies jedoch nicht mehr möglich, da der stiftende Erblasser verstorben ist. Nach dem Tod des Erblassers erhält die Stiftungsbehörde, wie unter A.II.2. ausgeführt, Kenntnis vom letzten Willen des Erblassers und leitet sodann ein Anerkennungsverfahren ein. Dieser Schritt kommt dem Antrag beim lebzeitigen Stiftungsgeschäft funktional gleich. Anders als bei diesem kann der Stifter aber bei der letztwilligen Stiftungserrichtung den Prozess der Anerkennung nicht mehr durch Widerruf unterbrechen, da er bereits verstorben ist. Faktisch ist der Stifter damit, im Unterschied zum lebzeitigen Stiftungsgeschäft, bei der Stiftungserrichtung von Todes wegen an sein Zuwendungsversprechen gebunden. Hierdurch wird eine anderen Vorgesellschaften vergleichbare Situation geschaffen, was durchaus für die Annahme einer Vor-Stiftung spricht.

Zu beachten ist auch, dass durch die Annahme einer Vor-Stiftung zahlreichen Problemen in der Anerkennung der letztwilligen Stiftung begegnet werden kann: Die Stiftung wäre unter anderem bereits vor ihrer Anerkennung in der Lage, zu ihren Gunsten einen Erbschein zu beantragen und zu erhalten. Auch könnte sie Partei eines Rechtsstreits über ihre Anerkennung werden. Hierdurch würde eine eventuell bestehende Schutzlücke für Stiftungen von Todes wegen, die sich in einem erbrechtlichen Konfliktfall befinden, geschlossen werden. Außerdem wäre die Vor-Stiftung selbst Rechtsträgerin des Vermögens, sodass die Frage, wem der Nachlass während der Schwebephase zusteht, beantwortet wäre.

---

hat; ebenso beim quasinegatorischen Unterlassungsanspruch gem. §§ 862, 1004 BGB analog.

Ein praktisches Bedürfnis für die Anerkennung einer Vor-Stiftung – zumindest im Falle der Stiftung von Todes wegen – ist somit nicht zu leugnen. Es stellt sich daher die Frage, ob dieses praktische Bedürfnis die systematischen Argumente, welche im Rahmen des lebzeitigen Stiftungsgeschäfts gegen die Vor-Stiftung vorgebracht werden, zu überwiegen vermag. Im Ergebnis ist dies zu verneinen.

Bei der lebzeitigen Stiftungserrichtung ist der Stifter gem. § 82 BGB erst nach Erteilung der Anerkennung zur Vermögensübertragung verpflichtet.[77] § 82 S. 1 BGB statuiert insoweit, dass erst wenn die Stiftung als rechtsfähig anerkannt wird, der Stifter verpflichtet ist, das in dem Stiftungsgeschäft zugesicherte Vermögen auf die Stiftung zu übertragen. Auch Rechte, zu deren Übertragung der Abtretungsvertrag genügt, gehen gem. § 82 S. 2 BGB mit der Anerkennung auf die Stiftung über, sofern sich nicht aus dem Stiftungsgeschäft ein anderer Wille des Stifters ergibt. Bis zur Anerkennung steht dem Stifter damit gem. § 81 Abs. 2 S. 1 BGB die Möglichkeit zu, das Stiftungsgeschäft frei zu widerrufen. Eine Vor-Stiftung, der ein Vertrauens- und Bestandsschutz zukäme und die bereits körperschaftliche Qualitäten besäße, ist nach herrschender Meinung nicht mit einem solchen Widerrufsrecht vereinbar.[78] Dem ist zuzustimmen. Zwar wird von den Vertretern der Vor-Stiftung einwendet, dass der Stifter in der Stiftungssatzung auf ein entsprechendes Widerrufsrecht verzichten könne. Hierdurch sei der Stifter bereits vor Anerkennung der Stiftung an seine Vermögenszusage gebunden und ein Gleichlauf mit anderen Vorgesellschaften erscheine nicht ausgeschlossen.[79] Dem wiederum ist jedoch entgegenzuhalten, dass diese theoretische Möglichkeit zwar freilich besteht, sie jedoch keine Aussagekraft für die grundsätzliche Fragestellung hat, ob der Gesetzgeber die Möglichkeit einer Vor-Stiftung zulassen wollte und ob sie sich in die rechtliche Systematik einfügt. Zur Beantwortung dieser Frage ist der regelmäßige Ablauf der Stiftungserrichtung und -anerkennung zugrunde zu legen. Die Möglichkeit eines Widerrufsverzichts allein kann damit die Existenz einer Vor-Stiftung dogmatisch nicht begründen.

Darüber hinaus ist zu beachten, dass Gemeinsamkeit aller Vorgesellschaften die Verselbstständigung des Vermögens bereits vor vollständig durchlaufener Anerkennung ist. Anders als bei Kapitalgesellschaften finden sich für die

---

77 S. *O. Schmidt*, Unternehmensträgerstiftungen, S. 101.

78 Vgl. *Godron*, in: Handbuch Stiftungsrecht, § 7 Rn. 15; *Hüttemann/Rawert*, in: Staudinger, § 80 Rn. 52 f.

79 So beispielsweise *Beuthien*, in: Münchener Handbuch des Gesellschaftsrechts Band 5, § 77 Rn. 36a.

Stiftung keine den § 36 Abs. 2 AktG, § 36a Abs. 2 AktG, § 7 Abs. 2 und 3 GmbHG vergleichbaren Vorschriften, nach denen erforderlich wäre, dass das einzubringende Gesellschaftsvermögen bereits vor Anmeldung der Gesellschaft zur freien Verfügung der Organe steht.[80] Stattdessen besteht bei lebzeitiger Stiftungserrichtung der zivilrechtliche Anspruch der Stiftung gegen den Stifter auf Übertragung des Stiftungsvermögens gerade erst nach Anerkennung der Stiftung.[81] Dies ist beispielsweise in Österreich anders, da der Gesetzgeber hier eine Kapitalaufbringung in der Gründungsphase vorgesehen hat, weshalb im österreichischen Recht eine Vor-Stiftung zu Recht angenommen wird.[82] Eine solche Kapitalaufbringungspflicht vor Anerkennung der Stiftung existiert im deutschen Recht jedoch gerade nicht. Insoweit wird der Unterschied zwischen dem stufenweisen Gründungsprozess, beispielsweise einer GmbH oder AG, und der einaktigen Anerkennung der Stiftung deutlich. Anders als bei anderen Vorgesellschaften gibt es bei der Stiftung keine Phase, in der das Vermögen des Gründers oder Errichters der neuen juristischen Person zugewendet wird, bevor sie vollständig existiert. In der Folge muss die Stiftung auch nicht vor ihrer Anerkennung im rechtsgeschäftlichen Verkehr auftreten, während beispielsweise die GmbH zur Erfüllung ihrer eigenen Gründungsvoraussetzungen in ein Vertragsverhältnis mit einer Bank treten muss, um ein Konto für die zwingend erforderliche Einzahlung ihres Stammkapitals zu eröffnen. Eine damit vergleichbare Situation existiert bei der Stiftung nicht. Mithin besteht bei der lebzeitigen Stiftungserrichtung kein Bedarf und unter Beachtung der Systematik des Stiftungsrechts auch kein Raum für eine Vor-Stiftung.

Auch wenn bei der Stiftung von Todes wegen eine faktische Bindung an das Versprechen der Vermögenszuwendung durch den Stifter zu einer gewissen Vergleichbarkeit mit den Vorgesellschaften im deutschen Recht führt, ist auch hier eine Vor-Stiftung abzulehnen. Die Stiftung von Todes wegen stellt lediglich eine Modifikation der Stiftung unter Lebenden dar und hat ihr dementsprechend in ihrer Systematik zu folgen. Dieses grundsätzliche Verhältnis lässt sich den §§ 80 ff. BGB entnehmen. Obschon sich Argumente für die Annahme einer Vor-Stiftung bei der Stiftung von Todes wegen finden, bleibt es im Ergebnis dabei, dass bei lebzeitiger Stiftungserrichtung keine den anderen Vorgesellschaften

---

80 Statt aller *Hüttemann/Rawert*, in: Staudinger, § 80 Rn. 52; *Backert*, in: Bamberger/Roth, § 80 Rn. 56.

81 So auch *O. Schmidt*, Unternehmensträgerstiftungen, S. 101.

82 So auch *Hüttemann/Rawert*, in: Staudinger, § 80 Rn. 52 m.V.a. *Thole*, Die Stiftung in der Gründung, S. 98 ff.

vergleichbare Vermögensbindung und -verselbstständigung der Vermögensmasse vorliegt. Auch wenn dies bei der Stiftung von Todes wegen anders sein könnte, kann dies nicht die gesamte Systematik der Stiftungserrichtung der §§ 80 ff. BGB durchbrechen und zur Annahme einer Vor-Stiftung führen. Die enge Verknüpfung von lebzeitiger und letztwilliger Stiftungserrichtung durch das BGB macht vielmehr die Annahme eines Gleichlaufs etwaiger Vorstufen in der Anerkennung erforderlich. Auch das Zusammenspiel von § 1923 Abs. 1 BGB und § 84 BGB macht das deutlich. Aus diesem Grund ist eine Vor-Stiftung sowohl für die lebzeitige als auch für die letztwillige Stiftungserrichtung abzulehnen. Folglich gibt es keine Vor-Stiftung, die Rechtsträgerin des Nachlasses vor Anerkennung der Stiftung sein könnte.

2. Vor- und Nacherbschaft

Betrachtet man lediglich die Tatsache, dass die Stiftung erst nach ihrer Anerkennung existiert und sie auch erst zu diesem Zeitpunkt rückwirkend auf den Todesfall Erbin des Nachlasses wird, kann eine Parallele zu einer aufschiebend bzw. auflösend bedingten Erbschaft gezogen werden. In Betracht kommt hierbei das Konstrukt der Vor- und Nacherbschaft, das die Frage, wem der Nachlass in der Schwebephase zuzuordnen und wer Inhaber der Verfügungsmacht ist, beantworten könnte.

a) Übersicht zur aufschiebend und auflösend bedingten Erbeinsetzung

Gem. § 2100 BGB kann der Erblasser einen Erben in der Weise einsetzen, dass dieser erst Erbe wird, nachdem zunächst ein anderer Erbe geworden ist. Dieser spätere Erbe wird als Nacherbe bezeichnet, die Erbschaft fällt zuvor dem Vorerben an. Die Nacherbschaft tritt erst mit dem Eintritt des Nacherbfalls ein. Dieser ist ein vom Erblasser vorgesehenes oder sich aus dem Gesetz ergebendes Ereignis. Damit handelt es sich bei der Vor- und Nacherbschaft um eine auflösend und zugleich aufschiebend bedingte Erbeinsetzung.[83] Das Erbrecht kennt eine Vielzahl solcher auflösend und aufschiebend bedingter Erbeinsetzungen. Hat der Erblasser eine letztwillige Zuwendung unter einer aufschiebenden Bedingung i.S.d. § 158 Abs. 1 BGB gemacht, regelt § 2074 BGB, dass im Zweifel anzunehmen ist, dass die Zuwendung nur gelten soll, wenn der Bedachte den Eintritt der Bedingung erlebt. Für den Fall, dass der Erblasser eine letztwillige

83 Zur Vor- und Nacherbschaft statt aller *Lieder*, in: MüKo, § 2100 Rn. 1 ff.

Zuwendung unter der Bedingung gemacht hat, dass der Bedachte während eines Zeitraums von unbestimmter Dauer etwas unterlässt oder fortgesetzt tut, so ist, wenn das Unterlassen oder das Tun lediglich in der Willkür des Bedachten liegt, gem. § 2075 BGB im Zweifel anzunehmen, dass die Zuwendung von der auflösenden Bedingung i.S.d. § 158 Abs. 2 BGB abhängig sein soll, dass der Bedachte die Handlung vornimmt oder das Tun unterlässt.

In diesen beiden Beispielen besteht eine rechtliche Schwebephase zwischen Eintritt des Erbfalls und Eintritt des auflösend oder aufschiebend bedingten Ereignisses. Hier geht die herrschende Meinung davon aus, dass die Regeln über die Vor- und Nacherbschaft Anwendung finden.[84] Dies hat zur Folge, dass bei einer aufschiebenden Bedingung der Bedachte Nacherbe i.S.d. § 2100 BGB ist, während gem. § 2105 BGB im Zweifel die gesetzlichen Erben Vorerben werden.[85]

Beispiel 1:
Die Erblasserin ist verheiratet und hat zwei Kinder. In ihrem privatschriftlichen Testament regelt sie Folgendes:

[…] Mein Ehemann erhält die Hälfte meines Erbes. Für die zweite Hälfte setze ich meine Kinder als meine Erben unter der Bedingung ein, dass sie beide bis zum Erreichen ihres 28. Lebensjahrs ein Studium erfolgreich abschließen. […]

In einem solchen Fall würde der Ehemann hinsichtlich seiner Hälfte Vollerbe werden, während er als gesetzlicher Erbe für die Hälfte der Kinder bis zum Eintritt der aufschiebenden Bedingung Vorerbe (§ 2105 BGB) wird. Nachdem die Kinder jeweils ihr Studium bis zum Erreichen ihres 28. Lebensjahrs erfolgreich abgeschlossen haben, werden sie für ihren Anteil Nacherben.

Bei einer auflösenden Bedingung wird – vorbehaltlich anderer Regelungen im letzten Willen – der Bedachte gem. § 2104 S. 2 BGB Vorerbe und die gesetzlichen Erben Nacherben.[86] Hierbei wird regelmäßig davon ausgegangen, dass es dem

84 S. *Gomille*, in: BeckOGK [15.12.2018], § 2074 Rn. 3; *Weidlich*, in: Beck'sche Kurzkommentare BGB, § 2075 Rn. 5; *Otte*, in: Staudinger, § 2074 Rn. 18; *Leipold*, in: MüKo, § 2074 Rn. 13; BayObLG, Beschluss vom 07.07.2004 – 1Z BR 43/04 (ZEV 2004, 461, 462).

85 S. *Selbherr*, in: Kroiß/Ann/Mayer, § 2074 Rn. 10; *Otte*, in: Staudinger, § 2074 Rn. 18; *Litzenburger*, in: Bamberger/Roth, § 2074 Rn. 3.

86 S. *Selbherr*, in: Kroiß/Ann/Mayer, § 2074 Rn. 11; *Litzenburger*, in: Bamberger/Roth, § 2075 Rn. 3.

Willen des Erblassers entspricht, wenn der Erbe bis zum Eintritt der auflösenden Bedingung befreiter Vorerbe ist.[87]

> Beispiel 2:
> Die Erblasserin ist verheiratet und hat ein Kind. In ihrem privatschriftlichen Testament regelt sie Folgendes:
>
> *[...] Mein Kind erhält die Hälfte meines Erbes. Für die zweite Hälfte setze ich meinen Ehemann als Erben unter der Bedingung ein, dass er nicht wieder heiratet. [...]*
>
> Hier würde der Ehemann bis zum Eintritt der auflösenden Bedingung befreiter Vorerbe (§ 2104 S. 1 BGB) werden. Im Falle des Eintritts der auflösenden Bedingung würde das Kind als gesetzlicher Erbe in die Nacherbenstellung eintreten.

Diese Art der Vor- und Nacherbschaft bei auflösend oder aufschiebend bedingter Erbeinsetzung wird in der Literatur teilweise auch als konstruktive Vor- und Nacherbschaft bezeichnet.[88]

b) Anwendbarkeit auf letztwillige Stiftungserrichtung

Fraglich ist, ob die rechtliche Konstruktion einer aufschiebenden Bedingung i.S.d. § 158 Abs. 2 BGB und der daraus folgenden (konstruktiven) Vor- und Nacherbschaft auch im Falle einer letztwilligen Stiftungserrichtung anzunehmen ist. Wie bereits ausgeführt, existiert der Zuwendungsempfänger bei der letztwilligen Stiftungserrichtung zum Zeitpunkt des Erbfalls noch nicht und entsteht erst durch einen späteren Anerkennungsakt. Man könnte in Anbetracht dieser Situation annehmen, dass die Erbeinsetzung der Stiftung durch den Erblasser aufschiebend bedingt auf die tatsächliche Anerkennung der Stiftung erfolgt. Eine entsprechende, ausdrückliche aufschiebende Bedingung wird der Erblasser regelmäßig nicht in seinem letzten Willen aufgenommen haben, da dieser davon ausgehen wird, dass sein Stiftungsgeschäft wirksam ist und damit die Anerkennung der Stiftung aus seiner Sicht unzweifelhaft erfolgen wird. Faktisch kann die Situation jedoch einer aufschiebenden Bedingung gleichkommen, da der Erblasser weiß, dass seine Stiftung erst nach der Anerkennung existiert und dass dieser Anerkennungsprozess erst nach seinem Tod beginnt. Mithin könnte man annehmen, dass es sich bei der Einsetzung der Stiftung um eine aufschiebend bedingte

---

87 S. *Leipold*, in: MüKo, § 2075 Rn. 9; *Schmidt*, in: Erman, § 2075 Rn. 2; *Weidlich*, in: Beck'sche Kurzkommentare BGB, § 2075 Rn. 5; *Zawar*, Das Vermächtnis in der Kautelarjurisprudenz, S. 52; *Litzenburger*, in: Bamberger/Roth, § 2075 Rn. 3.

88 S. *Leipold*, in: MüKo, § 2074 Rn. 13; *Harder/Wegmann*, in: Soergel, § 2100 Rn. 1; *Litzenburger*, in: Bamberger/Roth, § 2074 Rn. 3, 4.

Erbeinsetzung i.S.d. § 158 Abs. 2 BGB handelt, bei der die Anerkennung der Stiftung die zu erfüllende Bedingung darstellt. Da der Erblasser hierbei in seinem letzten Willen keine Vorerben bestimmt haben wird, könnte im Zweifel § 2105 BGB Anwendung finden. Gem. § 2105 Abs. 1 BGB sind die gesetzlichen Erben des Erblassers die Vorerben, wenn der Erblasser angeordnet hat, dass der eingesetzte Erbe die Erbschaft erst mit dem Eintritt eines bestimmten Zeitpunkts oder Ereignisses erhalten soll, ohne zu bestimmen, wer bis dahin Erbe sein soll. Das Gleiche gilt gem. § 2105 Abs. 2 BGB, wenn die Einsetzung einer zur Zeit des Erbfalls noch nicht gezeugten Person oder einer zu dieser Zeit noch nicht entstandenen juristischen Person als Erbe nach § 2101 BGB als Nacherbeinsetzung anzusehen ist. Nach § 2101 Abs. 1 BGB ist im Zweifel anzunehmen, dass eine zur Zeit des Erbfalls noch nicht gezeugte, aber als Erbe eingesetzte Person als Nacherbe eingesetzt ist. Entspricht es nicht dem Willen des Erblassers, dass der Eingesetzte Nacherbe werden soll, so ist die Einsetzung unwirksam. Gem. § 2101 Abs. 2 BGB gilt das Gleiche von der Einsetzung einer juristischen Person, die erst nach dem Erbfall zur Entstehung gelangt; die Vorschrift des § 84 BGB bleibt unberührt.

Betrachtet man lediglich § 2105 Abs. 2 BGB i.V.m. § 2101 Abs. 2 1. Hs. BGB, könnte man annehmen, dass eine Stiftung von Todes wegen eine erst nach dem Erbfall zur Entstehung gelangende Person ist und daher von einer Vorerbschaft der gesetzlichen Erben und einer Nacherbschaft der Stiftung auszugehen ist.[89] Die Erbeinsetzung der Stiftung wäre damit aufschiebend bedingt auf die tatsächliche Anerkennung der Stiftung durch die Stiftungsbehörde erfolgt. Die Stiftung könnte damit nach der Zweifelsregel des § 2101 Abs. 2 Hs. 1, Abs. 1 BGB nur Nacherbin werden. Die gesetzlichen Erben des Erblassers wiederum wären nach § 2105 Abs. 2 BGB die Vorerben. In der Folge wäre die Frage, wem der Nachlass in der Schwebephase zwischen Erbfall und Anerkennung gehört, beantwortet und die Verfügungsbefugnisse entsprechend festgelegt. Gegen dieses Ergebnis spricht jedoch die Systematik und die ausdrückliche Festlegung des § 2101 BGB: Durch die in § 2101 Abs. 2 Hs. 2 BGB über § 84 BGB angeordnete Rückwirkung der Anerkennung auf den Zeitpunkt vor dem Tod des Erblassers

89 Einen ähnlichen Ansatz vertretend *Schewe*, in: Kroiß/Ann/Mayer, Anhang zu § 1923 Rn. 104 f., wobei dieser nicht von einer Vor- und Nacherbschaft ausgeht, sondern einen Vergleich zu einem Erben zieht, dessen Erbenstellung aufgrund einer Anfechtung der letztwilligen Verfügung gem. §§ 2078 ff. wieder entfällt. Dennoch geht *Schewe* davon aus, dass realer Vermögensträger in der Zeit zwischen Erbfall und Anerkennung der Stiftung derjenige ist, der bei endgültigem Wegfall der Stiftung Erbe würde.

wird deutlich, dass § 2101 BGB – im Unterschied zu anderen noch nicht entstandenen juristischen Personen – nicht für die noch nicht anerkannte Stiftung gelten soll. Gem. § 84 BGB gilt die Stiftung für die Zuwendungen des Stifters als schon vor dessen Tod entstanden, wenn die Stiftung erst nach dem Tod des Stifters als rechtsfähig anerkannt wird. Durch diese systematische Verknüpfung wird deutlich, dass die Stiftung keine Vor- oder Nacherbenstellung innehaben, sondern sie vielmehr unmittelbare Erbin des Nachlasses werden soll.[90]

Auch über die gesetzliche Systematik der §§ 2100 ff. BGB hinaus ist das Konstrukt einer Vor- und Nacherbschaft bei der Stiftung von Todes wegen aus gesetzeshistorischen Gründen abzulehnen:

Im ersten Entwurf des § 62 Abs. 3 BGB aus dem Jahr 1888 wurde folgende Fassung diskutiert[91]:

> „Ist zur Errichtung einer Stiftung durch Verfügung von Todeswegen staatliche Genehmigung erforderlich, so wird die Verfügung von Todeswegen durch Versagung der Genehmigung unwirksam; wird die Genehmigung ertheilt, so gilt sie in Ansehung des Anfalles als schon vor dem Erbfalle ertheilt." (Hervorhebung durch die Verfasserin)

Als Grund für die vorgeschlagene Rückwirkungsfiktion der Genehmigung wurden Zweckmäßigkeitserwägungen angegeben.[92] Hierzu wurde Folgendes ausgeführt:

> „Den Bemerkungen zu dem Antrage Nr. 1 müsse darin beigetreten werden, daß für den Fall der Errichtung einer Stiftung durch Verfügung von Todeswegen eine Bestimmung erforderlich sei darüber, ob, bezw. daß die Ertheilung der gesetzlich vorgeschriebenen staatlichen Genehmigung in Ansehung des Anfalles der Erbschaft auf die Zeit vor dem Erbfalle zurückbezogen werden müsse. Diese Rückbeziehung der staatlichen Genehmigung folge nicht, wie von einer Seite geltend gemacht worden, von selbst aus dem Wesen der Errichtung einer Stiftung durch Verfügung von Todeswegen und der gesetzlich hierzu erforderlichen staatlichen Genehmigung. Ohne eine Bestimmung

90 So auch *Müller-Christmann*, in: BeckOGK [15.11.2020], § 2101 Rn. 24; *Hoeren*, in: Schulze BGB, § 2101 Rn. 3; *Litzenburger*, in: Bamberger/Roth, § 2101 Rn. 5; *Lang*, in: Burandt/Rojahn, § 2101 Rn. 8; *Gierl*, in: Burandt/Rojahn, § 2101 Rn. 11; *Lieder*, in: MüKo, § 2101 Rn. 15; BayObLG, Beschluss vom 17.03.1965 – BReg. 1 b Z 293/64 (BayObLGZ 1965, 77).

91 Entwurf eines bürgerlichen Gesetzbuches für das Deutsche Reich, Erste Lesung, 1888, S. 14.

92 Motive zu dem Entwurfe eines Bürgerlichen Gesetzbuches für das Deutsche Reich, Band I, S. 123 f.; *Jakobs/Schubert*, Die Beratung des Bürgerlichen Gesetzbuchs, Allgemeiner Teil, §§ 1240, 1. Teilbd., S. 390.

> im Gesetze in der fraglichen Richtung könnte insbesondere auch die Auffassung Platz greifen, daß, weil die als Erbe eingesetzte Stiftung noch nicht existire, dieselbe nur als Nacherbe eingesetzt sei, dergestalt, daß der Fall der Nacherbfolge mit der Ertheilung der staatlichen Genehmigung eintrete. Solcher Auffassung müsse entgegengetreten werden. Den Bemerkungen zu dem Antrage Nr. 1 sei aber auch darin beizutreten, daß die Bestimmung sachlich im Anschlusse an die Bestimmungen über den Anfall an eine nach dem Erbfalle geborene, aber zur Zeit des Erbfalles bereits empfangene Person (§ 1979, 1819 Abs. 2 Nr. 2) gegeben werden müsse. Der Fall der Errichtung einer Stiftung durch Verfügung von Todeswegen habe in der Zeit bis zur Entscheidung über die erforderliche staatliche Genehmigung in Ansehung des Anfalles der Erbschaft oder des Vermächtnisses mit dem Falle, daß ein nasciturus als Erbe eingesetzt oder mit einem Vermächtniß bedacht werde, große Aehnlichkeit, und die für den letzteren Fall gegebenen Vorschriften seien für den Fall der Errichtung einer Stiftung durch Verfügung von Todeswegen durchaus angemessen."[93]

Zusammenfassend führte der Gesetzgeber aus, dass die Stiftung als juristische Person im Zeitpunkt des Erbfalls noch nicht existieren würde, da die Genehmigung im Regelfall nur mit Wirkung für die Zukunft erteilt werden könne. In der Folge könne die Erbschaft nicht unmittelbar auf die Stiftung übergehen, sie würde vielmehr wie ein Nacherbe zu behandeln sein. Diejenigen, die ohne die Stiftungserrichtung zur Erbschaft berufen seien, müssten dann Vorerben werden. Eine solche rechtliche Konstruktion sei jedoch für die verhältnismäßig kurze Zeit, welche die Entscheidung über die Erteilung oder Verweigerung der Genehmigung üblicherweise benötigen würde, zu kompliziert und daher nicht ratsam.[94] Um dies zu vermeiden, solle besser an den Fall angeknüpft werden, dass eine zur Zeit des Erbfalls empfangene, aber noch nicht geborene Person als Erbin eingesetzt ist (vgl. § 1923 Abs. 2 BGB).[95]

Die Ausführungen zum § 62 Abs. 3 BGB-Entwurf machen deutlich, dass dem Gesetzgeber bereits zu diesem Zeitpunkt wichtig war, dass die Vor- und Nacherbschaft für den Fall einer letztwilligen Stiftungserrichtung und die damit verbundene Schwebephase zwischen Erbfall und Anerkennung (damals Genehmigung) der Stiftung keine Anwendung findet. In der zweiten BGB-Kommission wurde

---

93 *Jakobs/Schubert*, Die Beratung des Bürgerlichen Gesetzbuchs, Allgemeiner Teil, §§ 1-240, 1. Teilbd., S. 391 f.

94 Motive zu dem Entwurfe eines Bürgerlichen Gesetzbuches für das Deutsche Reich, Band I, S. 123 f.

95 *Jakobs/Schubert*, Die Beratung des Bürgerlichen Gesetzbuchs, Allgemeiner Teil, §§ 1-240, 1. Teilbd., S. 391 f.; ausführlich zur Historie des § 84 BGB auch *Muscheler*, DNotZ 2003, 661, 662 ff.

§ 61 Abs. 3 Hs. 2 des ersten BGB-Entwurfs weiter modifiziert und der § 84 BGB mit seinem heutigen Inhalt beschlossen.[96]

Die vorangegangenen Ausführungen zur Intention des historischen Gesetzgebers machen deutlich, dass eine Vor- und Nacherbschaftskonstruktion schon im Zeitpunkt der Diskussion des BGB in der Kommission unbedingt vermieden werden sollte. Bereits damals wurde erkannt, dass die Verwendung dieses Konstrukts unnötig aufwendig ist, besonders in Anbetracht der unterstellt kürzeren Zeitspanne, die zwischen dem Eintritt des Erbfalls und der Anerkennung – und damit auch dem Eintritt von Vor- und Nacherbfall – liegt.

Diese Bedenken verfangen bis heute. Seit dem ersten Entwurf eines Bürgerlichen Gesetzbuchs hat sich an der Komplexität des Instituts der Vor- und Nacherbschaft nichts geändert. Der Aufwand, der aus der rechtlichen Zuordnung des Nachlasses zunächst an den Vorerben und nach kurzer Zeit an die Stiftung als Nacherbin entsteht, führt zu unnötigen Kosten, die beispielsweise durch die Erteilung von Erbscheinen und die Änderungen von Registern entstehen. Außerdem sollte auch nicht außer Acht gelassen werden, dass die ungeminderte Existenz des Nachlasses durch die Vor- und Nacherbschaft potentiell gefährdet werden kann, da die gesetzlichen Erben nicht selten verärgert oder enttäuscht über die Tatsache sein werden, dass der Erblasser nicht sie zum Vollerben eingesetzt hat. In einem solchen Fall kann nicht ausgeschlossen werden, dass die gesetzlichen Erben den Nachlass nicht ordnungsgemäß erhalten. Etwaige Haftungstatbestände mögen dieses Risiko zwar in der juristischen Theorie beseitigen – in der Praxis wird das Vermögen der gesetzlichen Erben aber oftmals nicht genügen, um die durch die unberechtigte Verfügung über den Nachlass entstandenen Schäden in voller Höhe auszugleichen. Hierdurch würde das künftige Vermögen der Stiftung potentiell gefährdet und damit die Erfüllung des Stiftungszwecks bedroht. Die berechtigten Einwände und Bedenken des historischen Gesetzgebers sind daher nach wie vor überzeugend und müssen berücksichtigt werden.

Auch wenn praktische Erwägungen bei der Frage der systematischen Konstruktion der Erbenstellung darüber hinaus keine Rolle spielen, bleibt ferner festzuhalten, dass durch die Konstruktion der Vor- und Nacherbschaft potentiell auch eine doppelte Besteuerung ausgelöst werden würde, da beide Vorgänge

96 *Jakobs/Schubert*, Die Beratung des Bürgerlichen Gesetzbuchs, Allgemeiner Teil, §§ 1-240, 1. Teilbd., S. 391 f.

grundsätzlich erbschaftsteuerpflichtig wären. Zwar liegt nahe, dass gem. § 29 Abs. 1 Nr. 4 ErbStG (analog) die Übertragung des Vermögens vom Vorerben auf den Nacherben rückwirkend erbschaftsteuerpflichtig wird, solange das Vermögen innerhalb von 24 Monaten nach dem Zeitpunkt der Entstehung der Steuer einer inländischen Stiftung zugewendet wird, die nach der Satzung, dem Stiftungsgeschäft oder der sonstigen Verfassung und nach ihrer tatsächlichen Geschäftsführung ausschließlich und unmittelbar als gemeinnützig anzuerkennenden steuerbegünstigten Zwecken im Sinne der §§ 52 bis 54 AO mit Ausnahme der Zwecke, die nach § 52 Abs. 2 Nr. 23 AO gemeinnützig sind, dient. Da jedoch nicht jede Stiftung gemeinnützig ist (auch wenn die überwiegende Anzahl der letztwilligen Stiftungserrichtungen steuerbegünstigte Zwecke verfolgen) und die Einhaltung der Frist von 24 Monaten nicht alleine durch die Erben, sondern vor allem maßgeblich durch die Stiftungsbehörde beeinflusst wird, würde die Konstruktion einer Vor- und Nacherbschaft zu einer potentiell erheblichen steuerlichen Benachteiligung sowohl der Vorerben als auch der Nacherbin führen. Insbesondere in Anbetracht der eindeutigen historischen Begründung sowie der Systematik der § 2101 Abs. 2 Hs. 2 BGB und § 84 BGB war dies vom Gesetzgeber nicht gewollt.

Insgesamt wird damit deutlich, dass die Gesetzessystematik entscheidend gegen die Annahme einer Vor- und Nacherbschaft bei der letztwilligen Stiftungserrichtung spricht. Darüber hinaus zeigen die historischen und praktischen Erwägungen, dass die Bedenken gegen die Vor- und Nacherbschaft in einem solchen Fall bereits im Jahr 1888 erkannt und berücksichtigt wurden, sodass man in Anbetracht der insoweit unveränderten rechtlichen und tatsächlichen Situation auch heute zu keinem anderen Ergebnis gelangen kann. Dies hat zur Folge, dass nicht von einer Erbeinsetzung unter aufschiebender Bedingung der Anerkennung der Stiftung ausgegangen werden kann und die gesetzlichen Erben in der Schwebephase zwischen Erbfall und Anerkennung nicht Vorerben werden. Mithin besitzen sie in dieser Zeit auch keine Verfügungsbefugnis über den Nachlass.[97]

---

97 Zu diesem Ergebnis kommen auch *Müller-Christmann*, in: BeckOGK [15.11.2020], § 2101 Rn. 24; *Hoeren*, in: Schulze BGB, § 2101 Rn. 3; *Litzenburger*, in: Bamberger/Roth, § 2101 Rn. 5; *Lang*, in: Burandt/Rojahn, § 2101 Rn. 8; *Gierl*, in: Burandt/Rojahn, § 2101 Rn. 11; *Lieder*, in: MüKo, § 2101 Rn. 15; *Muscheler*, DNotZ 2003, 661, 669.

3. Beschränkte Rechtsfähigkeit oder rückwirkende Rechtsfähigkeit

Die vorangegangenen Ausführungen haben gezeigt, dass es weder eine Vor-Stiftung noch eine Vor- und Nacherbschaft von gesetzlichen Erben und der späteren Stiftung gibt. Die Ablehnung des Instituts der Vor-Stiftung bedeutet, dass die noch nicht anerkannte Stiftung jedenfalls nicht als Vor-Stiftung volle Rechtsfähigkeit erlangen kann. Wem aber ist der Nachlass in der Schwebephase zwischen Erbfall und Anerkennung dann zuzuordnen?

Die hier vorliegende Situation ist vergleichbar mit derjenigen des *nasciturus*, der im Augenblick des Erbfalls noch nicht lebt und deshalb gem. § 1923 Abs. 1 BGB noch nicht Erbe werden kann, über die Fiktion des § 1923 Abs. 2 BGB aber als vor dem Erbfall geboren gilt. Auch die Stiftung gilt nach § 84 BGB für die Zuwendungen des Stifters als schon vor dessen Tod entstanden. In beiden Fällen stellt sich gleichermaßen die Frage, wer in der Schwebephase zwischen Erbfall und Geburt bzw. Anerkennung Rechtsträger des Nachlasses ist und wer zur Wahrung dieser künftigen Rechte berufen ist. Bereits der historische Gesetzgeber erkannte die Parallelen der Stiftung von Todes wegen zum *nasciturus* und war daher der Ansicht, dass bei der letztwilligen Stiftungserrichtung an den Fall einer zur Zeit des Erbfalls empfangenen, aber noch nicht geborenen Person angeknüpft werden solle.[98]

Während sich in Literatur und Rechtsprechung kaum Stellungnahmen zur Behandlung der Schwebezeit bei der Stiftung von Todes wegen finden, wird diese Phase in der Literatur zum *nasciturus* durchaus ausführlich behandelt. Es ist daher zunächst zu fragen, wer in der Schwebephase beim *nasciturus* Rechtsträger des Nachlasses ist und alsdann, ob die hierzu getroffenen Erwägungen sich unter Umständen auf die noch nicht anerkannte Stiftung übertragen lassen.

a) Übersicht über Literatur zum nasciturus

Hinsichtlich der Schwebephase zwischen Erbfall und Geburt des Kindes werden in der Literatur verschiedene Ansichten vertreten.

Nach einer durch *Wolf* und *Naujoks* vertretenen Ansicht ist der *nasciturus* bereits ab Zeugung voll rechtsfähig und setze über § 844 Abs. 2 S. 2 BGB und

---

98 *Jakobs/Schubert*, Die Beratung des Bürgerlichen Gesetzbuchs, Allgemeiner Teil, §§ 1-240, 1. Teilbd., S. 391 f.

§ 1923 Abs. 2 BGB im Ergebnis § 1 BGB außer Kraft.[99] Folge dieser Ansicht ist, dass der *nasciturus* selbst Rechtsträger des Nachlasses wäre. Die Gegenansicht ist der Meinung, dass der *nasciturus* vor seiner Lebendgeburt rechtsunfähig sei[100], sodass eine eigene Verfügungsbefugnis ausgeschlossen wäre. Die herrschende Ansicht vertritt einen vermittelnden Ansatz, der in seiner konkreten Ausgestaltung, seiner Begründung und seinen Folgen von den einzelnen Stimmen jedoch sehr unterschiedlich behandelt wird.

Die Rechtsprechung kommt über den Wortlaut des § 1 BGB hinaus zu einer beschränkten Rechtsfähigkeit des noch nicht geborenen Kindes.[101] Diese begründe sich aus den zahlreichen Sondervorschriften des BGB, die den *nasciturus* schützen und ihm eine Rechts- und Parteifähigkeit zubilligen würden. Zwar habe der Gesetzgeber des BGB davon abgesehen, in das Gesetz einen allgemeinen Satz über die Rechtsfähigkeit des Kindes aufzunehmen und habe stattdessen nur lückenhafte Sonderregelungen zu Gunsten des *nasciturus* aufgestellt. Diese Lücken seien jedoch im Wege der Rechtsanalogie zu den bestehenden Vorschriften zu schließen, wobei einer solcher Analogie die Entstehungsgeschichte des BGB und die Intention des Gesetzgebers nicht entgegenstehe. Daher sei eine beschränkte Rechtsfähigkeit des *nasciturus* anzunehmen.[102]

Nach *Leipold* ergibt sich aus der Rückwirkung des § 1923 Abs. 2 BGB, dass dem später Geborenen die Rechtsfähigkeit vom Erbfall an zugebilligt werde, soweit es um die Erbenstellung gehe.[103] Hieraus folge jedoch keine Rechtsfähigkeit des *nasciturus*, sondern nur eine rückwirkende Rechtsfähigkeit des lebend geborenen Menschen. Bereits während der Schwebezeit müssten schutzfähige und schutzbedürftige rechtliche Beziehungen des *nasciturus* jedoch anerkannt werden, weshalb *Leipold* zu dem Ergebnis kommt, der *nasciturus* besäße eine

---

99 *Wolf/Naujoks*, Anfang und Ende der Rechtsfähigkeit des Menschen, S. 58, 230.

100 *Stumpf*, Die Verletzungsfähigkeit des nasciturus, S. 59; BSG, Urteil vom 24.10.1962 – 10 RV 583/59, Rn. 15 (NJW 1963, 1078-1080); *Paehler*, FamRZ 1972, 189; *Brinz*, Lehrbuch der Pandekten, Band 1, § 50 S. 173.

101 Schleswig-Holsteinisches Oberlandesgericht, Beschluss vom 15.12.1999 – 13 WF 122/99, Rn. 12 (NJW 2000, 1271-1273); OLG München, Beschluss vom 13.04.2016 – 16 UF 242/16, Rn. 14 (NJW-RR 2016, 902-903).

102 Schleswig-Holsteinisches Oberlandesgericht, Beschluss vom 15.12.1999 – 13 WF 122/99, (NJW 2000, 1271-1273); sich hieran anschließend OLG München, Beschluss vom 13.04.2016 – 16 UF 242/16, Rn. 11 ff. (NJW-RR 2016, 902-903).

103 *Leipold*, in: MüKo, § 1923 Rn. 30, 31.

beschränkte Rechts-, Partei- und Beteiligtenfähigkeit.[104] Nach seiner Ansicht seien zur Wahrung der künftigen Rechte des *nasciturus* während der Schwebephase grundsätzlich die Eltern berufen. Soweit ein Bedürfnis dafür bestehe, könne auch ein Nachlasspfleger gem. § 1960 Abs. 2 BGB oder ein Pfleger gem. § 1912 Abs. 1 BGB für die Leibesfrucht bestellt werden. Darüber hinaus sei auch eine Klage auf Feststellung der Erbberechtigung des *nasciturus* nach dem Erbfall zulässig, da bereits in der Schwebephase eine rechtlich gesicherte Erbaussicht und damit ein feststellungsfähiges Rechtsverhältnis bestehe.[105]

Nach *Tegelkamp*[106] und *Müller-Christmann*[107] begründe die Rückwirkung des § 1923 Abs. 2 BGB hingegen noch keine eigene beschränkte oder vollständige Rechtsfähigkeit des *nasciturus*. Diesem würde stattdessen nur die Rechtsfähigkeit vom Erbfall an zugebilligt, soweit es um die Erbenstellung gehe. Dies ergebe sich aus der Rückwirkung des § 1923 Abs. 2 BGB. Erst mit der Geburt des Kindes trete dieses rückwirkend auf den Zeitpunkt des Erbfalls in den Nachlass ein. Nur so könne verhindert werden, dass der Nachlass zwischen Erbfall und Lebendgeburt ein subjektloses Vermögen darstelle.[108] Anders als beispielsweise *Leipold* folgt nach *Tegelkamp* und *Müller-Christmann* hieraus jedoch gerade keine beschränkte oder vollständige Rechtsfähigkeit des *nasciturus*.

b) Stellungnahme

Die Annahme einer vollständigen Rechtsfähigkeit des *nasciturus* ist mit der gesetzlichen Systematik des § 1 BGB schlechterdings unvereinbar. § 1 BGB normiert eindeutig, dass die Rechtsfähigkeit eines Menschen erst mit Vollendung seiner Lebendgeburt beginnt.

Die Frage, ob dem *nasciturus* vor seiner Geburt gar keine Rechtsfähigkeit oder eine Teilrechtsfähigkeit zukommt, ist ungleich schwieriger zu beantworten. Herauszustellen ist zu Beginn, dass die Stimmen in der Literatur und der Rechtsprechung sich regelmäßig im Ergebnis nur wenig unterscheiden, da sie annähernd alle davon ausgehen, dass dem *nasciturus* zu dessen Schutz durch den Gesetzgeber gewisse

104 Eine Teilrechtsfähigkeit vertretend *Kannowski*, in: Staudinger, § 1 Rn. 15; *Ellenberger*, in: Beck'sche Kurzkommentare BGB, § 1 Rn. 7; *Fabricius*, FamRZ 1963, 232-236.

105 *Leipold*, in: MüKo, § 1923 Rn. 30, 31.

106 *Tegelkamp*, in: BeckOGK [01.12.2020], § 1923 Rn. 30, 32, 34 ff.

107 *Müller-Christmann*, in: Bamberger/Roth, § 1923 Rn. 6.

108 S. *Tegelkamp*, in: BeckOGK [01.12.2020], § 1923 Rn. 34; *Müller-Christmann*, in: Bamberger/Roth, § 1923 Rn. 6.

Rechte gewährt wurden. Diese umfassen beispielsweise erbrechtliche Ansprüche, Schenkungen an ihn, Schadensersatzansprüche und Ersatzansprüche wegen entgangenen Unterhalts aufgrund der Tötung eines ihm gegenüber nach der Geburt Unterhaltsverpflichteten. Aus diesen Ansprüchen und Schutzmöglichkeiten folgern einige Stimmen eine Teilrechtsfähigkeit, die den *nasciturus* aber beispielsweise nicht zum Abschluss von Verträgen o.ä. berechtigt. Andere Stimmen halten hingegen an dem u.a. in den Motiven zum BGB niedergeschriebenen Grundsatz fest, dass „die Rechtsfähigkeit des Menschen erst mit der Geburt beginne, der *nasciturus* mithin Rechtssubjekt nicht sei“[109], und vertreten daher, dass über zahlreiche Normen nur ausnahmsweise künftige Rechte des *nasciturus* anzuerkennen seien und ein Sicherungsbedürfnis seiner Position vorliege, ohne dass daraus eine Teilrechtsfähigkeit folge.

Nach Ansicht der Verfasserin ist eine Teilrechtsfähigkeit abzulehnen. Zunächst ist die Intention des Gesetzgebers eindeutig: In den Diskussionsentwürfen zum BGB wird festgehalten, dass der *nasciturus* gerade nicht teilrechtsfähig sein soll.[110] Selbstredend sind diese Motive zum BGB nicht auf alle Ewigkeit bindend; sie machen die gesetzgeberische Wertung im Ausgangspunkt jedoch deutlich. Diese Wertung fügt sich nach wie vor in die Systematik des BGB ein. § 1 BGB normiert, dass die Rechtsfähigkeit des Menschen erst mit der Vollendung der Geburt beginnt. An diesem Grundsatz ändert sich auch nichts durch die wenigen Normen (vgl. beispielsweise § 844 Abs. 2 S. 2 BGB und § 1923 Abs. 2 BGB), die aus praktischen Gründen in Einzelfällen eine Besonderheit beim *nasciturus* regeln und ihm gewisse Rechte vor seiner Geburt zuweisen. Die Annahme einer Teilrechtsfähigkeit, obwohl der Mensch noch nicht geboren ist, erscheint damit systemwidrig.[111] Darüber hinaus besteht auch kein praktisches Bedürfnis für die Annahme einer Teilrechtsfähigkeit. Der Schutz für den *nasciturus* kann ausreichend über die bestehenden gesetzlichen Normen gewährleistet werden, ohne dass die Anerkennung einer Teilrechtsfähigkeit und die daraus folgenden Fragestellungen zum Recht weiterer zivilrechtlichen Handlungen aufgeworfen wird.

Mit Blick auf § 1923 Abs. 2 BGB ist insoweit daher *Tegelkamp*[112] und *Müller-Christmann*[113] zuzustimmen. § 1923 Abs. 1 BGB begründet noch keine eigene

---

109 *Jakobs/Schubert*, Die Beratung des Bürgerlichen Gesetzbuchs, Familienrecht II, §§ 1564-1921, S. 724.

110 *Jakobs/Schubert*, Die Beratung des Bürgerlichen Gesetzbuchs, Familienrecht II, §§ 1564-1921, S. 724.

111 So auch *Tegelkamp*, in: BeckOGK [01.12.2020], § 1923 Rn. 32.

112 *Tegelkamp*, in: BeckOGK [01.12.2020], § 1923 Rn. 30, 32.

113 *Müller-Christmann*, in: Bamberger/Roth, § 1923 Rn. 6.

beschränkte Rechtsfähigkeit des *nasciturus*. Ihm wird lediglich eine Rechtsfähigkeit vom Erbfall an zugebilligt, soweit es um die Erbenstellung geht, die erst mit der Lebendgeburt des Kindes rückwirkend auf den Zeitpunkt des Erbfalls eintritt.[114]

c) *Übertragbarkeit der Grundsätze vom nasciturus auf die Stiftung von Todes wegen*

Was aber bedeutet dies für die Stiftung von Todes wegen? Die Idee einer beschränkten Rechtsfähigkeit ist auf die Stiftung von Todes wegen vor ihrer Anerkennung nicht übertragbar. Bereits beim *nasciturus* ist sie aufgrund der klaren gesetzgeberischen Wertung abzulehnen. Aus vergleichbaren Gründen kann auch bei der Stiftung von Todes wegen vor ihrer Anerkennung nicht von einer Teilrechtsfähigkeit gesprochen werden. Dies begründet sich zum einen damit, dass sie – anders als der *nasciturus* – bereits im Ausgangsfall lediglich über § 84 BGB privilegiert wird. Eine einzige derartige Regelung legt noch keine Teilrechtsfähigkeit nah. Außerdem ist diese auch sonst mit der Systematik der Stiftungsanerkennung nicht vereinbar. Es sei insoweit auf die bereits im Kontext der Vor-Stiftung gemachten Ausführungen verwiesen.

Zwar ist das Konzept der Teilrechtsfähigkeit von juristischen Personen dem Zivilrecht grundsätzlich nicht fremd. Die Anerkennung der Teilrechtsfähigkeit der GbR hat zahlreiche Jahre gedauert, ist mittlerweile aber allgemein anerkannt. Auch die Teilrechtsfähigkeit von Wohnungseigentümergemeinschaften wird von der herrschenden Meinung mittlerweile vertreten und hat in § 10 Abs. 6 WEG ihren Niederschlag gefunden.[115] Das lässt erkennen, dass es grundsätzlich durchaus möglich ist, eine Teilrechtsfähigkeit für ein Subjekt anzunehmen, dem nach dem ursprünglichen gesetzgeberischen Willen keine volle Rechtsfähigkeit zukommen sollte. Die Annahme einer solchen Teilrechtsfähigkeit begründet sich üblicherweise mit praktischen Bedürfnissen. Bei der Wohnungseigentümergemeinschaft knüpfte der BGH an verschiedene Merkmale dieser Gemeinschaft an und begründete damit das Bedürfnis einer Teilrechtsfähigkeit. Diese Merkmale beinhalten, dass jede Wohnungseigentümergemeinschaft ihre eigene Satzung oder Gemeinschaftsordnung hat, dass durch Mehrheitsbeschluss innerhalb der Wohnungseigentümerversammlung entschieden werden kann, es Organe gibt, die für die Gemeinschaft bindend im Rechtsverkehr handeln können, und die Unauflöslichkeit der Gemeinschaft, die klarstellt, dass die

114 S. *Tegelkamp*, in: BeckOGK [01.12.2020], § 1923 Rn. 34; *Müller-Christmann*, in: Bamberger/Roth, § 1923 Rn. 6.

115 Statt aller *Commichau*, in: MüKo, Vorbemerkung (Vor § 1 WEG) Rn. 55 ff.

Wohnungseigentümergemeinschaft unabhängig vom Bestand ihrer Mitglieder ist.[116] Wie bereits zur Vor-Stiftung ausgeführt, gibt es vergleichbare Merkmale bei der Stiftung in der Phase zwischen Erbfall und ihrer Anerkennung jedoch gerade nicht. Weder existieren Organe, die die Stiftung zu diesem Zeitpunkt vertreten und rechtlich bindend verpflichten können, noch besitzt die Stiftung in diesem Zeitpunkt bereits eine verbindliche Satzung oder ein Vermögen. All diese Argumente sprechen in erheblichem Maße gegen die Annahme einer Teilrechtsfähigkeit der Stiftung in der Schwebephase zwischen Erbfall und Anerkennung.

Darüber hinaus besteht auch kein sachlicher Grund für die Annahme einer Teilrechtsfähigkeit, da der Schutz der Stiftung durch die Anordnung einer Testamentsvollstreckung oder aber einer Pflegschaft ausreichend gewährleistet werden kann.[117] Eine über den Gesetzeswortlaut hinausgehende Rechtsfähigkeit ist in Anbetracht dieser Gründe abzulehnen.

Wem aber gehört dann in der Schwebephase zwischen Erbfall und Anerkennung der Nachlass? In Anlehnung an die zum *nasciturus* vertretene Ansicht von *Tegelkamp*[118] und *Müller-Christmann*[119] besitzt die Stiftung im Ergebnis ihre Rechtsfähigkeit zwar vom Erbfall an, soweit es um die Erbenstellung geht. Die Stiftung tritt jedoch erst mit ihrer Anerkennung rückwirkend auf den Zeitpunkt des Erbfalls in den Nachlass ein.[120] Nur mit dieser Ansicht können die erbrechtliche Systematik des BGB einerseits und die stiftungsrechtlichen Besonderheiten der Stiftung von Todes wegen andererseits in Einklang gebracht werden. Außerdem würdigt sie die Parallelen zwischen dem *nasciturus* und der Stiftung von Todes wegen und kommt in beiden Fällen zu sach- und systemgerechten Ergebnissen. Dadurch, dass die Anerkennung rückwirkend wirkt, fällt der Nachlass der Stiftung entsprechend auch rückwirkend an, sodass eine *hereditas iacens* verhindert wird.

Dieses Ergebnis wird auch durch die steuerrechtliche Behandlung der Stiftung von Todes wegen gestützt. In seinem Urteil vom 06.06.2019 führte der BFH[121] dazu aus:

---

116 BGH, Beschluss vom 02.06.2005 – V ZB 32/05 (NJW 2005, 2061-2069).

117 Ausführlich hierzu B.II.4.

118 *Tegelkamp*, in: BeckOGK [01.12.2020], § 1923 Rn. 30, 32.

119 *Müller-Christmann*, in: Bamberger/Roth, § 1923 Rn. 6.

120 OLG Braunschweig, Beschluss vom 08.07.2020 – 3 W 19/20, Rn. 29 (ZEV 2020, 565-570).

121 BFH, Urteil vom 06.06.2019 – V R 50/17, Rn. 13 (BFHE 265, 170).

> „Die Klägerin ist in den Streitjahren (2005 und 2006) unbeschränkt körperschaftsteuerpflichtig. Nach § 1 Abs. 1 Nr. 4 KStG sind juristische Personen des privaten Rechts, die ihre Geschäftsleitung oder ihren Sitz im Inland haben, unbeschränkt körperschaftsteuerpflichtig. Die Steuerpflicht beginnt mit der zivilrechtlich wirksamen Gründung (Urteil des Bundesfinanzhofs --BFH-- vom 13. Dezember 1989 - I R 98, 99/86, BFHE 159, 452, BStBl II 1990, 468). Zur Entstehung einer rechtsfähigen Stiftung sind gemäß § 80 Abs. 1 BGB das Stiftungsgeschäft und die Anerkennung durch die zuständige Behörde des Landes erforderlich, in dem die Stiftung ihren Sitz haben soll. Das war in den Streitjahren zwar noch nicht der Fall. Die Klägerin gilt aber als juristische Person "Stiftung" schon vor dem Tode des Stifters entstanden. Denn nach § 84 BGB gilt eine Stiftung, die --wie hier-- erst nach dem Tode des Stifters als rechtsfähig anerkannt wird, für die Zuwendungen des Stifters als schon vor dessen Tod entstanden. Damit ermöglicht es das Gesetz der Stiftung mit Blick auf § 1923 Abs. 1 BGB, als Erbin Vermögen vom Stifter im Erbgang zu erwerben. Sie ist hinsichtlich des Vermögensanfalls so zu behandeln, als habe sie im Todeszeitpunkt des Stifters bereits existiert und <u>wird durch die gesetzliche Fiktion mit der staatlichen Genehmigung rückwirkend zur Vollerbin</u>. Anders als bei Kapitalgesellschaften, bei denen das Vermögen erst im Zeitpunkt der Anmeldung zur Eintragung vorliegen muss (vgl. etwa § 7 Abs. 2 und 3 des Gesetzes betreffend die Gesellschaften mit beschränkter Haftung), <u>ist es bei Stiftungen von Todes wegen bereits mit dem Tod des Stifters vorhanden und bedarf einer entsprechenden Zuordnung, die § 84 BGB mit seiner Rückwirkungsfiktion vornimmt</u>." [Hervorhebungen durch die Verfasserin]

Auch das FG Münster[122] entschied vorgehend, dass die Körperschaftsteuerpflicht der letztwillig errichteten Stiftung nicht erst mit der Anerkennung, sondern bereits mit dem Tod des Stifters beginne. Dies folge aus der zivilrechtlichen Zuordnung des Vermögens durch § 84 BGB, da hiernach eine Stiftung, die erst nach dem Tod des Stifters als rechtsfähig anerkannt werde, für die Zuwendungen des Stifters als schon vor dessen Tod entstanden gelte. Die Vorschrift fingiere das Bestehen der juristischen Person „Stiftung" schon vor dem Tod des Stifters, um der Stiftung im Hinblick auf die Regelung zur Erbfähigkeit zu ermöglichen, Vermögen vom Stifter im Erbgang zu erwerben. Bei Stiftungen von Todes wegen sei das Vermögen bereits seit dem Tod des Stifters vorhanden und bedürfe einer entsprechenden Zuordnung. Diese nehme § 84 BGB zivilrechtlich rückwirkend vor, soweit die Stiftung als rechtsfähig anerkannt werde. Kraft der Fiktion des § 84 BGB werde sie rückwirkend zur Vollerbin.[123]

---

122 FG Münster, Urteil vom 13.10.2017 – 13 K 641/14 K, Rn. 22 f. (ZEV 2018, 230-233).

123 Unzutreffend bezeichnete das FG Münster die Stiftung von Todes wegen allerdings vor ihrer Anerkennung als „Vorgebilde", das bis zu der Anerkennung der Stiftung kontinuierlich fortbestehe und mit der später anerkannten Stiftung sowohl zivilrechtlich als

Mit seiner Entscheidung führte der BFH den Grundsatz fort, dass die Steuerpflicht einer juristischen Person mit ihrer Gründung beginnt.[124] Dies gelte auch für die Stiftung von Todes wegen.[125] Die Rechtsprechung[126] und zahlreiche Stimmen in der Literatur[127] vertreten damit, dass der Stiftung das Vermögen bereits ab dem Tod des Stifters zivilrechtlich zugeordnet ist und dass die Zuordnung auch steuerrechtlich weiterzuführen sei.[128] Diese Ansicht fügt sich mit Blick auf die Zivilrechtsakzessorietät des Katalogs der Körperschaftsteuersubjekte (§ 1 Abs. 1 Nr. 1-5 KStG) sehr gut in die zuvor gemachten Ausführungen ein. Wie auch aus steuerrechtlicher Sicht zutreffend argumentiert wird, führt die in § 84 BGB angeordnete Rückwirkungsfiktion zu einer zivilrechtlichen Zuordnung des Nachlasses ab dem Versterben des Erblassers.[129] Die Tatsache, dass diese rechtliche Zuordnung auch im Steuerrecht gewahrt wird, macht deutlich, dass ausschließlich die Stiftung selbst Inhaber des Nachlasses sein kann. Zwar tritt die Stiftung erst rückwirkend mit ihrer Anerkennung in den Nachlass ein, dennoch wird ihr über § 84 BGB der Nachlass von Beginn an rechtlich zugeordnet.

Zutreffend spricht *Muscheler* insoweit davon, dass während der Schwebezeit wegen der Rückwirkung von Anerkennung und Verweigerung der Anerkennung lediglich eine objektive Ungewissheit der Person des Erben vorliegt, nicht aber eine *hereditas iacens*.[130] Dies ist überzeugend und fügt sich nahtlos sowohl in die historische Diskussion zum BGB als auch in die aktuelle Gesetzessystematik ein.

---

auch wirtschaftlich identisch sei. Nach Ansicht der Verfasserin ist die Vor-Stiftung – im Einklang mit der herrschenden Meinung – jedoch abzulehnen.

124 BFH, Urteil vom 13.12.1989 – I R 98-99/86, Ls. 1 (BFHE 159, 452).

125 So auch schon BFH, Urteil vom 17.09.2003 – I R 85/02 (BFHE 204, 72).

126 BFH, Urteil vom 06.06.2019 – V R 50/17, Rn. 13 (BFHE 265, 170); BFH, Urteil vom 13.11.2019 – V R 30/16, Rn. 11, 14 (BeckRS 2019, 37080); BFH, Urteil vom 17.09.2003 – I R 85/02 (BFHE 204, 72); FG Düsseldorf, Beschluss vom 08.10.1999 – 6 V 5427/99 A (K, AO), Rn. 14 (ZEV 2000, 79-80); FG Düsseldorf, Urteil vom 20.03.2003 – 15 K 5912/00 K, Rn. 19 (ZEV 2003, 259-260).

127 *Hüttemann/Rawert* in: Staudinger, § 84 Rn. 16; *Hüttemann*, in: FS Wassermeyer, S. 27, 45 f.; *Richter*, in: v. Campenhausen/Richter, Stiftungsrechts-Handbuch, 4. Auflage, § 41 Rn. 22; *Pauli*, ZStV 2019, 41, 43; *Schiffer*, DStR 2004, 1031, 1032 f.

128 A.A. *Weitemeyer*, in: MüKo, § 84 Rn. 3; *Tolksdorf*, in: BeckOGK [01.12.2020], § 84 Rn. 23 ff.; *Schiffer/Pruns*, in: Heidel/Hüßtege/Mansel/Noack, § 84 Rn. 10 f.; *Fischer*, ZEV 2004, 86 f.

129 *Hüttemann/Rawert* in: Staudinger, § 84 Rn. 16.

130 *Muscheler*, DNotZ 2003, 661, 670.

4. Verfügungsbefugnis in der Schwebephase

In der Folge stellt sich jedoch die Frage, wer in der Schwebephase zwischen dem Erbfall und der Anerkennung der Stiftung die Verfügungsbefugnis über den Nachlass besitzt.

a) Testamentsvollstecker

Unproblematisch lässt sich die Frage nach der Verfügungsbefugnis über den Nachlass in der Schwebephase beantworten, wenn der Erblasser einen Testamentsvollstrecker eingesetzt hat. Gem. § 2205 BGB hat der Testamentsvollstrecker den Nachlass zu verwalten. Er ist insbesondere berechtigt, den Nachlass in Besitz zu nehmen und über die Nachlassgegenstände zu verfügen. Aus § 2205 S. 2 BGB folgt, dass der Testamentsvollstrecker über die Nachlassgegenstände verfügen darf. Gem. § 2211 Abs. 1 BGB kann der Erbe über einen der Verwaltung des Testamentsvollstreckers unterliegenden Nachlassgegenstand nicht verfügen. Die Befugnis des Testamentsvollstreckers ist damit insoweit ausschließlich.

Gem. § 2208 Abs. 1 BGB hat der Testamentsvollstrecker die in den §§ 2203-2206 BGB bestimmten Rechte nicht, soweit anzunehmen ist, dass sie ihm nach dem Willen des Erblassers nicht zustehen sollen. Unterliegen der Verwaltung des Testamentsvollstreckers nur einzelne Nachlassgegenstände, so stehen ihm die in § 2205 S. 2 BGB bestimmten Befugnisse nur in Ansehung dieser Gegenstände zu. Eine solche Beschränkung der Verfügungsbefugnis hat auch dingliche Wirkung.

Für die Stiftung von Todes wegen bedeutet das, dass der Testamentsvollstrecker bis zu ihrer Anerkennung über den Nachlass im Rahmen der ihm durch den Erblasser erteilten Befugnis verfügen kann.

b) Bestellung eines Pflegers

Problematisch ist jedoch, wer die Verfügungsbefugnis über den Nachlass besitzt, wenn und soweit der Erblasser keine (ausreichende) Testamentsvollstreckung angeordnet hat. Nach den Grundsätzen der §§ 1912 ff. BGB kommt als Inhaber der Verfügungsbefugnis während der Schwebephase ein Pfleger in Betracht. In der Literatur werden hierzu drei maßgebliche Ansichten vertreten. Nach einer Ansicht könne in der Zeit zwischen Erbfall und Anerkennung der Stiftung gem. § 1960 Abs. 1 BGB ein Pfleger bestellt werden.[131] Nach anderer Ansicht sei der

---

131 *Muscheler*, DNotZ 2003, 661, 669; *Ebersbach*, Handbuch Stiftungsrecht, S. 66 f.;

Pfleger gem. § 1913 BGB zu bestellen.[132] Eine weitere Meinung vertritt eine analoge Anwendung des § 1912 BGB zur Bestellung eines Nachlasspflegers.[133]

aa) Übersicht und Abgrenzung der verschiedenen Pflegschaftsformen

Zunächst ist eine Übersicht über die verschiedenen Pflegschaftsformen und ihre Abgrenzungen erforderlich.

(1) Pfleger gem. § 1912 BGB

Gem. § 1912 BGB erhält eine Leibesfrucht zur Wahrung ihrer künftigen Rechte, soweit diese einer Fürsorge bedürfen, einen Pfleger. Die Fürsorge steht jedoch den Eltern insoweit zu, als ihnen die elterliche Sorge zustünde, wenn das Kind bereits geboren wäre. § 1912 BGB ist direkt ausschließlich auf den *nasciturus* anwendbar. Zweck der Norm ist der Schutz des schon gezeugten, aber noch nicht geborenen Kindes vor dem Hintergrund der besonderen Stellung und des Schutzbedürfnisses des *nasciturus.*[134] Der Pfleger darf den *nasciturus* sowohl gerichtlich als auch außergerichtlich vertreten. Die Pflegschaft dient der Wahrung der künftigen Rechte des *nasciturus*. Der konkrete Wirkungskreis des Pflegers richtet sich nach dem gerichtlichen Beschluss.[135] Da die Anordnungen von Pflegschaftssachen nach § 1912 BGB Kindschaftssachen i.S.d. § 151 Nr. 5 FamFG sind, ist das Familiengericht sachlich zuständig.[136]

Leipold, in: MüKo, § 1960 Rn. 25; *Tolksdorf*, in: BeckOGK [01.12.2020], § 83 Rn. 22; *Mesina* in: Staudinger, § 1960 Rn. 8; *Heinemann*, in: BeckOGK [01.08.2020], § 1960 Rn. 32; *Benninghoven*, in: Münchener Anwaltshandbuch Erbrecht, § 54 Rn. 8; *Krug*, in: Kroiß/Ann/Mayer, § 1960 Rn. 18; *Siegmann/Höger*, in: Bamberger/Roth, § 1960 Rn. 4; *Backert*, in: Bamberger/Roth, § 83 Rn. 4; *Krätzschel*, in: Firsching/Graf, Nachlassrecht, § 41 Rn. 52; *Schiffer/Pruns*, in: Heidel/Hüßtege/Mansel/Noack, § 83 Rn. 18; *Hushahn*, in: Beck´sches Notar-Handbuch, § 19 Rn. 60; *Schlüter*, in: Henssler/Strohn, § 83 Rn. 8; *Muscheler*, DNotZ 2003, 661, 669.

132 *Schneider*, in: MüKo, § 1913 Rn. 6; *Schöpflin*, in: BeckOGK [01.06.2020], § 1913 Rn. 5.

133 *Stumpf*, in: Handbuch Stiftungsrecht, § 4 Rn. 158; *Stumpf*, in: Stumpf/Suerbaum/Schulte/Pauli, Kap. B § 80 Rn. 77; *Weitemeyer*, in: MüKo, § 84 Rn. 1 ff., § 81 Rn. 65; *Rittner*, Die werdende juristische Person, S. 41; *Hüttemann/Rawert*, in: Staudinger, § 80 Rn. 54; allgemein nur von der Bestellung eines Pflegers sprechend *Ellenberger*, in: Beck'sche Kurzkommentare BGB, § 80 Rn. 2.

134 *Schöpflin*, in: BeckOGK [01.06.2020], § 1912 Rn. 2.

135 Statt aller *Schöpflin*, in: BeckOGK [01.06.2020], § 1912 Rn. 14; *Schneider*, in: MüKo, § 1912 Rn. 15.

136 Statt aller *Schneider*, in: MüKo, § 1912 Rn. 17.

(2) Nachlasspfleger gem. § 1960 Abs. 1 BGB

Aufgrund der im Erbrecht häufig auftretenden Schwebephasen zwischen Eintritt des Todesfalls und Ermittlung des endgültigen Erben, hat der Gesetzgeber die Sicherung des Nachlasses in solchen Fällen in den §§ 1960 ff. BGB geregelt.[137] Bis zur Annahme der Erbschaft hat das Nachlassgericht gem. § 1960 Abs. 1 BGB für die Sicherung des Nachlasses zu sorgen, soweit dafür ein Bedürfnis besteht. Das Gleiche gilt, wenn der Erbe unbekannt ist oder wenn ungewiss ist, ob er die Erbschaft angenommen hat. Das Nachlassgericht kann hierbei insbesondere für denjenigen, welcher Erbe wird, einen Nachlasspfleger bestellen. Aufgabe des Nachlasspflegers ist es, den Nachlass zu sichern und den wahren Erben zu ermitteln.[138] Es handelt sich dabei um eine Personalpflegschaft und nicht um eine Pflegschaft über ein Sondervermögen.[139] Der Nachlasspfleger ist gesetzlicher Vertreter des endgültigen Erben (vgl. Wortlaut des § 1960 BGB „Pfleger für denjenigen, welcher Erbe wird“).[140] Für die Bestellung des Nachlasspflegers ist grundsätzlich das Amtsgericht als Nachlassgericht sachlich zuständig.[141]

(3) Pfleger gem. § 1913 BGB

Gem. § 1913 BGB kann dem Beteiligten für diese Angelegenheit, soweit eine Fürsorge erforderlich ist, ein Pfleger bestellt werden, wenn unbekannt oder ungewiss ist, wer bei einer Angelegenheit der Beteiligte ist. Nach S. 2 kann insbesondere einem Nacherben, der noch nicht gezeugt ist oder dessen Persönlichkeit erst durch ein künftiges Ereignis bestimmt wird, für die Zeit bis zum Eintritt der Nacherbfolge ein Pfleger bestellt werden. Ziel des § 1913 BGB ist die Fürsorge für unbekannte oder ungewisse Beteiligte. Die Bestellung des Pflegers erfolgt in diesem Fall durch das Betreuungsgericht von Amts wegen.[142] Aufgabe des Pflegers ist es, den unbekannten oder ungewissen Erben zu ermitteln und die weiteren, ihm durch das Betreuungsgericht übertragenen Aufgaben zu erfüllen.[143]

---

137 Statt aller *Najdecki*, in: Burandt/Rojahn, § 1960 Rn. 1 f.

138 S. *Leipold*, in: MüKo, § 1960 Rn. 38.

139 S. *Heinemann*, in: BeckOGK [01.08.2020], § 1960 Rn. 81; *Leipold*, in: MüKo, § 1960 Rn. 39.

140 Statt aller *Leipold*, in: MüKo, § 1960 Rn. 39 m.w.N.

141 Ausführlich zur Zuständigkeit *Krug*, in: Kroiß/Ann/Mayer, § 1960 Rn. 5 ff.

142 S. *Schöpflin*, in: BeckOGK [01.06.2020], § 1913 Rn. 20.

143 S. *Schöpflin*, in: BeckOGK [01.06.2020], § 1913 Rn. 22.

(4) Abgrenzung

In welchem Verhältnis stehen nun aber diese drei Normen? § 1960 BGB ist *lex specialis* zu § 1913 BGB. Liegen die Voraussetzungen des § 1960 BGB vor, ist damit für eine Pflegerbestellung nach § 1913 BGB kein Raum mehr.[144] § 1960 BGB und § 1912 BGB können hingegen nebeneinander zur Anwendung kommen. Der Pfleger gem. § 1912 BGB soll die künftigen Rechte des ungeborenen Kindes wahren, während der Nachlasspfleger Vertreter des noch unbekannten Erben ist, unabhängig davon, wer dies am Ende sein wird.[145] Während der Pfleger gem. § 1912 BGB vom Familiengericht bestellt wird, ist für die Errichtung einer Nachlasspflegschaft gem. § 1960 Abs. 1 BGB das Nachlassgericht zuständig. Aufgrund dieser unterschiedlichen Bestellungszuständigkeiten und der Tatsache, dass die Pfleger zur Wahrung unterschiedlicher Interessen verpflichtet sind, ist eine Personalunion regelmäßig nicht vorzugswürdig.[146]

bb) Stellungnahme

Die Ansicht, die eine analoge Anwendung des § 1912 BGB vertritt, begründet ihre Position mit der Parallele zum *nasciturus*.[147] Gem. § 1912 BGB erhält eine Leibesfrucht zur Wahrung ihrer künftigen Rechte, soweit diese einer Fürsorge bedürfen, einen Pfleger. Die Fürsorge steht jedoch den Eltern insoweit zu, als ihnen die elterliche Sorge zustünde, wenn das Kind bereits geboren wäre. Diese Ansicht würdigt die Nähe der Stiftung von Todes wegen zum bereits gezeugten, aber noch nicht geborenen Kind. Wie die vorangegangenen Ausführungen gezeigt haben, wird der *nasciturus* regelmäßig zur Begründung von Normanwendungen bei der letztwilligen Stiftungserrichtung herangezogen und auch der Gesetzgeber hat sich mit § 84 BGB in nicht unerheblichem Maße an § 1923 BGB orientiert.

Die Nähe der Stiftung von Todes wegen zum *nasciturus* lässt sich daher zwar als Argument grundsätzlich hören – es überzeugt jedoch bei Betrachtung der anderen in Betracht kommenden Normen nicht vollständig. Die Tatsache, dass diese Ansicht auf eine analoge Anwendung des § 1912 BGB zurückgreifen muss, während andere Normen sich bereits in ihrem direkten Wortlaut unter den Fall einer letztwilligen Stiftungserrichtung subsumieren lassen, zeigt insoweit das Fehlen einer

---

144 Statt aller *Leipold*, in: MüKo, § 1960 Rn. 41.

145 S. *Leipold*, in: MüKo, § 1960 Rn. 44.

146 *Heinemann*, in: BeckOGK [01.08.2020], § 1960 Rn. 66.

147 *Stumpf*, in: Handbuch Stiftungsrecht, § 4 Rn. 158; *Weitemeyer*, in: MüKo, 84 Rn. 1 ff., § 81 Rn. 65; *Hüttemann/Rawert*, in: Staudinger, § 80 Rn. 54.

Regelungslücke. Darüber hinaus ist auch zu beachten, dass eine Pflegerbestellung gem. § 1912 BGB durch das Familiengericht angeordnet wird. Dies ist beim *nasciturus* durchaus naheliegend, bei der Stiftung von Todes wegen, die sich in der Schwebephase zwischen Todesfall und Anerkennung befindet, erschließt sich jedoch nicht, weshalb das Familiengericht sachlich eher zuständig sein soll als das Nachlassgericht. Im Ergebnis erscheint die Bestellung eines Pflegers gem. § 1912 BGB analog für die noch nicht anerkannte Stiftung von Todes wegen daher nicht sachgerecht.

Die Bestellung eines Pflegers gem. § 1960 Abs. 1 BGB ist hingegen sinnvoller. Bis zur Annahme der Erbschaft hat das Nachlassgericht gem. § 1960 Abs. 1 BGB für die Sicherung des Nachlasses zu sorgen, soweit dafür ein Bedürfnis besteht und kann hierbei insbesondere für denjenigen, welcher Erbe wird, einen Nachlasspfleger bestellen. Für die Bestellung gem. § 1960 Abs. 1 BGB sprechen mehrere maßgebliche Gründe. Bereits der historische Gesetzgeber ging davon aus, dass eine Nachlasspflegschaft für den Fall einzutreten habe, solange die Entscheidung über die Erteilung oder Versagung der Genehmigung ausstehe, da der Erbe bzw. Miterbe ungewiss sei.[148] Hierzu führte er aus:

> „Da aber die staatliche Genehmigung dem Eintritte des Erbfalls nachfolgt, entsteht ein Schwebeverhältniß ganz ähnlich demjenigen, welches bei Zuwendungen an zur Zeit des Erbfalls zwar empfangene, aber später geborene Personen eintritt. Die für ein solches Verhältniß geltenden besonderen Vorschriften auf die Stiftung entsprechend anzuwenden ist ebenso naheliegend als angemessen.
> […]
> Die Vorschriften, um deren Anwendung es sich handelt, sind in den §§ 1702 oder 1703; 1819 Abs. 2 Nr. 2 und Abs. 3; 1917 Abs. 2; 1979 Abs. 1; 2104 enthalten; die Vorschrift des § 1715 Abs. 1 kann außer Betracht bleiben, da die §§ 58 a und 1716 das Entsprechende ergeben; auch die §§ 1702 und 1703 werden aus der Allegation wegbleiben können. Denn, wenn auch ein analoger Fall des § 1702 vorzuliegen scheint, so wird es doch richtiger sein, zu sagen, es handle sich hier nicht sowohl um einen Pfleger für die Stiftung als um einen Nachlaßpfleger für denjenigen, der Erbe sein wird, und dieses kann auch ein Anderer werden, falls nämlich die Genehmigung der Stiftung versagt werden sollte. Nach dieser Richtung deckt bereits § 2011 Abs. 1, was die Erbschaft betritt, durch die Allegation des § 1703. Dieser Paragraph wird aber auch anzuwenden sein, wenn die Stiftung durch Nacherbeinsetzung (§1781) der Vermächtnißzuwendung errichtet werden will."[149]

148 Motive zu dem Entwurfe eines Bürgerlichen Gesetzbuches für das Deutsche Reich, Band I, S. 124.

149 *Jakobs/Schubert*, Die Beratung des Bürgerlichen Gesetzbuchs, Allgemeiner Teil, §§ 1-240, 1. Teilbd., S. 390.

Aus den zitierten Teilen der BGB-Diskussion wird deutlich, dass der historische Gesetzgeber zwar bereits bei den Entwürfen des BGB durchaus die Vergleichbarkeit und Nähe der Stiftung von Todes wegen zum *nasciturus* festgestellt hat, er aber trotz der augenscheinlichen Nähe zu § 1912 BGB eine Nachlasspflegschaft für den unbekannten Erben angenommen hat. Dies ist auch heute noch sachgemäß. Bis zur Anerkennung der Stiftung ist ungewiss, ob diese Erbin wird oder ob Dritte, wie beispielsweise die gesetzlichen Erben, in diese Position rückwirkend auf den Erbfall eintreten werden. Insoweit besteht eine Ungewissheit über die Person des Erben, mit der Folge, dass eine Nachlasspflegschaft gem. § 1960 BGB sachgerechter erscheint als die Einsetzung eines Pflegers gem. § 1912 BGB. Darüber hinaus begründet sich der Einsatz eines Nachlasspflegers gem. § 1960 BGB auch mit seinen Kompetenzen. Im Gegensatz zum Pfleger gem. §§ 1912 ff. BGB kann der Nachlasspfleger einstweilige Verfügungen gegen Angriffe zu Lasten der anzuerkennenden Stiftung vornehmen, wenn beispielsweise andere Erbprätendenten oder Miterben versuchen, über den Nachlass zu verfügen, während der Pfleger gem. §§ 1912 ff. BGB den Nachlass nur sichern soll, ohne aber über die Erbenstellung zu disponieren.[150] Zu beachten ist, dass auch für den *nasciturus* eine Nachlasspflegschaft gem. § 1960 Abs. 1 S. 2 BGB angeordnet werden kann, da auch bei diesem eine Ungewissheit über die Person des Erben bestehen kann.[151] Hierdurch wird deutlich, dass auch insoweit die Parallele zwischen der Stiftung von Todes wegen und dem *nasciturus* gewahrt bliebe. Für die Anwendung des § 1960 BGB spricht außerdem, dass das Nachlassgericht als zuständiges Gericht gem. § 1960 BGB deutlich sachnäher als das Familiengericht ist. Im Ergebnis handelt es sich damit bei der Stiftung von Todes wegen während der Schwebephase zwischen Tod des Erblassers und Anerkennung der Stiftung um eine mit den Fällen des § 1960 Abs. 1 S. 2 BGB vergleichbare Konstellation, weshalb der letztwillig errichteten Stiftung grundsätzlich ein Nachlasspfleger gem. § 1960 Abs. 1 S. 2 BGB zu bestellen ist.[152]

---

150 S. *Muscheler*, DNotZ 2003, 661, 669.

151 Vgl. *Siegmann/Höger*, in: Bamberger/Roth, § 1960 Rn. 4.

152 So auch *Leipold*, in: MüKo, § 1960 Rn. 25; *Tolksdorf*, in: BeckOGK [01.12.2020], § 83 Rn. 22; *Mesina* in: Staudinger, § 1960 Rn. 8; *Heinemann*, in: BeckOGK [01.08.2020], § 1960 Rn. 32; *Benninghoven*, in: Münchener Anwaltshandbuch Erbrecht, § 54 Rn. 8; *Krug*, in: Kroiß/Ann/Mayer, § 1960 Rn. 18; *Siegmann/Höger*, in: Bamberger/Roth, § 1960 Rn. 4; *Backert*, in: Bamberger/Roth, § 83 Rn. 4; *Krätzschel*, in: Firsching/Graf, Nachlassrecht, § 41 Rn. 52; *Schiffer/Pruns*, in: Heidel/Hüßtege/Mansel/Noack, § 83 Rn. 18; *Hushahn*, in: Beck´sches Notar-Handbuch, § 19 Rn. 60; *Schlüter*, in: Henssler/Strohn, § 83 Rn. 8; *Muscheler*, DNotZ 2003, 661, 669.

In der Folge ist auch die Ansicht, die eine Anwendung des § 1913 BGB vertritt, nicht überzeugend. Für diese Ansicht spricht zwar, dass sie die Nähe der Stiftung von Todes wegen zur Vor- und Nacherbschaft berücksichtigt, die in den vorangegangenen Ausführungen schon aufgezeigt wurde. Der Gesetzgeber hat sich aber im Ergebnis aus praktischen Gründen gegen die Annahme einer konstruktiven Vor- und Nacherbschaft für die Stiftung von Todes wegen entschieden. Da die Anwendung des § 1960 BGB deutlich sachnäher und systemgerechter ist und § 1960 BGB *lex specialis* zu § 1913 BGB ist, scheidet eine Pflegerbestellung gem. § 1913 BGB für die Stiftung von Todes wegen in ihrer Schwebephase aus.

III. Zusammenfassung und Ausblick

Die Ausführungen haben gezeigt, dass weder eine Vor-Stiftung noch die gesetzlichen Erben im Rahmen einer konstruktiven Vorerbschaft Rechtsträger des Nachlasses sind. Vielmehr besitzt die Stiftung ihre Rechtsfähigkeit im Ergebnis zwar vom Erbfall an, soweit es um die Erbenstellung geht, auch wenn sie erst mit der Anerkennung rückwirkend auf den Zeitpunkt des Erbfalls in den Nachlass eintritt. Während der Schwebezeit besteht damit keine *hereditas iacens*, sondern lediglich eine objektive Ungewissheit über die Person des Erben. Verfügungsbefugt ist in dieser Zeit ein durch den Erblasser bestimmter Testamentsvollstrecker oder ein durch das Nachlassgericht gem. § 1960 Abs. 1 S. 2 BGB zu bestellender Nachlasspfleger. Anders als beim *nasciturus* ist hier eine Pflegerbestellung gem. § 1912 BGB analog neben oder anstatt der Pflegerbestellung gem. § 1960 Abs. 1 BGB nicht sinnvoll, da der Pfleger gem. § 1912 BGB analog keine ausreichenden Verfügungsbefugnisse besitzt und die Annahme einer Zuständigkeit des Familiengerichts für eine Bestellung nach § 1912 BGB für die Stiftung von Todes wegen sachfremd wäre.

Wie die vorangegangenen Ausführungen gezeigt haben, ist die Rechtsgrundlage für die Bestellung und die Zuständigkeit der Gerichte für die Stiftung von Todes wegen in ihrer Schwebephase nicht eindeutig geregelt. Zwar ergibt sich in der Gesamtschau, dass eine Bestellung nach § 1960 Abs. 1 BGB am sachgerechtesten und damit vorzugswürdig erscheint, ausdrücklich geregelt ist dies jedoch nicht. Mit Blick auf die geplante Reform des Stiftungsrechts wäre es daher empfehlens- und wünschenswert, die Pflegerbestellung und die gerichtliche Zuständigkeit bei einer Stiftungserrichtung durch letztwillige Verfügung ausdrücklich in die §§ 80 ff. BGB aufzunehmen.

Auf Basis des Diskussionsentwurfs der Bund-Länder-Arbeitsgruppe „Stiftungsrecht" für ein Gesetz zur Vereinheitlichung des Stiftungsrechts käme dafür beispielsweise folgende Regelung in Betracht:

> § 81c Bestellung eines Nachlasspflegers
> Ist der Stifter vor Anerkennung der Stiftung verstorben, so ist der anzuerkennenden Stiftung bis zu ihrer Anerkennung ein Nachlasspfleger gem. § 1960 Absatz 1 zu bestellen, es sei denn, ein durch den Erblasser eingesetzter Testamentsvollstrecker besitzt die Verfügungsbefugnis über den Nachlass bis zur Anerkennung.

Der Vorteil einer solchen Regelung wäre, dass sie Unsicherheit über die Zuständigkeit der Gerichte und die Pflicht zur Pflegerbestellung beseitigen würde. Auch wäre es sachgerecht, die Regelungen für die Schwebephase zwischen Tod des Erblassers und Anerkennung der Stiftung im Stiftungsrecht selbst zu regeln.

C. Die Stiftungsaufsichtsbehörde im Errichtungsstadium

Die Stiftungsbehörde spielt im Errichtungsstadium eine entscheidende Rolle für die noch nicht anerkannte Stiftung. Sie prüft das Vorliegen der Voraussetzungen der §§ 80, 81 BGB und entscheidet über die Anerkennung der Stiftung.

I. Prüfungsumfang

Bei lebzeitiger Stiftungserrichtung hat die Stiftungsbehörde zu prüfen, ob die Stiftung – so wie im Antrag vorgelegt – die Anerkennungsvoraussetzungen der § 80 Abs. 1, 2 BGB sowie § 81 Abs. 1 BGB erfüllt.[153] Zu ermitteln ist dabei, ob ein wirksames Stiftungsgeschäft mit der verbindlichen Erklärung des Stifters vorliegt, ein Vermögen zur Erfüllung eines von ihm vorgegebenen Zwecks zu widmen und keine Ausschlussgründe hinsichtlich der Anerkennung vorliegen.[154] Der Theorie der Zweiaktigkeit folgend, ist das Stiftungsgeschäft hierbei nach privatrechtlichen Vorschriften zu bewerten, während die Anerkennung der Stiftung nach öffentlich-rechtlichen Grundsätzen erfolgt. Der Behörde steht hinsichtlich der Anerkennungserteilung kein Ermessensspielraum zu (sog. gebundene Entscheidung).[155] Die staatliche Anerkennung stellt einen privatrechtsgestaltenden Verwaltungsakt dar.[156] Fraglich ist, wie weit der Prüfungsumfang der Stiftungsbehörde hinsichtlich des zivilrechtlichen Stiftungsgeschäfts zu ziehen ist. Das BVerwG führte in diesem Zusammenhang Folgendes aus:

> „Im Genehmigungsverfahren wird geprüft, ob der Stiftung öffentliche Interessen entgegenstehen, insbesondere ob sie das Gemeinwohl gefährdet (Arg. aus § 87 BGB). Dagegen ist die Genehmigungsbehörde nach §§ 80 ff. [BGB] nicht berufen, einen Streit oder gar einen Rechtsstreit über die Gültigkeit des Stiftungsgeschäftes zu entscheiden. Hat das Stiftungsgeschäft Mängel, so wird die Genehmigungsbehörde auf deren Beseitigung hinwirken können. Einen Streit der Beteiligten über die Gültigkeit des Stiftungsgeschäfts hat die Genehmigungsbehörde nicht zu entscheiden. Hierfür ist vielmehr

---

153 S. *Backert*, in: Hüttemann/Richter/Weitemeyer, Kapitel 10 Rn. 10.51; *Reuter*, in: MüKo 6. Aufl., § 81 Rn. 56.

154 *Backert*, in: Hüttemann/Richter/Weitemeyer, Kapitel 10 Rn. 10.53.

155 S. *Backert*, in: Hüttemann/Richter/Weitemeyer, Kapitel 10 Rn. 10.51; *Hüttemann/Rawert*, in: Staudinger, § 80 Rn. 2.

156 S. *Hüttemann/Rawert* in: Staudinger, § 80 Rn. 1.

> das Zivilgericht zuständig. Die Genehmigungsbehörde hat nur über die öffentlichrechtlichen Fragen zu befinden. Gewiß mag der Umstand, daß ein neues Rechtssubjekt entsteht und daß die Genehmigung öffentlich – meist in den Gesetz- oder Amtsblättern – bekanntgemacht wird, Anlaß für die Behörde sein, mit der Genehmigung bis zur Beseitigung von Mängeln des privaten Stiftungsgeschäfts zuzuwarten oder die Genehmigung wegen der Nichtbeseitigung abzulehnen."[157]

Diesen Ausführungen ist grundsätzlich zuzustimmen. Bei der lebzeitigen Stiftungserrichtung hat die Stiftungsbehörde zu prüfen, ob die Voraussetzungen der §§ 80 Abs. 1, 2, § 81 Abs. 1 BGB erfüllt sind.[158] Kommt die Behörde zu dem Schluss, dass die Voraussetzungen nicht erfüllt sind, kann sie dies dem Stifter mitteilen und ihm Gelegenheit zur Abhilfe geben. Andernfalls hat die Stiftungsbehörde die Genehmigung abzulehnen. Die Stiftungsbehörde besitzt jedoch nicht das Recht, einen Streit über die Gültigkeit des Stiftungsgeschäfts zu entscheiden, dies ist Aufgabe der Zivilgerichte.[159] Insbesondere ist die Stiftungsbehörde nicht dazu berufen, Streitigkeiten zwischen dem Stifter und Dritten zu lösen oder zu entscheiden.

Bei der letztwilligen Stiftungserrichtung stellt sich die Situation allerdings anders dar. Die erbrechtliche Verknüpfung von Stiftungsgeschäft und letztwilliger Verfügung hat zur Folge, dass sowohl die stiftungsrechtlichen als auch die erbrechtlichen Vorschriften für die Frage der Wirksamkeit von Bedeutung sind. Das Stiftungsgeschäft wird ausschließlich durch eine letztwillige Verfügung vorgenommen, sodass die erbrechtliche Wirksamkeit des letzten Willens grundlegende Bedingung für ein wirksames Stiftungsgeschäft ist. Anders als bei der lebzeitigen Stiftungserrichtung lassen sich Unklarheiten oder Fehler des Stiftungsgeschäfts nicht durch Nachfrage beim Stifter beseitigen. Die noch anzuerkennende Stiftung befindet sich damit in einem Spannungsfeld aus stiftungsrechtlichen Anerkennungsvoraussetzungen und privatrechtlichen Erbvorschriften. Während einerseits das Stiftungsrecht fordert, dass die Maßgaben der §§ 80 ff. BGB eingehalten werden, finden sich andererseits im Erbrecht zahlreiche Möglichkeiten, um dem letzten Willen des Erblassers auch bei kleineren „Fehlern" oder Unklarheiten zur Geltung zu verhelfen. Mit diesen Möglichkeiten soll unerwünschten Folgen der strengen erbrechtlichen Formvorschriften begegnet und dem grundrechtlich verankerten Erbrecht Rechnung getragen werden.

---

157 BVerwG, Urteil vom 26.04.1968 – VII C 103.66, Rn. 41 (BVerwGE 29, 314-317).

158 S. *Hüttemann/Rawert* in: Staudinger, § 80 Rn. 15; *Schwarz van Berk*, in: Münchener Handbuch des Gesellschaftsrechts Band 5, § 102 Rn. 8.

159 BVerwG, Urteil vom 26.04.1968 – VII C 103.66, Rn. 41 (BVerwGE 29, 314-317).

Hierfür wurden neben den §§ 2084 ff. BGB unter anderem im Wege der ergänzenden und erläuternden Auslegung sowie der Andeutungstheorie verschiedene Ansätze entwickelt, um den Erblasserwillen im Rahmen des rechtlich Zulässigen und tatsächlich Möglichen bestmöglich umsetzen zu können.[160] Durch § 83 S. 2 BGB erlaubt der Gesetzgeber überdies auch stiftungsrechtlich gewisse Korrekturen fehlerhafter oder unvollständiger letztwilliger Stiftungserrichtungen.

Übertrüge man die durch das BVerwG getroffenen Feststellungen ohne Weiteres auf die letztwillige Stiftungserrichtung, so müsste die Stiftungsbehörde bei Zweifeln an der Wirksamkeit des Stiftungsgeschäfts oder des letzten Willens sowie bei Unklarheiten im Stiftungsgeschäft die Anerkennung ablehnen, da der Stifter diese aufgrund seines Versterbens nicht mehr selbst beseitigen kann. Dieses Ergebnis erscheint in Anbetracht der grundrechtlich geschützten Position des Erbrechts und der Befugnis aus § 83 S. 2 BGB jedoch nicht haltbar. Die Ablehnung der Umsetzung eines letzten Willens aufgrund von bloßen Unklarheiten oder kleineren Fehlern wäre entsprechend der vorangegangenen Ausführungen mit der Systematik des Erbrechts nicht vereinbar. Bei der Frage der Anerkennung einer Stiftung von Todes wegen treffen damit ein weites erbrechtliches Auslegungsverständnis und eine großzügige stiftungsrechtliche Ergänzungskompetenz auf die strengen Anforderungen der §§ 80 ff. BGB. Dieser besonderen Situation einer letztwilligen Stiftungserrichtung, bei der erbrechtliche Verfügung und stiftungsrechtliche Errichtung untrennbar verknüpft sind, muss entsprechend Rechnung getragen werden. Ein Verkennen dieser Besonderheit würde einer Missachtung des Grundrechts des Erblassers aus Art. 14 Abs. 1 S. 1 Var. 2 GG gleichkommen. Selbst wenn dem Gesetzeswortlaut nicht unmittelbar zu entnehmen ist, dass die Behörde auch die Wirksamkeit der letztwilligen Verfügung als solche zu prüfen hat, so ist es neben den genannten systematischen Erwägungen zum Erbrecht doch auch denklogisch erforderlich. Denn ohne eine wirksame letztwillige Verfügung kann weder eine verbindliche Erklärung des Stifters vorliegen, ein Vermögen zur Erfüllung eines von ihm vorgegebenen Zwecks zu widmen, noch kann der zu schaffenden Rechtsperson Vermögen vererbt werden. Eine zu Unrecht verweigerte Anerkennung greift darüber hinaus massiv in die grundrechtlich verankerte Testierfreiheit des Erblassers ein. Durch eine solche Verweigerung würde der Wille des Erblassers missachtet. In der Folge käme es zu einer vom Erblasser nicht gewollten Erbfolge. Aber auch eine zu Unrecht anerkannte Stiftung hat zahlreiche weitere

160 Zu den verschiedenen Ansätzen statt aller *Horn*, in: Horn/Kroiß, § 7 Rn. 1 ff.

negative Konsequenzen: Erweist sich die Stiftungsanerkennung im Nachhinein als zivilrechtlich nicht von einem wirksamen Stiftungsgeschäft getragen, sind die zu ergreifenden Schritte, um dem tatsächlichen Willen des Erblassers zu entsprechen, regelmäßig äußerst aufwendig. Je nach konkreter Ausgestaltung des Falles können sie die Auflösung der anerkannten Stiftung erforderlich machen und eine zivilrechtliche Vermögensübertragung an den oder die richtigen Erben erfordern. Hiermit verbunden sind zahlreiche gerichtliche und behördliche Schritte, die Übertragung von regelmäßig erheblichen finanziellen Mitteln sowie gegebenenfalls die Berichtigung von öffentlichen Registern. In Anbetracht der Bedeutung des Erblasserwillens, der Systematik der letztwilligen Stiftungserrichtung sowie des potentiellen Aufwands und den damit verbundenen Kosten für den Einzelnen und für die Gemeinschaft im Falle einer unrechtmäßigen Anerkennung erscheint es daher sachgerecht zu verlangen, dass sich die Stiftungsbehörde im Rahmen der ihr zur Verfügung stehenden Mittel neben dem Vorliegen der stiftungsrechtlichen Voraussetzungen auch der erbrechtlichen Wirksamkeit des letzten Willens vergewissert.

Was aber bedeutet dies konkret für die Arbeit der Stiftungsbehörde bei der Anerkennung einer Stiftung von Todes wegen? Die Stiftungsbehörde hat neben der Prüfung der stiftungsrechtlichen Voraussetzungen zunächst zu bewerten, ob sie die letztwillige Verfügung des Erblassers für wirksam erachtet. Hält die Behörde zwar den letzten Willen für wirksam, nicht jedoch das Stiftungsgeschäft, kommen im Einzelfall verschiedene Möglichkeiten zur Korrektur in Betracht. Diese werden in Kapitel C.III. behandelt. Sollte die Behörde jedoch Zweifel an der grundsätzlichen Wirksamkeit der zugrundeliegenden letztwilligen Verfügung haben, kann sie hierbei verschiedene Instrumente einsetzen, um sich ihrer Einschätzung zu versichern. Regelmäßig kann die Stiftungsbehörde von der Erfüllung der Formvorschriften ausgehen, soweit es sich um öffentliche Testamente und notariell beurkundete Erbverträge handelt oder soweit privatschriftliche Testamente insgesamt holografisch sind, den übrigen Anforderungen der §§ 2229 ff. BGB entsprechen und Dritte keine Zweifel an der Wirksamkeit anmelden. In diesem Fall kommt dem jeweiligen Testament selbst eine ausreichende Beweiswirkung zu. Gründe für Zweifel der Behörde können zum einen – insbesondere bei privatschriftlichen Testamenten – formelle Fehler oder Hinweise auf eine widerrechtliche Änderung durch Dritte sein. Zum anderen ist möglich, dass Dritte – wie beispielsweise gesetzliche Erben – Zweifel an der Wirksamkeit der Verfügung geltend machen, indem sie etwa die Testierfähigkeit des Erblassers in Frage stellen. Zu beachten bleibt jedoch, dass – im Einklang mit der Rechtsprechung des BVerwG – die Stiftungsbehörde auch im Falle einer letztwilligen Stiftungserrichtung keinen Streit zwischen Parteien entscheiden darf, der in die ausschließliche Zuständigkeit der Zivilgerichte fällt.[161]

II. Anforderungen an das letztwillige Stiftungsgeschäft

Im Rahmen des genannten Prüfungsumfangs hat die Stiftungsbehörde die Anforderungen an die letztwillige Verfügung und das Stiftungsgeschäft zu prüfen. Wie bereits unter A. ausgeführt, ist für ein wirksames letztwilliges Stiftungsgeschäft erforderlich, dass der Stifter in seinem letzten Willen der Stiftung einen Stiftungszweck, ein Stiftungsvermögen und – idealiter – auch eine Stiftungssatzung gibt. Auch wenn die konkreten Anforderungen an diese Stiftungsmerkmale für die Stiftung unter Lebenden in Literatur und Rechtsprechung ausführlich untersucht wurden, lassen sich die dort gewonnenen Erkenntnisse oftmals nicht ohne Weiteres auf die Stiftung von Todes wegen übertragen. Im Folgenden sollen daher die Anforderungen an ein wirksames letztwilliges Stiftungsgeschäft näher beleuchtet werden.

1. Formelle Anforderungen

Verfügungen von Todes wegen bezeichnen als Oberbegriff alle rechtsgeschäftlichen Anordnungen des Erblassers für den Fall seines Todes. Sie umfassen beispielsweise die Bestimmung der Erben (§ 1937 BGB) sowie die Anordnung von Vermächtnissen (§ 1939 BGB) und Auflagen (§ 1940 BGB).[162] Verfügungen von Todes wegen können entweder durch einseitiges oder gemeinschaftliches Testament oder durch Erbvertrag getroffen werden.[163] Bei einem Testament handelt es sich um eine einseitige, nicht empfangsbedürftige Willenserklärung[164], während der Erbvertrag durch zwei übereinstimmende empfangsbedürftige Willenserklärungen zustande kommt. Das Stiftungsgeschäft von Todes wegen kann als letztwillige Verfügung durch Testament oder Erbvertrag vorgenommen werden, dabei müssen die formellen erbrechtlichen Vorschriften beachtet werden.[165]

161 Vgl. BVerwG, Urteil vom 26.04.1968 – VII C 103.66, Rn. 41 (BVerwGE 29, 314-317).
162 Hierzu *Leipold*, in: MüKo, § 1937 Rn. 1.
163 S. *Tegelkamp*, in: BeckOGK [01.12.2020], § 1937 Rn. 8.
164 Vgl. *Otte*, in: Staudinger, Vor §§ 2064 ff. Rn. 4.
165 S. *Schiffer/Pruns*, in: Heidel/Hüßtege/Mansel/Noack, § 83 Rn. 2.

a) Testament

Damit das Testament eine wirksame letztwillige Verfügung darstellt, muss der Erblasser mit Testierfähigkeit[166] und Testierwillen[167] gehandelt haben. Ein Fehlen der Testierfähigkeit lässt sich selten am Dokument selbst ablesen. Hinweise können jedoch beispielsweise wirre Formulierungen sein. Im Falle des Verdachts einer Testierunfähigkeit sind zunächst sog. Anknüpfungstatsachen, d.h. konkrete Verhaltensweisen des Erblassers, die auf eine Testierunfähigkeit hindeuten, vom Gericht festzustellen.[168] Hierüber ist bei Bedarf auch Beweis zu erheben.[169] Im Grundsatz wird die Testierfähigkeit jedoch angenommen, bis Gegenteiliges nachgewiesen werden kann.[170] Dies gilt auch für die Stiftungsbehörde. Von einem Testierwillen kann unproblematisch ausgegangen werden, wenn der Erblasser von „seinem Testament", „seinem letzten Willen" oder in ähnlichen Formulierungen spricht, die auf die Festlegung eines letzten Willens stark hindeuten.[171] Das Testament muss gem. § 2064 BGB höchstpersönlich errichtet werden, eine Stellvertretung ist nicht zulässig und führt zur Unwirksamkeit des Testaments.

Gem. § 2247 BGB ist ein privatschriftliches eigenhändiges Testament durch eine handgeschriebene und unterschriebene Erklärung zu errichten. Darüber hinaus soll das Testament gem. § 2247 Abs. 2 BGB eine Zeit- und Ortsangabe enthalten. Ist dies nicht der Fall und ergeben sich aus dem Fehlen Zweifel an der Gültigkeit des gesamten Testaments, so statuiert § 2247 Abs. 4 BGB, dass das Testament nur dann als gültig anzusehen ist, wenn sich die notwendigen Feststellungen über die Zeit der Errichtung anderweitig treffen lassen. Das Testament kann auf jedem beliebigen Material, auf dem geschrieben werden kann, aufgesetzt werden.[172]

---

166 Statt aller *Lauck*, in: Burandt/Rojahn, § 2229 Rn. 2 ff.

167 Statt aller *Horn*, in: Horn/Kroiß, § 2 Rn. 1 ff.

168 S. *Sticherling*, in: MüKo, § 2229 Rn. 74.

169 S. *Lauck*, in: Burandt/Rojahn, § 2229 Rn. 23.

170 S. *Sticherling*, in: MüKo, § 2247 Rn. 3; *Litzenburger*, in: Bamberger/Roth, § 2229 Rn. 13.

171 S. *Sticherling*, in: MüKo, § 2247 Rn. 6; von einem Testierwillen kann jedoch nicht ausgegangen werden, wenn eine solche Formulierung vorgedruckt ist OLG Koblenz, Beschluss vom 18.12.2015 – 1 W 622/15 (FamRZ 2016, 1487-1490); zu weiteren Grenzfällen auch *Lauck*, in: Burandt/Rojahn, § 2247 Rn. 4.

172 S. *Sticherling*, in: MüKo, § 2247 Rn. 14.

Ein öffentliches Testament kann gem. § 2232 S. 1 BGB zur Niederschrift eines Notars errichtet werden, indem der Erblasser dem Notar seinen letzten Willen erklärt oder ihm eine Schrift mit der Erklärung übergibt, dass diese seinen letzten Willen enthalte. Jeder volljährige Erblasser kann durch Übergabe einer offenen oder geschlossenen Schrift testieren (vgl. § 2233 Abs. 1 BGB). Der Erblasser muss darüber hinaus erklären, dass die von ihm übergebene Schrift seinen letzten Willen enthalte.[173] Soweit die Urkunde keine Mängel, wie beispielsweise nicht unterschriebene Streichungen, Anzeichen äußerer Gewalt oder Ähnliches aufweist, begründet sie den vollen Beweis der beurkundeten Erklärung.[174]

Bei der Erklärung des letzten Willens gegenüber dem Notar erstellt dieser hierüber eine öffentliche Urkunde. Die Regelungen hierzu finden sich im Beurkundungsgesetz. Die Urkunde muss gem. § 9 Abs. 1 BeurkG die Bezeichnung des Notars und Erblassers, gem. § 10 BeurkG die Feststellung des Notars zur Identität des Erblassers sowie gem. § 28 BeurkG die Feststellung zur Testierfähigkeit des Erblassers enthalten. Gem. § 9 BeurkG hat die Urkunde die Erklärung des Erblassers vollständig wiederzugeben. Die Niederschrift ist dem Erblasser gem. § 13 Abs. 1 S. 1 BeurkG in Gegenwart des Notars vorzulesen. Der Erblasser hat diese sodann zu genehmigen und eigenhändig zu unterschreiben. Auch der Notar muss die Niederschrift gem. § 13 Abs. 3 BeurkG unterschreiben.

Auch wenn sich der Notar vor der Beurkundung von der erforderlichen Geschäftsfähigkeit überzeugen muss, darf er grundsätzlich von der Geschäftsfähigkeit des Erblassers ausgehen (vgl. §§ 11, 28 BeurkG).[175] Nachforschungen hat er jedoch immer dann anzustellen, wenn sich für ihn Anhaltspunkte für eine fehlende oder eingeschränkte Geschäftsfähigkeit ergeben.[176] Insbesondere

173 S. *Litzenburger*, in: Bamberger/Roth, § 2232 Rn. 17; *Sticherling*, in: MüKo, § 2232 Rn. 22 ff.

174 S. *Lauck*, in: Burandt/Rojahn, § 2232 Rn. 35; *Litzenburger*, in: Bamberger/Roth, § 2232 Rn. 20.

175 BayObLG, Beschluss vom 02.07.1992 – 3Z BR 58/92, Rn. 7 (BayObLGZ 1992, 220-223); OLG Frankfurt, Urteil vom 14.03.1978 – 8 U 169/77, Ls. 1 (DNotZ 1978, 505-507); OLG Karlsruhe, Urteil vom 30.08.1979 – 4 U 230/77, Os. 1 (Justiz 1980, 18-19); OLG Hamm, Urteil vom 08.07.2015, I – 11 U 180/14, Os. 1 (RNotZ 2016, 60-65); OLG Celle, Beschluss vom 19.02.2008 – Not 16/07, Rn. 91 (MittBayNot 2008, 492-495); *Sticherling*, in: MüKo, § 28 BeurkG Rn. 16.

176 OLG Frankfurt, Urteil vom 14.03.1978 – 8 U 169/77, Ls. 1 (DNotZ 1978, 505-507); OLG Karlsruhe, Urteil vom 30.08.1979 – 4 U 230/77, Os. 1 (Justiz 1980, 18-19); OLG Hamm, Urteil vom 08.07.2015, I – 11 U 180/14, Os. 1, Rn. 22 (RNotZ 2016,

das äußere Erscheinungsbild, das Verhalten des Erblassers, eine fehlende zeitliche oder örtliche Orientierung sowie fehlende Einsichtsfähigkeit können einen entsprechenden Hinweis darstellen.[177] Gem. § 28 BeurkG soll der Notar seine Wahrnehmungen über die erforderliche Geschäftsfähigkeit des Erblassers in der Niederschrift vermerken, nach § 11 BeurkG sind bei Zweifeln des Notars an der Geschäftsfähigkeit oder bei schwerer Erkrankung eines Beteiligten Angaben über die Geschäftsfähigkeit in die Niederschrift aufzunehmen. Fehlen solche Hinweise darf auch die Stiftungsbehörde von der Geschäftsfähigkeit des Erblassers ausgehen.

b) Erbvertrag

Eine letztwillige Stiftungserrichtung kann auch durch Erbvertrag erfolgen. Dieser kann gem. § 2276 Abs. 1 BGB nur zur Niederschrift eines Notars bei gleichzeitiger Anwesenheit beider Teile geschlossen werden, eine privatschriftliche Errichtung ist nicht möglich.[178] Dem Erblasser steht es frei, den Erbvertrag durch mündliche Erklärung zur Niederschrift eines Notars oder durch Übergabe einer offenen oder verschlossenen Schrift, verbunden mit der Erklärung, dass die Schrift seinen letzten Willen erhalte, zu errichten.[179] Gem. § 2274 BGB hat der Erblasser persönlich anwesend zu sein, während sich der andere Vertragspartner – soweit er selbst keine letztwillige Verfügung im Erbvertrag trifft – nach den allgemeinen Vorschriften vertreten lassen kann.[180] Einen Erbvertrag kann gem. § 2275 Abs. 1 BGB als Erblasser nur schließen, wer unbeschränkt geschäftsfähig ist. Ein durch einen geschäftsunfähigen oder beschränkt geschäftsfähigen Erblasser geschlossener Erbvertrag ist nichtig.[181] Hieran ändern weder die Zustimmung eines gesetzlichen Vertreters noch der nachträgliche Eintritt der Geschäftsfähigkeit etwas.[182] Soweit es dem mutmaßlichen Willen des Erblassers

---

60-65); OLG Celle, Beschluss vom 19.02.2008 – Not 16/07, Rn. 91 (MittBayNot 2008, 492-495).

177 OLG Frankfurt, Urteil vom 14.03.1978 – 8 U 169/77, Ls. 1 (DNotZ 1978, 505-507); OLG Karlsruhe, Urteil vom 30.08.1979 – 4 U 230/77, Os. 1 (Justiz 1980, 18-19); OLG Hamm, Urteil vom 08.07.2015, I – 11 U 180/14, Os. 1, Rn. 22 (RNotZ 2016, 60-65); OLG Celle, Beschluss vom 19.02.2008 – Not 16/07, Rn. 91 (MittBayNot 2008, 492-495).

178 S. *Musielak*, in: MüKo, § 2276 Rn. 2, 5.

179 S. *Musielak*, in: MüKo, § 2276 Rn. 2.

180 Statt aller *Musielak*, in: MüKo, § 2276 Rn. 5.

181 *Musielak*, in: MüKo, § 2275 Rn. 3.

182 *Kanzleiter*, in: Staudinger, § 2275 Rn. 3.

entspricht, kann ein nichtiger Erbvertrag in ein Testament nach § 140 BGB umgedeutet werden, wenn er die vom Gesetz an das Testament gestellten Anforderungen erfüllt.[183]

Handschriftliche Änderungen oder Ergänzungen im Erbvertrag müssen grundsätzlich mit einem Rand- oder Schlussvermerk des Notars versehen und unterschrieben werden. Wird diese Formvorschrift nicht beachtet, führt dies jedoch nicht zur Nichtigkeit des Erbvertrags, sondern kann lediglich die Beweiskraft der Urkunde berühren.[184]

2. Materielle Anforderungen

Zusätzlich zu den formellen Anforderungen an das letztwillige Stiftungsgeschäft sind die in § 80 Abs. 2 BGB genannten materiellen Anforderungen zu erfüllen. Die Stiftung ist hiernach als rechtsfähig anzuerkennen, wenn das Stiftungsgeschäft den Anforderungen des § 81 Abs. 1 BGB genügt, die dauernde und nachhaltige Erfüllung des Stiftungszwecks gesichert erscheint und der Stiftungszweck das Gemeinwohl nicht gefährdet. Das Vorliegen sämtlicher materiellen Voraussetzungen hat die Stiftungsbehörde vor Anerkennung zu prüfen.

a) Anforderungen des § 81 Abs. 1 BGB

Das Stiftungsgeschäft hat hierbei zunächst den Anforderungen des § 81 Abs. 1 BGB zu genügen (vgl. § 83 S. 2 BGB). Bei einer lebzeitigen Stiftungserrichtung ist erforderlich, dass das Stiftungsgeschäft den eigentlichen Stiftungsakt sowie eine den gesetzlichen Mindestanforderungen entsprechende Satzung enthält.

Grundsätzlich hat die Satzung einer letztwilligen Stiftung die gleichen Anforderungen zu erfüllen wie die einer lebzeitig errichteten Stiftung. § 81 Abs. 1 S. 3 BGB legt fest, dass die Stiftung durch das Stiftungsgeschäft eine Satzung mit Regelungen über den Namen der Stiftung, ihren Sitz, den Zweck der Stiftung, das Vermögen und die Bildung des Vorstands der Stiftung erhalten muss.

Da anders als bei der lebzeitigen Stiftungserrichtung etwaige Unklarheiten oder Ungenauigkeiten in der Satzung nicht durch Nachfrage beim Stifter

---

183 BayObLG, Beschluss vom 13.04.1982 – 1 Z 142/81, Rn. 41 (Rpfleger 1982, 286 -287); BayObLG, Beschluss vom 17.02.1995 – 1Z BR 3/95, Ls. 2 (DNotZ 1996, 53-56).

184 OLG Düsseldorf, Beschluss vom 18.12.2013 – 3 Wx 72/13, Ls. 1, 2, Rn. 27 (RNotZ 2014, 191-193).

beseitigt werden können, hat der Gesetzgeber jedoch eine Ergänzungskompetenz der Stiftungsbehörde für den Fall einer fehlenden oder unvollständigen Satzung vorgesehen. Gem. § 83 S. 2 BGB wird der Stiftung durch die zuständige Behörde vor der Anerkennung eine Satzung gegeben oder eine unvollständige Satzung ergänzt, wenn das Stiftungsgeschäft nicht den Erfordernissen des § 81 Abs. 1 S. 3 genügt; dabei soll der Wille des Stifters berücksichtigt werden. Anders als der Wortlaut des § 83 S. 2 BGB vermuten lassen könnte, muss die Behörde den Stifterwillen bei der Abfassung einer fehlenden Stiftungssatzung oder der Ergänzung einer unvollständigen Satzung zwingend beachten.[185] Die konkreten Möglichkeiten und Grenzen der behördlichen Ergänzungskompetenz werden im Kapitel C.III. näher behandelt.

b) Dauernde und nachhaltige Erfüllung des Stiftungszwecks

Außerdem muss der Stiftungszweck gem. § 81 Abs. 1 S. 2 BGB vom Stifter bei Vornahme des Stiftungsgeschäfts festgelegt werden. Aufgabe des Stiftungszwecks ist es, der Stiftung eine Richtung und ein Tätigkeitsfeld zu geben, innerhalb derer sie agieren soll. Er dient als Leitlinie für die Arbeit der Stiftung.[186]

Die Stiftung nimmt im Zivilrecht eine besondere Stellung ein. Aufgrund ihrer Mitgliederlosigkeit muss die konkrete Verbindung von Stiftungszweck und Stiftungsvermögen die dauerhafte und nachhaltige Verfolgung des Stiftungszwecks auf unbestimmte Dauer sichern können.[187] Überdies wird durch die Festlegung des Stiftungszwecks dieser auch vor Änderungen des Stifterwillens geschützt.[188] Ziel ist es, einen überindividuellen Willen des Stifters unabhängig von dessen eigener Existenz zu schaffen, wobei der Wille des Stifters regelmäßig über seinen Tod hinaus verwirklicht und befolgt werden soll.[189] Grundlegende Zweckänderungen sind dann nur noch unter engen Voraussetzungen möglich.[190]

Entscheidend ist laut Gesetzesbegründung, dass eine Stiftung nur dann anerkannt werden kann, wenn die „dauernde und nachhaltige Erfüllung" des Stiftungszwecks gewährleistet scheint.[191] Damit dies der Fall ist, müssen gewisse

---

185 BT-Drs. 14/8765 S. 11; statt aller *Weitemeyer*, in: MüKo, § 83 Rn. 23 m.w.N.
186 Vgl. *Hüttemann/Rawert*, in: Staudinger, Vor § 80 Rn. 5, § 81 Rn. 45.
187 S. BT-Drucks 14/8765, S. 8; *Hüttemann/Rawert* in: Staudinger, § 80 Rn. 17.
188 Vgl. *Dutta*, in: Handbuch Stiftungsrecht, § 5 Rn. 1.
189 Statt aller vgl. *v. Campenhausen/Stumpf*, in: Handbuch Stiftungsrecht, § 1 Rn. 6 ff.
190 S. hierzu Kapitel F.I.
191 BT-Drucks 14/8765, S. 13, 15.

grundlegende Voraussetzungen erfüllt sein. Auf diese soll im Folgenden näher eingegangen werden.

aa) Übersicht Stiftungszweck

Der Stiftungszweck stellt ein notwendiges Element des Stiftungsgeschäfts unter Lebenden und von Todes wegen dar. § 80 Abs. 1 S. 1 BGB normiert hierzu, dass seine Bestimmung Aufgabe des Stifters ist. Da der Stiftungszweck der Stiftung ihren Handlungsrahmen und ihre Identität gibt, muss er hinreichend konkret gefasst sein. In der Festlegung eines Zwecks ist der Stifter im Grundsatz frei.[192] Er kann der Stiftung einen einzigen oder mehrere Zwecke geben.[193] Diese können in Haupt- und Nebenzwecke unterteilt werden oder gleichberechtigt nebeneinander stehen.[194] Auch sukzessive Zwecke sind zulässig.[195] Vom Stiftungszweck abzugrenzen sind die Motive des Stifters.[196] Dass der Stifter beispielsweise Anerkennung, Unsterblichkeit oder den Fortbestand des eigenen Vermögens sichern will, ist für den Stiftungszweck nicht relevant, es sei denn, diese Motive sind in das Stiftungsgeschäft unmittelbar aufgenommen.[197]

bb) Die Zweckangabe bei letztwilliger Stiftungserrichtung

Welche Anforderungen muss nun aber die Zweckbestimmung i.S.d § 81 Abs. 1 S. 2 BGB im Rahmen einer letztwilligen Stiftungserrichtung erfüllen?

(1) Untergrenze Bestimmtheitsgebot

Der Stiftungszweck muss zunächst dem Bestimmtheitsgebot genügen. Diese Anforderung gilt für die lebzeitigte und die letztwillige Stiftungserrichtung gleichermaßen. Gem. § 81 Abs. 1 S. 2 BGB ist der Zweck der Stiftung durch den Stifter vorzugeben. Hiervon lässt sich nur dann sprechen, wenn der Vorgebende etwas festlegt oder bestimmt.[198]

---

192 Vgl. *v. Campenhausen/Stumpf*, in: Handbuch Stiftungsrecht, § 1 Rn. 6 ff.; *Beuthien*, in: Münchener Handbuch des Gesellschaftsrechts Band 5, § 77 Rn. 17.

193 S. *Weitemeyer*, in: MüKo, § 81 Rn. 36 f.

194 Statt aller hierzu *Dutta*, in: Handbuch Stiftungsrecht, § 5 Rn. 9, 12.

195 S. *Hüttemann/Rawert*, in: Staudinger, § 81 Rn. 49; *Happ*, Stifterwille und Zweckänderung, S. 62 ff.

196 S. BayVGHE 13, 20 (StiftRspr I 76).

197 S. *Hüttemann/Rawert* in: Staudinger, Vor § 80 Rn. 6; *Backert*, in: Bamberger/Roth, § 80 Rn. 5.

198 Vgl. Duden, http://www.duden.de/rechtschreibung/vorgeben#Bedeutung4 [zuletzt abgerufen am 09.03.2020].

Der BGH führte im Jahre 1977 in Anlehnung an *Ebersbach*[199] zur Aufgabe des Stiftungszweck aus:

> „Die Bestimmung des Stiftungszwecks soll den Stiftungsorganen einen eindeutigen und klar abgegrenzten Auftrag geben, um Rechtsunsicherheit, Willkür der Stiftungsverwaltung und ein Verzetteln der Stiftungsleistungen zu verhüten."[200]

In der Literatur wird davon ausgegangen, dass das Bestimmtheitsgebot die Untergrenze darstellen muss.[201] Wie bereits unter A.I.1. angedeutet, besitzt die Stiftung durchaus körperschaftliche Elemente. Hierdurch erhalten die Stiftungsbeteiligten die Möglichkeit der Einflussnahme auf die Arbeit der Stiftung.[202] Der Stifter kann den Stiftungsorganen gewisse Spielräume zubilligen.[203] Dass dies auch vom Gesetzgeber grundsätzlich so gewollt ist, lässt sich etwa dem Verweis des § 86 BGB auf das Vereinsrecht entnehmen. Dennoch handelt es sich bei der Stiftung gerade nicht um eine Körperschaft. Sie darf einer Körperschaft und den körperschaftlichen Einflussnahmemöglichkeiten daher organisationsrechtlich nicht zu nahekommen. Unter allen Umständen muss der Stifterwille für den Stiftungszweck und die Arbeitsweise der Stiftung entscheidend sein. Nur dadurch kann eine unzulässige autonome Willensbildung der Stiftung durch ihre Organe verhindert und die Abgrenzung zur Körperschaft aufrechterhalten werden.[204] Darüber hinaus wird auch nur so eine funktionierende Stiftungsaufsicht ermöglicht.[205]

Nach *Reuter* liegt die Funktion des Bestimmtheitsgrundsatzes vor allem darin, zu verhindern, dass „die Stiftungsorgane praktisch frei darüber entscheiden können, welchen Anliegen die Stiftung dienen soll"[206]. Auch *Hüttemann* und *Rawert* schreiben dazu:

> „Der Stifterwille darf nicht so allgemein gehalten werden, dass er den Organen eine gleichsam körperschaftliche Willensbildung ermöglicht. Die Stiftungsorgane müssen einen eindeutigen und abgegrenzten Auftrag erhalten, dessen Erfüllung sich als Vollzug des ursprünglichen Stifterwillens darstellt."[207]

---

199 *Ebersbach*, Handbuch Stiftungsrecht, S. 81.
200 BGH, Urteil vom 03.03.1977 – III ZR 10/74, Rn. 39 (BGHZ 68, 142-151).
201 Vgl. *Hüttemann/Rawert* in: Staudinger, § 81 Rn. 47; *Weitemeyer*, in: MüKo, § 81 Rn. 35.
202 S. *Happ*, Stifterwille und Zweckänderung, S. 26.
203 S. *Happ*, Stifterwille und Zweckänderung, S. 26.
204 S. *Happ*, Stifterwille und Zweckänderung, S. 50.
205 Vgl. *Happ*, Stifterwille und Zweckänderung, S. 52.
206 *Reuter*, in: Müko 6. Aufl., § 81 Rn. 31; so auch *Weitemeyer*, in: MüKo, § 81 Rn. 30.
207 *Hüttemann/Rawert* in: Staudinger, § 81 Rn. 47 m.w.N., die in diesem Zusammenhang auch auf die höchstrichterliche Entscheidung des BGH, Urteil vom 03.03.1977 – III ZR 10/74 (BGHZ 68, 142-151) verweisen.

Happ ergänzt darüber hinaus mit Blick auf die Stiftungsaufsicht, dass nur ein eindeutig formulierter Stifterwille Grundlage für die entsprechende Stiftungsaufsicht sein könne.[208] Eine rein offene Richtungsangabe, die zahlreiche, vollkommen verschiedene Aufgaben und Tätigkeiten beinhalten könne, erfülle die Anforderungen an das Bestimmen oder Festlegen nicht.[209] Diesen Ausführungen ist zuzustimmen. Entscheidend ist, dass der Stiftungszweck der Stiftung und den Stiftungsorganen einen eindeutigen Handlungsrahmen gibt, dessen Einhaltung durch die Stiftungsbehörde kontrolliert werden kann.

Nach Ansicht einiger Stimmen in der Literatur soll der Zweck des Bestimmtheitsgebots darüber hinaus in der Verhinderung von Missbrauch durch die Stiftungsorgane liegen.[210] Dies vermag bei näherer Betrachtung indes nur zum Teil zu überzeugen. Während dieser Gedanke zwar nahe liegt, setzt er nicht an der richtigen Stelle an. Aufgabe des Stiftungszwecks ist die Strukturierung eines Rahmens, innerhalb dessen die Stiftung samt ihrer Stiftungsorgane handeln darf. Ist der Stiftungszweck zu weit oder zu unbestimmt, wird dadurch der Rahmen, innerhalb dessen die Stiftungsorgane handeln dürfen, weiter. Dies stellt jedoch noch nicht ohne Weiteres einen Missbrauch dar. Für einen solchen wäre erforderlich, dass die Organe eine ihnen gesetzte Grenze überschreiten. Im Falle eines zu weit gesetzten Stiftungszwecks gibt es jedoch keine – oder eine jedenfalls nur sehr schwer überschreitbare – Grenze, die die Organe missachten könnten.[211] Mithin wird durch das Bestimmtheitsgebot kein Missbrauch verhindert. Vielmehr wird hierdurch erst eine äußerste Grenze gezogen, dessen Verstoß durch die Stiftungsorgane die Stiftungsbehörde im Rahmen ihrer Stiftungsaufsicht ahnden kann.[212]

Darüber hinaus kommt dem Bestimmtheitsgebot nach überzeugender Ansicht noch eine weitere Funktion zu: Es beinhaltet, neben den bereits genannten Funktionen, auch den Grundsatz der sog. „Zweckwahrheit".[213] Hiernach darf der Stifter seiner Stiftung nur solche Zwecke geben, die er auch tatsächlich

208 *Happ*, Stifterwille und Zweckänderung, S. 52.

209 Vgl. *Happ*, Stifterwille und Zweckänderung, S. 52; *Hüttemann/Rawert* in: Staudinger, § 81 Rn. 47; *Reuter*, in: MüKo 6. Aufl., § 81 Rn. 31; *ders.*, DWiR 1991, 192, 197.

210 Vgl. *Milatz/Kemcke/Schütz*, Stiftungen im Zivil- und Steuerrecht, S. 43; *v. Rotberg/Broo/Frey*, StiftG Baden-Württemberg, § 6 Zu Nr. 3; *Wachter*, Stiftungen: Zivil- und Steuerrecht in der Praxis, B Rn. 51; *Schwarz*, ZSt 2004, 64, 66.

211 S. *Happ*, Stifterwille und Zweckänderung, S. 51.

212 Genauso *Happ*, Stifterwille und Zweckänderung, S. 51.

213 Begriff der Zweckwahrheit verwendet von *Hüttemann*, in: FS Reuter, S. 121, 129.

verfolgen möchte.[214] Soweit der Stifter mehrere Zwecke angibt, soll er darüber hinaus festlegen, in welcher Reihenfolge diese Zwecke priorisiert und verfolgt werden sollen.[215]

Auf der Grundlage der Funktion des Bestimmtheitsgebots stellt sich jedoch die Frage, welche konkreten Anforderungen hieraus für die Zweckbestimmung gewonnen werden können. Insgesamt lässt sich feststellen, dass in Literatur und Rechtsprechung schlicht festgestellt wird, dass die Zweckangabe nicht zu weit sein darf. Als Beispiel für eine nicht mehr hinreichend bestimmte Zweckfestsetzung wird in der Literatur etwa der Zweck „Förderung des Glücks der Menschheit" herangezogen.[216] *Hüttemann*, *Rawert* und *Reuter* begründen dieses Beispiel damit, dass der Begriff intersubjektiv kaum nachprüfbar sei. In der Folge könne eine solch weite Vorgabe keinerlei Bindungswirkung entfalten.[217] Dem ist zuzustimmen. Eine so allgemeine Formulierung, deren Einhaltung in Anbetracht der unterschiedlichen Verständnisse von Glück nicht anhand eines einheitlichen Maßstabs überprüfbar ist, ist in jedem Fall zu unbestimmt.

Was aber bedeutet das für die Zweckbestimmung im Rahmen einer letztwilligen Stiftungserrichtung? Insgesamt lässt sich feststellen, dass das Bestimmtheitsgebot eine äußerste Grenze für die wirksame, lebzeitige und letztwillige Stiftungserrichtung sein muss. Insbesondere die Angabe eines hinreichend bestimmten und gleichzeitig nicht zu engen Stiftungszwecks bereitet bei der letztwilligen Stiftungserrichtung nicht selten Schwierigkeiten. Problematisch an der Festlegung eines Stiftungszwecks ist generell, dass nicht alle Eventualitäten der späteren Existenz einer Stiftung vorhersehbar sind. Weder kann sichergestellt werden, dass ein womöglich gefördertes Projekt auf unbestimmte Zeit weiter bestehen wird, noch kann vorhergesagt werden, ob andere Umstände die Erreichung eines konkreten Ziels unmöglich, ineffektiv oder aus anderen Gründen untragbar machen. Folge eines zu eng gesetzten Stiftungszwecks ist die Beschränkung der Handlungs- und Anpassungsfähigkeit der Stiftung auf

---

214 So *Hüttemann*, in: FS Reuter, S. 121, 129 in Anlehnung an *Reuter*, in: MüKo, § 80, 81 Rn. 32 f.

215 S. *Hüttemann*, in: FS Reuter, S. 121, 129; *Happ*, Stifterwille und Zweckänderung, S. 62 f.; *Burgard*, Gestaltungsfreiheit, S. 121 f.

216 Vgl. *Reuter*, in: MüKo 6. Aufl., § 81 Rn. 31; *Hüttemann/Rawert* in: Staudinger, § 81 Rn. 47; *Hüttemann*, in: FS Reuter, S. 121, 127.

217 S. *Hüttemann/Rawert* in: Staudinger, § 81 Rn. 47; *Hüttemann*, in: FS Reuter, S. 121, 127, 128; *Reuter*, in: MüKo 6. Aufl., § 81 Rn. 31.

einen sehr eingeschränkten Bereich.[218] Daher wird Stiftern regelmäßig geraten, den Stiftungszweck tendenziell eher weit zu formulieren, um die Handlungsfähigkeit der Stiftung auf möglichst lange Sicht sicherzustellen.[219] Auch in der Gesetzesbegründung der §§ 80 ff. BGB spricht der Gesetzgeber davon, dass „der Stiftungszweck und die Maßnahmen zu seiner Verwirklichung [...] so bestimmt wie möglich formuliert sein [sollen], ohne aber im Hinblick auf die Dauerhaftigkeit zu eng zu sein"[220]. Dies ist einerseits zwar wichtig, um der Stiftung in ihrer Aufgabenfindung und -erfüllung eine gewisse Flexibilität zu geben, es stellt andererseits aber im Falle einer letztwilligen Stiftungserrichtung auch ein signifikantes Risiko dar, weil ein nicht hinreichend bestimmter Stiftungszweck unter Umständen nicht anerkannt werden kann.

Entscheidend muss daher bei der Festsetzung eines Stiftungszwecks sein, dass dieser der Stiftung einerseits einen eindeutigen Rahmen gibt, ihr andererseits aber ausreichend Raum lässt, sich in der Verfolgung eines überindividuellen Zwecks an auch zu einem späteren Zeitpunkt möglicherweise ändernde Gegebenheiten sinnvoll anzupassen. Da es bei der letztwilligen Stiftungserrichtung keine Möglichkeit einer „Korrektur" durch den Stifter in Zusammenarbeit mit der Stiftungsbehörde während des Anerkennungsprozesses gibt, ist umso wichtiger, dass die letztwillige Zweckbestimmung ausreichend ist. Das Bestimmtheitsgebot stellt hierbei im Ergebnis die absolute Untergrenze für die Prüfung dar.

(2) Weit gefasster Stiftungszweck – Verstoß gegen § 2065 Abs. 2 BGB?

Teilweise wird in der Literatur vertreten[221] oder jedenfalls diskutiert[222], ob bei der Stiftung von Todes wegen ein zu weit gesetzter Zweck gegen § 2065 Abs. 2 BGB verstoßen könnte und damit nicht aus stiftungsrechtlichen, sondern aus erbrechtlichen Gesichtspunkten unzulässig ist. Gem. § 2065 Abs. 2 BGB darf die Bestimmung der Erben nicht Dritten überlassen werden.

Aufgabe des § 2065 Abs. 2 BGB ist es, sicherzustellen, dass der Erblasser seinen Willen vollumfänglich und abschließend selbst gebildet hat.[223] Ziel ist unter

218 Vgl. *Happ*, Stifterwille und Zweckänderung, S. 48; *Holler*, Stiftungssatzungen, Rn. 127; *v. Holt/Koch*, Stiftungssatzung, S. 13 f.

219 Zur Flexibilität des Stiftungszwecks *Reuter*, in: MüKo 6. Aufl., § 81 Rn. 34.

220 BT-Drucks 14/8765, S. 10.

221 *Kuchinke*, in: FS Neumayer, S. 389, 398 ff.

222 *Steffek*, Die Anforderungen an das Stiftungsgeschäft von Todes wegen, S. 81 ff.

223 S. *Leipold*, in: MüKo, § 2065 Rn. 1.

anderem die Vermeidung von Rechtsunsicherheit.[224] Im Ergebnis soll der Erblasser in Anbetracht der erheblichen Bedeutung des letztens Willens nicht die Möglichkeit haben, die Entscheidung über den Zuwendungsempfänger einem Dritten zu überlassen.[225] Damit konkretisiert § 2065 BGB den allgemeinen Bestimmtheitsgrundsatz.[226]

Kuchinke[227] führt im Kontext der letztwilligen Stiftungserrichtung dazu aus, dass – so wie der Erblasser die Bestimmung einer bereits existierenden Person, die eine Zuwendung erhalten soll, nicht einem anderen überlassen dürfe – er auch nicht die Schaffung einer juristischen Zweckperson, die eine Zuwendung erhalten solle, einem Dritten überlassen dürfe.[228]

Hiergegen wendet *Steffek* ein, dass es sich auch bei einem sehr weitgefassten Stiftungszweck nicht um einen Fall des § 2065 Abs. 2 BGB handele.[229] Seiner Meinung nach habe der Erblasser bereits selbst zum Ausdruck gebracht, dass eine rechtsfähige Stiftung des Bürgerlichen Rechts errichtet werden solle.[230] Die Errichtung dieser juristischen Person sei in der Folge nicht vom Ermessen eines Dritten abhängig, sondern liege bereits in der letztwilligen Verfügung.[231] Die Auswahl der konkreten Stiftungszwecke sei gerade keine Auswahl der in Betracht kommenden Erben.[232] Stattdessen handele es sich lediglich um eine Konkretisierung der Aufgaben der Stiftung.[233] Schon mit der Errichtung der Stiftung sei der Erbe bestimmt. Ein Fall des § 2065 Abs. 2 BGB könne daher schon denklogisch gar nicht mehr vorliegen.[234]

Auch *Weitemeyer* wendet gegen die Ausführungen von *Kuchinke* ein, dass hierbei die erbrechtlichen Anforderungen zu Unrecht auf den Bereich des Organisationsrechts übertragen würden.[235] Ihrer Ansicht nach richten sich die

---

224 Vgl. *Litzenburger*, in: Bamberger/Roth, § 2065 Rn. 1 mit einer Auflistung weiterer Begründungsansätze.
225 Vgl. *Leipold*, in: MüKo, § 2065 Rn. 1.
226 So auch *Leipold*, in: MüKo, § 2065 Rn. 6.
227 *Kuchinke*, in: FS Neumayer, S. 389 ff.
228 *Kuchinke*, in: FS Neumayer, S. 398 f.
229 *Steffek*, Die Anforderungen an das Stiftungsgeschäft von Todes wegen, S. 82.
230 *Steffek*, Die Anforderungen an das Stiftungsgeschäft von Todes wegen, S. 82.
231 *Steffek*, Die Anforderungen an das Stiftungsgeschäft von Todes wegen, S. 82.
232 *Steffek*, Die Anforderungen an das Stiftungsgeschäft von Todes wegen, S. 82.
233 *Steffek*, Die Anforderungen an das Stiftungsgeschäft von Todes wegen, S. 82.
234 *Steffek*, Die Anforderungen an das Stiftungsgeschäft von Todes wegen, S. 82.
235 *Weitemeyer*, in: MüKo, § 83 Rn. 6.

Anforderung an die Beschaffenheit der Stiftung ausschließlich nach stiftungsrechtlichen Vorschriften. Diese seien für die Stiftung von Todes wegen und die Stiftung unter Lebenden dieselben.[236] Bereits nach den hierfür zu beachtenden stiftungsrechtlichen Normen sei eine zu weite Zweckangabe unter Umständen nicht genügend.[237]

Die von *Steffek* und *Weitemeyer* vorgebrachten Argumenten vermögen in weiten Teilen zu überzeugen. Dadurch, dass mit Anerkennung der Stiftung die Erbin schon geschaffen ist, wird auch durch eine weite Zwecksetzung die Bestimmung des Erbens nicht auf Dritte übertragen.[238] Anders als *Kuchinke* annimmt, wird ein zu weiter Stiftungszweck jedoch bereits vor Errichtung der Rechtsperson bei der Frage einer Anerkennung relevant. Hierbei kann der Stiftungszweck zu unbestimmt sein, sodass die Stiftungsbehörde die Anerkennung zu verweigern hat. Ist der Stiftungszweck jedoch als ausreichend bestimmt anzusehen und wird die Stiftung anerkannt, besteht ab diesem Zeitpunkt die juristische Person der Stiftung. Ein weiter Stiftungszweck berührt die Existenz dieser Stiftung nicht. Der Zuwendungsempfänger wurde durch den Stifter somit festgelegt, sodass ein Verstoß gegen § 2065 Abs. 2 BGB in einem solchen Falle ausscheidet.[239] Dessen ungeachtet bleibt zu beachten, dass, anders als *Steffek* annimmt, ein zu weiter Stiftungszweck wegen Verstoßes gegen das Bestimmtheitsgebots einer wirksamen Stiftungserrichtung entgegenstehen kann.[240]

cc) Dauernde und nachhaltige Zweckerfüllung

Gem. § 80 Abs. 2 BGB ist erforderlich, dass die dauernde und nachhaltige Erfüllung eben dieses Stiftungszwecks i.S.d. § 81 Abs. 1 S. 2 BGB gesichert erscheint.[241] Dieses Erfordernis begründet sich damit, dass eine solche für das bürgerliche Recht besondere Verselbstständigung einer juristischen Person nur

236 *Weitemeyer*, in: MüKo, § 83 Rn. 6.

237 *Weitemeyer*, in: MüKo, § 83 Rn. 6.

238 In aktueller Rechtsprechung erneut bestätigt durch KG Berlin, Beschluss vom 30.12.2015 – 6 W 46/15, Rn. 57 (ErbR 2016, 331-337).

239 Insoweit überzeugend *Steffek*, Die Anforderungen an das Stiftungsgeschäft von Todes wegen, S. 82 f.

240 Genauso *Weitemeyer*, in: MüKo, § 83 Rn. 6, anders *Steffek*, Die Anforderungen an das Stiftungsgeschäft von Todes wegen, S. 83.

241 BT-Drucks. 14/8765 S. 13 f.; s. auch *Hüttemann/Rawert*, in: Staudinger, § 80 Rn. 19; *Neuhoff*, in: Soergel, Vor § 80 Rn. 13; VG Gießen, Urteil vom 25.11.2009 – 8 K 341/09.GI, Rn. 27 (BeckRS 2011, 45208).

dann gerechtfertigt sein kann, wenn die rechtliche Verselbstständigung vom ursprünglichen Vermögensgeber auch tatsächlich erforderlich ist.[242] Die geforderte Nachhaltigkeit und Dauerhaftigkeit bezieht sich hierbei nicht unmittelbar auf die zeitliche Dauer. Vielmehr ist entscheidend, dass der Stiftungszweck dem Wandel der Verhältnisse gegenüber beständig ist.[243] Dafür ist erforderlich, dass zum einen der Zweck selbst auf eine gewisse Dauerhaftigkeit angelegt ist. Zum anderen bedarf es einer Vermögensausstattung, die in Anbetracht der Zwecksetzung angemessen ist und eine dauernde Zweckerfüllung ermöglicht.

(1) Anforderungen an die Dauer

Dies bedeutet allerdings nicht, dass nur auf unbestimmte Zeit errichtete Stiftungen zulässig sind. Entscheidend ist lediglich, dass eine rechtliche Verselbstständigung erforderlich erscheint.[244] Die Möglichkeit einer auf bestimmte Zeit errichteten Stiftung lässt sich unter anderem auch der Gesetzesbegründung entnehmen, die hierzu von einem Zweck spricht, der „auf eine längere Dauer gerichtet, aber dennoch mit einem zeitlichen Ende verbunden sein" kann.[245] Beispiele für zulässige, aber nicht auf Dauer angelegte Stiftungen sind die sog. „Stiftung auf Zeit" und die „Verbrauchsstiftung".[246] Die Zulässigkeit der „Stiftung auf Zeit" wird damit begründet, dass die Formulierung des § 80 Abs. 2 S. 1 BGB der „dauernden und nachhaltigen Erfüllung des Stiftungszwecks" keine ewige Zweckerfüllung verlangt, sondern vielmehr eine langfristige und sich für längere Zeit auswirkende Zweckerfüllung fordert.[247] Dies ist bei einer „Stiftung auf Zeit" nach herrschender Meinung erfüllt.[248] Hinsichtlich der Verbrauchsstiftung normiert § 80 Abs. 2 S. 2 BGB sogar ausdrücklich, dass bei einer Verbrauchsstiftung, die für eine bestimmte Zeit errichtet und deren Vermögen für die Zweckverfolgung verbraucht werden soll, die dauernde Erfüllung des Stiftungszwecks

---

242 BT-Drucks. 14/8765 S. 13 f.; statt aller auch *Weitemeyer*, in: MüKo, § 80 Rn. 120.

243 S. *Schwake*, in: Münchener Handbuch des Gesellschaftsrechts Band 5, § 79 Rn. 37.

244 S. *Weitemeyer*, in: MüKo, § 80 Rn. 120.

245 BT-Drucks. 14/8765 S. 8.

246 Ausführlich hierzu *Weitemeyer*, in: MüKo, § 80 Rn. 127 ff.; siehe auch *Stumpf*, in: Handbuch Stiftungsrecht, § 4 Rn. 86, 88; *Beuthien*, in: Münchener Handbuch des Gesellschaftsrechts Band 5, § 77 Rn. 31 f.

247 Ausführlich hierzu *Schiffer/Pruns*, in: Heidel/Hüßtege/Mansel/Noack, § 80 Rn. 28 ff. m.w.N.

248 S. *Hüttemann/Rawert* in: Staudinger, § 81 Rn. 57; *Reuter*, npoR 2010, 69 ff.; *Weitemeyer*, in: MüKo, § 80 Rn. 127 ff., 133 ff.; *Stumpf*, in: Stumpf/Suerbaum/Schulte/Pauli, Kap. B § 80 Rn. 46; *Steils*, Die Stiftung auf Zeit und die Verbrauchsstiftung, S. 148 ff.

gesichert erscheint, wenn die Stiftung für einen im Stiftungsgeschäft festgelegten Zeitraum bestehen soll, der mindestens zehn Jahre umfasst.[249]

(2) Anforderungen an die Höhe des Stiftungsvermögens

Neben dem Stiftungszweck ist das Stiftungsvermögen ein weiteres konstituierendes Element des Stiftungsgeschäfts. Gem. § 81 Abs. 1 S. 2 BGB ist zwingend erforderlich, dass der Stifter ein Vermögen zur Erfüllung eines von ihm vorgegebenen Zwecks widmet. Dieses Vermögen kann sowohl aus Geld- oder Wertpapiervermögen als auch aus Immobilien, sonstigen immateriellen Vermögensgegenständen oder Sachgegenständen bestehen.[250]

Stiftungsrechtlich gibt es keine gesetzlich vorgegebene Mindestsumme zur Errichtung einer Stiftung.[251] Eine Stiftung wird jedoch dann nicht anerkannt, wenn die Erträge aus dem vorgesehenen Grundstockvermögen voraussichtlich nicht zum Erreichen des Stiftungszwecks in der vom Stifter vorgesehenen Weise genügen werden (sog. Zweck-Mittel-Relation).[252] Auch wenn es vielfach nicht empfohlen wird, ist in zahlreichen Bundesländern eine Stiftungserrichtung mit einem Vermögen von weniger als 100.000 € möglich.[253] Jedenfalls bei einem Stiftungsvermögen von weniger als 50.000 € wird derzeit von einer Unterkapitalisierung ausgegangen, die eine Anerkennung regelmäßig verhindert.[254] Gleichwohl hat die Stiftungsbehörde im Rahmen jedes Anerkennungsverfahrens individuell zu prüfen, ob die gem. § 80 Abs. 2 S. 1 BGB erforderliche dauernde und nachhaltige Erfüllung des Stiftungszwecks gesichert erscheint.[255] Erforderlich ist grundsätzlich, dass der Stifter ein Vermögen aufwendet, mit dem es möglich ist, den anvisierten Stiftungszweck zu verfolgen.[256]

---

249 Ablehnend zur Verbrauchsstiftung *Muscheler*, in: FS Werner, S. 129, 140 ff.

250 S. *Stumpf*, in: Stumpf/Suerbaum/Schulte/Pauli, Kap. B § 81 Rn. 9.

251 VG Gießen, Urteil vom 09.03.2012 – 8 K 1213/11.GI, Rn. 17 (NZG 2013, 110-111).

252 S. *Schlüter/Stolte*, in: Stiftungsrecht, Kap. 5 Rn. 1.

253 *Hüttemann/Rawert*, ZIP 2013, 2136, 2137.

254 S. *Schlüter/Stolte*, in: Stiftungsrecht, Kap. 5 Rn. 1, *Ellenberger*, in: Beck'sche Kurzkommentare BGB, § 80 Rn. 5; *Hof*, in: von Campenhausen/Richter, Stiftungsrechts-Handbuch, 4. Auflage, § 9 Rn. 36.

255 S. *Schlüter/Stolte*, in: Stiftungsrecht, Kap. 5 Rn. 1; *Hüttemann/Rawert*, ZIP 2013, 2136, 2138.

256 S. zu den Anforderungen an die Vermögensausstattung auch *Weitemeyer*, in: MüKo, § 80 Rn. 120 ff.

Aus erbrechtlicher Perspektive ist umstritten, ob für die Errichtung der Stiftung notwendig ist, dass der Stifter die Stiftung letztwillig mit Vermögen bedenkt. Nach herrschender Meinung ist eine solche letztwillige Zuwendung erforderlich.[257] Begründet wird dies teilweise mit dem Wortlaut des § 81 Abs. 1 S. 2 BGB.[258] Weiter wird vorgebracht, dass die letztwillige Zuwendung gerade das entscheidende Element einer Verfügung von Todes wegen sei und sie daher genauso bei einer Stiftungserrichtung von Todes wegen erforderlich sein müsse.[259] Dies ist überzeugend. Zwar wäre durchaus auch denkbar, die „Zuwendung" an die Stiftung allein in der Gabe einer Stiftungsidee zu sehen, die in sich so „wertvoll" ist, dass sie keiner weiteren Vermögenszugabe bedarf, solange die Stiftung mit Zustiftungen diesen Zweck verfolgen kann. Dieser Ansatz lässt sich jedoch mit dem erbrechtlichen Bedürfnis einer letztwilligen Zuwendung, das dem bürgerlich-rechtlichen Institut des Vererbens gerade eigen ist, nicht verbinden. Das Stiftungsgeschäft von Todes wegen ist als zweiaktiges Errichtungsgeschäft sowohl an den stiftungs- als auch an den erbrechtlichen Vorschriften zu messen. Da die Errichtung der Stiftung im Falle des § 83 BGB durch einen letzten Willen erfolgt, muss der erbrechtliche Charakter des Stiftungsrechts gewahrt werden. Während bei der lebzeitigen Stiftungserrichtung mit guten Gründen vertreten wird, dass eine Vermögenszuwendung durch den Stifter selbst nicht erforderlich ist, soweit der Stiftungszweck mit einer Vermögenszuwendung durch Dritte verfolgt werden kann, kann diese Argumentation nicht auf die letztwillige Stiftungserrichtung übertragen werden.[260] Entscheidendes Charakteristikum einer letztwilligen Verfügung ist die Regelung des Vermögensübergangs. *Leipold* umschreibt dies treffend:

> „Das Erbrecht im objektiven Sinn, das im Wesentlichen im fünften Buch des BGB geregelt ist, umfasst diejenigen Rechtssätze, die das Schicksal des **privatrechtlichen Vermögens** einer natürlichen Person **nach deren Tod** regeln."[261]

---

257 Vgl. *Hüttemann/Rawert* in: Staudinger, § 83 Rn. 5 m.w.N.; *Weitemeyer*, in: MüKo, § 83 Rn. 5.

258 So *Weitemeyer*, in: MüKo, § 83 Rn. 5.

259 S. *Weitemeyer*, in: MüKo, § 83 Rn. 5; *Hüttemann/Rawert* in: Staudinger, § 83 Rn. 5; *Schiffer/Pruns*, in: Heidel/Hüßtege/Mansel/Noack, § 83 Rn. 3.

260 Überzeugend für die lebzeitige Stiftungserrichtung *Hüttemann/Rawert* in: Staudinger, § 81 Rn. 20 ff. m.V.a. BT-Drucks. 14/8765 S. 8

261 *Leipold*, in: MüKo, Einleitung zum Erbrecht, Rn. 1.

Aufgabe der erbrechtlichen Regelungen ist es nicht, den Übergang jedweder Ideen, Ziele oder Wünsche zu entscheiden; sie soll vielmehr ausschließlich die Abwicklung des erbrechtlichen Übergangs des Vermögens des Erblassers regeln. Obgleich ein letzter Wille durchaus auch zur Weitergabe von besonderen Ideen (wie beispielsweise der Aufforderung zu sozialem Engagement) oder Ähnlichem genutzt werden kann, bleibt entscheidendes Attribut des Erbrechts der Übergang von Vermögen. Aus diesem Grund ist zwingend erforderlich, dass auch bei einer letztwilligen Stiftungserrichtung eine letztwillige Vermögensübertragung vom Erblasser auf die noch anzuerkennende Stiftung stattfindet.[262]

In der Folge stellt sich sodann die Frage, welche Höhe diese letztwillige Vermögensübertragung haben muss. Aus erbrechtlicher Sicht genügt hierbei auch eine rein symbolische Vermögensübertragung von beispielsweise einem Euro.[263] Wie bereits ausgeführt ist erbrechtlich lediglich entscheidend, dass überhaupt eine letztwillige Vermögensübertragung stattfindet, um den erbrechtlichen Charakter der letztwilligen Stiftungserrichtung zu wahren. Gleichwohl ist aus stiftungsrechtlicher Sicht jedoch selbstverständlich zu prüfen, ob eine nachhaltige und dauerhafte Verfolgung der Stiftungszwecke mit den der Stiftung zur Verfügung stehenden finanziellen Mitteln voraussichtlich möglich sein wird. Hierbei sind auch sicher zu erwartende Zustiftungen oder andere Vermögenszuwendungen Dritter zu berücksichtigen.[264] Anders als die herrschende Meinung[265] es vertritt, ist gerade nicht erforderlich, dass allein die letztwillige Vermögenszuwendung zur dauernden und nachhaltigen Erfüllung des Stiftungszwecks ausreicht. In Anbetracht des gesetzlich normierten Gleichlaufs der Anerkennungsvoraussetzungen der lebzeitigen und letztwilligen Stiftungserrichtung erscheint eine derartige Ungleichbehandlung willkürlich und entbehrt einer gesetzlichen Grundlage. Soweit der Stifter schon zu Lebzeiten Zustiftungen oder andere Vermögenszuwendungen Dritter organisiert hat, ist nicht ersichtlich, warum der Stiftung die Anerkennung in diesem Fall verweigert werden sollte. Sie hat die gleichen stiftungsrechtlichen Anforderungen zu erfüllen, wie sie auch im Falle

262 So auch *Hüttemann/Rawert* in: Staudinger, § 83 Rn. 5; *Backert*, in: Bamberger/Roth, § 83 Rn. 2; *Weitemeyer*, in: MüKo, § 83 Rn. 5; a.A. *Schlüter/Stolte*, in: Stiftungsrecht, Kap. 2 Rn. 143.

263 S. *Hüttemann/Rawert* in: Staudinger, § 83 Rn. 5; *Hüttemann* in: FS Werner, S. 85, 91.

264 S. *Hüttemann/Rawert* in: Staudinger, § 83 Rn. 5; *Hüttemann* in: FS Werner, S. 85, 91; *Tolksdorf*, in: BeckOGK [01.12.2020], § 83 Rn. 11 f.; s. hinsichtlich lebzeitiger Stiftungserrichtung auch BTDrucks. 14/8765 S. 8

265 H.M. *Weitemeyer*, in: MüKo, § 83 Rn. 5; *Backert*, in: Bamberger/Roth, § 83 Rn. 2.

einer lebzeitigen Stiftungserrichtung zu erfüllen wären. Solange sie den finanziellen Anforderungen durch zugesicherte Zustiftungen und sonstige Vermögenszuwendungen Dritter für eine lebzeitige Stiftungserrichtung genügt, muss sie in Anbetracht des gesetzlich normierten Gleichlaufs der Anerkennungsvoraussetzungen auch für eine letztwillige Stiftungserrichtung ausreichen. Mithin kann eine Stiftung von Todes wegen theoretisch auch dann anerkannt werden, wenn der Stifter der Stiftung eine isoliert betrachtet nicht zur Verfolgung des Stiftungszwecks ausreichende Vermögenssumme vererbt hat, solange die zu erwartenden Zustiftungen und sonstigen Vermögenszuwendungen zur Verfolgung des Stiftungszwecks ausreichen werden.[266]

Beispiel 3:
In seinem privatschriftlichen Testament bestimmt der Erblasser eine letztwillige Stiftungserrichtung. Hinsichtlich des Stiftungszwecks führt er aus:

§ 2 Stiftungszweck
(1) Zweck der Stiftung ist die Förderung der Herzchirurgie des Krankenhauses X.
(2) Der Zweck der Stiftung wird durch die Übernahme der Wartungskosten von modernen Operationsgeräten wie dem Da-Vinci Roboter verwirklicht.

Die Kosten einer solchen Zweckverfolgung dürften pro Jahr mehrere hunderttausend Euro betragen, da sich beispielsweise die jährlichen Wartungskosten eines Da-Vinci-Roboters auf ca. 150.000 € belaufen.[267] Wenn der Erblasser der Stiftung nur drei Millionen Euro vererbt, lassen sich mit konservativen Finanzanlagen (Zinsen: ca. 2-4 % p.a.) nur jährliche Erträge von ca. 60.000 € – 120.000 € erreichen, die zum Erreichen des Stiftungszwecks genutzt werden dürfen. In diesem Fall wäre eine nachhaltige und dauerhafte Verfolgung der Stiftungszwecke mit den der Stiftung zur Verfügung stehenden finanziellen Mitteln voraussichtlich nicht möglich, da die Erträge regelmäßig unter den erforderlichen ca. 150.000 € liegen werden. Hat der Erblasser jedoch mit fünf Personen vereinbart, dass diese nach Errichtung der Stiftung jeweils 400.000 € zustiften, würde sich das Grundstockvermögen auf fünf Millionen Euro erhöhen, sodass sich die jährlichen Erträge auf ca. 100.000 € – 200.000 € belaufen werden. Hiermit kann der Stiftungszweck nachhaltig und dauerhaft verfolgt werden, sodass in einem solchen Fall die Stiftung trotz einer zu niedrigen Erbschaft durch den Erblasser dank der Zustiftungen dennoch anerkannt werden kann.

Zusammenfassend ist damit auch bei der letztwilligen Stiftungserrichtung erforderlich, dass die Stiftung eine Vermögensausstattung erhält, mit der sie ihren

---

266 So auch *Hüttemann/Rawert* in: Staudinger, § 83 Rn. 5; a.A. *Schwake*, in: Münchener Handbuch des Gesellschaftsrechts Band 5, § 79 Rn. 226 m.w.N.

267 https://www.kma-online.de/aktuelles/politik/detail/op-roboter-zum-fielmann-tarif-a-29868 [abgerufen am 09.03.2020].

Stiftungszweck ausreichend verfolgen kann. Die Vermögensausstattung muss dabei nicht in voller Höhe durch den Erblasser und Stifter gestellt werden, wohl aber zwingend ist, dass er irgendeinen finanziellen Beitrag dazu leistet, um den erbrechtlichen Anforderungen der letztwilligen Stiftungserrichtung gerecht zu werden. Die Gesamthöhe des zur Errichtung erforderlichen Vermögens ist gesetzlich nicht festgelegt und bedarf einer Einzelfallprüfung.

c) Gemeinwohlvorbehalt

aa) Allgemeines

Erforderlich ist weiterhin, dass der Stiftungszweck grundsätzlich zulässig ist. Gem. § 80 Abs. 2 BGB ist das nunmehr im Gesetz verankerte Leitbild der Stiftung die sog. gemeinwohlkonforme Allzweckstiftung.[268] Hiernach kann der Stifter seiner Stiftung jeden Stiftungszweck geben, der nicht gegen die Rechtsordnung verstößt.[269] Um dem Leitbild der gemeinwohlkonformen Allzweckstiftung zu entsprechen, ist nach herrschender Meinung keine Förderung des Gemeinwohls erforderlich; es genügt, dass der Stiftungszweck das Gemeinwohl nicht gefährdet.[270] Nach strittiger Rechtsprechung des BVerwG liegt eine Gefährdung des Allgemeinwohls bereits dann vor, wenn es hinreichend wahrscheinlich sei, dass die Erlangung der Rechtsfähigkeit und die damit verbundene Verfolgung des Stiftungszwecks durch die Stiftung Verfassungsgüter beeinträchtigen würden.[271] Auf diese Entscheidung verweist der Gesetzgeber in seiner Gesetzesbegründung.[272] Gegen diese vom BVerwG erstmals formulierte und vom Gesetzgeber aufgegriffene Formel wird in der Literatur jedoch eingewandt, sie sei zu unbestimmt und stelle einen unverhältnismäßigen Eingriff in den grundrechtlich geschützten Anspruch auf Stiftungsanerkennung dar.[273] Diese Kritik überzeugt bei näherer Betrachtung – die in der Formel verwendeten Rechtsbegriffe sind zu

---

268 BT-Drs. 14/8765 S. 9; *Weitemeyer*, in: MüKo, § 80 Rn. 116; *Mecking*, in: Münchener Handbuch des Gesellschaftsrechts Band 5, § 87 Rn. 9.

269 S. *Hüttemann/Rawert*, in: Staudinger, § 80 Rn. 44.

270 Vgl. BT-Drs. 14/8765 S. 9.

271 BVerwG, Urteil vom 12.02.1998 – 3 C 55/96 (BVerwGE 106, 177-186).

272 BT-Drucks. 14/8765 S. 9.

273 *Reuter*, in: Müko 6. Aufl., § 81 Rn. 61 ff.; *Muscheler*, NJW 2003, 3161 ff.; *Hüttemann*, ZHR 2003, 35, 58 ff.; *Hüttemann/Rawert*, in: Staudinger, § 80 Rn. 39 ff., 43; a.A. *Andrick*, DVBl 2003, 1246, 1250 f.; *ders.*, ZSt 2003, 3, 10 f.; *Andrick/Suerbaum*, NJW 2002, 2905, 2908; *Wiese*, in: Erman, § 80 Rn. 16; *Krause/Thiele*, in: Non Profit Law Yearbook 2007, 141 ff.

unbestimmt und lassen sich nicht mit dem in Art. 14 Abs. 1 und Art. 2 Abs. 1 GG i.V.m. §§ 80 ff. BGB normierten Anspruch auf Anerkennung der Stiftung vereinbaren.[274] Ziel der Modernisierung des Stiftungsrechts war unter anderem die gesetzliche Verankerung eines Anspruchs des Stifters auf Anerkennung, sodass der Behörde im Falle des Vorliegens der Voraussetzungen keinerlei Ermessen hinsichtlich der Anerkennung zukommen soll.[275] Die vom BVerwG aufgestellte Formel stellt hierbei jedoch ein Einfallstor für eine vom Gesetzgeber gerade ungewollte Willkür und Unvorhersehbarkeit bei Stiftungsanerkennungen dar. Darüber hinaus ist der Gemeinwohlvorbehalt als eine „Gefahrenabwehrklausel" an den verfassungsrechtlichen Anforderungen zu messen.[276] Zwar ist der Gemeinwohlvorbehalt geeignet und auch erforderlich, um gemeinwohlgefährdende Stiftungen zu verhindern. Es ergibt sich aus der Vorschrift jedoch nicht hinreichend konkret, unter welchen Voraussetzungen die Anerkennung nicht zu erteilen ist. Die vom BVerwG aufgestellte Formel einer „hinreichend wahrscheinlichen Gefährdung von Verfassungsgütern" ist vollkommen unbestimmt und wurde auch durch nachfolgende Rechtsprechung in keiner Weise konkretisiert. In dieser Ausgestaltung verstößt der Gemeinwohlvorbehalt gegen das Übermaßverbot.[277] Im Ergebnis ist der in § 80 Abs. 2 Alt. 2 BGB normierte Gemeinwohlvorbehalt damit verfassungswidrig.[278] Die Stiftungsbehörde kann einen Antrag auf Anerkennung der Stiftung damit nur dann zurückweisen, wenn das Stiftungsgeschäft tatsächlich aufgrund eines Gesetzesverstoßes unwirksam ist.[279] Eine Ablehnung aufgrund der Möglichkeit eines Gesetzesverstoßes ist hingegen unzulässig.

---

274 Das Gemeinwohlkriterium in ihrer aktuellen Ausgestaltung für verfassungswidrig haltend *Hüttemann/Rawert*, in: Staudinger, § 80 Rn. 42 ff.; *Muscheler*, NJW 2003, 3161 ff.; *Volkholz*, Geltung und Reichweite der Privatautonomie bei der Errichtung von Stiftungen, S. 190 ff., 207 ff.; *Gantenbrink*, Die hoheitliche Beendigung der Stiftung, S. 148 ff., 171; *Roth*, in: BeckOGK [01.10.2020], § 80 Rn. 281 f.

275 S. *Hüttemann/Rawert*, in: Staudinger, § 80 Rn. 2.

276 S. *Hüttemann/Rawert*, in: Staudinger, § 80 Rn. 43.

277 S. *Hüttemann/Rawert*, in: Staudinger, § 80 Rn. 43.

278 So auch *Hüttemann/Rawert*, in: Staudinger, § 80 Rn. 43 f.; *Muscheler*, NJW 2003, 3161, 3166; *Volkholz*, Geltung und Reichweite der Privatautonomie bei der Errichtung von Stiftungen, S. 190 ff., 207 ff.; a.A. *Pues/Scheerbarth*, Gemeinnützige Stiftungen, S. 29 f.

279 So auch *Burgard*, Gestaltungsfreiheit, S. 127; *Hüttemann/Rawert*, in: Staudinger, § 80 Rn. 44; *Muscheler*, NJW 2003, 3161 ff.; *Volkholz*, Geltung und Reichweite der Privatautonomie bei der Errichtung von Stiftungen, S. 209 f.

bb) Vernünftiger Stiftungszweck

Nach Ansicht von *Flume* sei ein Stiftungszweck auch dann den guten Sitten oder dem Gemeinwohl zuwider, wenn er „nach dem Urteil aller billig und gerecht Denkenden unvernünftig" ist.[280] Eine solche Versagung der Anerkennung bei einem schlicht unvernünftigen Stiftungszweck überzeugt jedoch nicht. Dies würde zu einer erheblichen Bevormundung des Stifters führen, die der gesetzgeberischen Intention zuwiderläuft. Auch in der Gesetzesbegründung finden sich keinerlei Anhaltspunkte dafür, dass der Gesetzgeber diese Einschränkung vornehmen wollte. Darüber hinaus ist ein so offener Begriff wie „Unvernunft" nicht praxistauglich. Vielmehr würde er ein Einfallstor für eine Willkür in der Stiftungsanerkennung darstellen, die der Gesetzgeber gerade vermeiden wollte.[281]

d) Fremdnützigkeit

Gem. § 81 Abs. 1 S. 2 BGB ist für die Stiftung weiterhin erforderlich, dass ein Vermögen zur Erfüllung eines vom Stifter vorgegebenen Zwecks gewidmet wird. Dieses Leitbild wird auch von § 80 Abs. 2 BGB nochmals bestätigt. Erforderlich ist nach herrschender Meinung daher, dass das Vermögen eine dauernde und nachhaltige Erfüllung eines fremdnützigen oder jedenfalls uneigennützigen Stiftungszwecks ermöglicht.[282]

Diesem Leitbild entsprechen die Stiftung für den Stifter und die Selbstzweckstiftung nicht.[283] Bei einer Stiftung für den Stifter soll ausschließlich dieser von der Stiftung als Destinatär bedacht werden. Da eine solche Stiftung keinen aus Sicht des Stifters fremdnützigen Zweck hat, ist sie mit dem Leitbild der Stiftung nicht vereinbar.[284] Bei einer letztwilligen Stiftungserrichtung ist eine „Stiftung für den Stifter" jedoch faktisch ausgeschlossen, da der Stifter bei Anerkennung der Stiftung bereits verstorben ist.

---

280 S. *Flume*, Allgemeiner Teil des Bürgerlichen Rechts 1. Band 2. Teil, § 4 V, S. 137.

281 So im Ergebnis auch *Hof*, in: v. Campenhausen/Richter, Stiftungsrechts-Handbuch, 4. Auflage, § 7 Rn. 66.

282 Vgl. *Schwake*, in: Münchener Handbuch des Gesellschaftsrechts Band 5, § 79 Rn. 38; *Beuthien*, in: Münchener Handbuch des Gesellschaftsrechts Band 5, § 77 Rn. 27 f.; *Backert*, in: Bamberger/Roth, § 80 Rn. 6.

283 *Hüttemann/Rawert*, in: Staudinger, Vor § 80 Rn. 8 f.; *Rawert*, in: Stiftungsrecht in Europa, S. 109, 116 ff.; *Backert*, in: Bamberger/Roth, § 80 Rn. 6; *Weitemeyer*, in: MüKo, § 80 Rn. 117 ff.; a.A. *Kronke*, Stiftungstypus und Unternehmensträgerstiftung, S. 223 ff.; zur Stiftung für den Stifter *Burgard*, Gestaltungsfreiheit, S. 132 ff., 155.

284 Statt aller *Hüttemann/Rawert*, in: Staudinger, Vor § 80 Rn. 8.

Der Selbstzweckstiftung, deren Ziel lediglich die Verwaltung eigenen Vermögens ist, mangelt es an der Verknüpfung von Vermögen und einem darüber hinausgehenden Zweck, die § 81 Abs. 1 S. 1 BGB fordert.[285] Inwieweit unternehmensverbundene Stiftungen sich von Selbstzweckstiftungen unterscheiden und zulässig sind, ist umstritten und ist einzelfallbezogen zu entscheiden.[286] Eine unternehmensverbundene Stiftung wird angenommen, wenn sie unter ihrer Rechtsform selbst ein Unternehmen betreibt (eigentliche Unternehmensträgerstiftung), Beteiligungen an Personen- oder Kapitalgesellschaften hält (Beteiligungsträgerstiftung) oder aber als oberstes Organ für die Verwaltung eines Konzerns fungiert (Holdingstiftung).[287]

e) Zwischenergebnis

Zusammenfassend ist bei der letztwilligen Stiftungserrichtung erforderlich, dass die dauernde und nachhaltige Erfüllung des Stiftungszwecks gesichert erscheint und der Stiftungszweck das Gemeinwohl nicht gefährdet. Der Stiftungszweck ist zulässig, wenn er hinreichend bestimmt und fremdnützig ist. Ein zu weit gefasster Stiftungszweck, wie die „Förderung des Glückes der Menschheit", reicht mit Blick auf das Bestimmtheitsgebot nicht aus. Mit dem Stiftungsvermögen muss eine dauernde und nachhaltige Verfolgung des Stiftungszweck möglich sein.

III. Auslegungs- und Ergänzungskompetenz der Stiftungsbehörde

Wie die vorangegangenen Ausführungen gezeigt haben, hat die Stiftungsbehörde zu prüfen, ob die stiftungsrechtlichen Voraussetzungen einer letztwilligen Stiftungserrichtung vorliegen.[288] Aufgrund der erbrechtlichen Verquickung setzt sich die Stiftungsbehörde dabei auch ausführlich mit dem letzten Willen des

285 Vgl. *Hüttemann/Rawert*, in: Staudinger, Vor § 80 Rn. 9; *Backert*, in: Bamberger/Roth, § 80 Rn. 6; Übersicht zur Diskussion der Bund-Länder-Gruppe in Bericht der Bund-Länder-Arbeitsgruppe Stiftungsrecht S. 37, 38.

286 Ausführlich zu den hierzu vertretenen Ansichten und Fallgruppen *Hüttemann/Rawert*, in: Staudinger, Vor § 80 Rn. 208 ff.; *Rawert*, Die Genehmigungsfähigkeit der unternehmensverbundenen Stiftung, passim; *Weitemeyer*, in: MüKo, § 80 Rn. 198 ff.; kritisch zur h.M. *Schwake*, in: Münchener Handbuch des Gesellschaftsrechts Band 5, § 79 Rn. 40 ff.

287 *Hüttemann/Rawert*, in: Staudinger, Vor § 80 Rn. 193; *Rawert*, Die Genehmigungsfähigkeit der unternehmensverbundenen Stiftung, S. 24.

288 Hierzu Kapitel C.II.

Erblassers auseinander. Da das Testament, anders als ein Erbvertrag (vgl. § 2276 Abs. 1 BGB), auch ohne notarielle Beurkundung wirksam errichtet werden kann, erfolgt das testamentarisch festgelegte letztwillige Stiftungsgeschäft nicht selten ohne vollumfängliche juristische Beratung oder Unterstützung. Solche durch nicht beratene juristische Laien verfasste Testamente regeln die vom Gesetzgeber vorgegebenen erforderlichen Merkmale einer rechtsfähigen Stiftung oft nicht ausreichend oder nicht eindeutig. Aber auch bei einem notariell beurkundeten letzten Willen können sich im Nachhinein Unklarheiten ergeben.

Stellt die Stiftungsbehörde bei der Prüfung des letzten Willens derartige Lücken oder Unklarheiten fest, ist die letztwillige Stiftungserrichtung potentiell gefährdet. Um dem Willen des Erblassers dennoch zur Geltung verhelfen zu können, hat der Gesetzgeber verschiedene Möglichkeiten zur Ergänzung eines lückenhaften letzten Willens und letztwilligen Stiftungsgeschäfts vorgesehen. Hierbei sind zwei Fallgruppen zu unterscheiden: In Betracht kommt bei einem feststellbaren Stiftungszweck i.S.d. § 81 Abs. 1 S. 2 BGB zunächst die erbrechtliche Auslegung der letztwilligen Verfügung. Zusätzlich besitzt die Stiftungsbehörde eine gesonderte, in § 83 S. 2 BGB normierte Ergänzungskompetenz für fehlende oder unvollständige Satzungsangaben i.S.d. § 81 Abs. 1 S. 3 BGB. Die Auslegungs- und Ergänzungskompetenzen sind sorgfältig zu unterscheiden und betreffen verschiedene Fallgruppen. Diese sollen im Folgenden näher beleuchtet werden.

1. „Ergänzungsbefugnis“ durch Auslegung des Stiftungsgeschäfts bei unklarem Stiftungszweck

Als erbrechtliches Geschäft ist der letzte Wille zunächst immer auf durch Auslegung ergänzbare Lücken zu untersuchen. Treffend führen *Hüttemann* und *Rawert* zum letztwilligen Stiftungsgeschäft aus, dass eine ergänzende Auslegung eines vom Stifter missverständlich oder unklar formulierten Stiftungszwecks, anders als die Ergänzung einer grundsätzlich fehlenden Festlegung von Stiftungszweck oder Stiftungsvermögen, zulässig sei.[289] Hierbei wird der Stifterwille nämlich nicht ersetzt, sondern nur entsprechend des tatsächlichen oder mutmaßlichen Stifterwillens ausgelegt und konkretisiert. Dies stellt keine Ergänzung des Stiftungsgeschäfts i.S.d. § 83 S. 2 BGB dar. Es ist vielmehr Ausdruck der erbrechtlichen Seite des letztwilligen Stiftungsgeschäfts. Die Stiftungsbehörde ist aufgrund ihrer Rolle im Anerkennungsverfahren einer letztwilligen Stiftung

289 S. *Hüttemann/Rawert*, in: Staudinger, § 83 Rn. 29.

zwingend mit Fragen des materiellen Erbrechts befasst. Inwieweit eine Ergänzung des Stiftungszwecks durch Auslegung damit möglich ist und welche Grenzen ihr zu setzen sind, soll im Folgenden näher erläutert werden.

a) Anwendbarkeit erbrechtlicher Auslegungsgrundsätze

Charakteristisch für die Stiftung von Todes wegen ist das Zusammenspiel von Stiftungsgeschäft i.S.d. §§ 80 ff. BGB und letztwilliger Verfügung. Inwieweit diese Besonderheit Auswirkungen auf die Auslegungsgrundsätze hat, anhand derer das letztwillige Stiftungsgeschäft auszulegen ist, wird nicht einheitlich beantwortet. Der Theorie der Zweiaktigkeit folgend, zerfallen sowohl das lebzeitige als auch das letztwillige Stiftungsgeschäft in einen organisationsrechtlichen und einen vermögensrechtlichen Teil.[290] Der vermögensrechtliche Teil stellt hierbei die sachliche Ausstattung der Stiftung mit Mitteln des Stifters oder Dritten sicher, während der organisationsrechtliche Teil auf die Schaffung einer juristischen Person als solcher gerichtet ist.[291] Da die Stiftung von Todes wegen eine letztwillige Verfügung ist, finden nach dieser Ansicht die erbrechtlichen Vorschriften nicht nur auf den vermögensrechtlichen Teil Anwendung. Beide Teile des Stiftungsgeschäfts müssen den erbrechtlichen Formvorschriften genügen.[292] Der Inhalt der letztwilligen Verfügung muss umfassen, was und an wen etwas zugewendet werden soll.[293]

Dem steht die sogenannte Theorie der Einaktigkeit gegenüber. In jüngerer Zeit erstmals von *Muscheler* wieder vertreten, handelt es sich nach ihr bei dem Stiftungsgeschäft unter Lebenden um eine einheitliche stiftungsrechtliche Vermögensaussetzung, auf die das Schenkungsrecht analog anzuwenden sei.[294] Das Stiftungsgeschäft von Todes wegen stellt seiner Ansicht nach eine besondere Form der letztwilligen Verfügung dar, auf die wiederum die erbrechtlichen Regelungen analog anzuwenden seien.[295] *Muscheler* begründet seine Ansicht

290 So *Hüttemann/Rawert*, in: Staudinger, § 81 Rn. 18 f., § 83 Rn. 3; *Weitemeyer*, in: MüKo, § 83 Rn. 2, § 81 Rn. 3; *Ebersbach*, Handbuch des Deutschen Stiftungsrecht, S. 44 f.; *Wiese*, in: Erman, § 80 Rn. 3; *Schwake*, in: Münchener Handbuch des Gesellschaftsrechts Band 5, § 79 Rn. 141.

291 Hierzu statt aller *Hüttemann/Rawert*, in: Staudinger, § 81 Rn. 18.

292 S. *Hüttemann/Rawert*, in: Staudinger, § 83 Rn. 3 f.

293 S. *Weitemeyer*, in: MüKo, § 83 Rn. 3 m.V.a. LG Berlin, Beschluss vom 26.05.2000 – 87 T 708/99 (FamRZ 2001, 450-451).

294 S. *Muscheler*, ZEV 2003, 41, 44 ff.

295 S. *Muscheler*, ZEV 2003, 41, 44 ff.

damit, dass „bestimmte Vermögensgegenstände für einen bestimmten Zweck „ausgesetzt“ und damit, unter gleichzeitiger Errichtung einer Zweckorganisation, rechtlich verselbstständigt werden.“[296]

Dieser Ansatz ist jedoch nicht überzeugend. Bereits bei der analogen Anwendung des Schenkungsrechts für die lebzeitige Stiftungserrichtung lassen sich die unterschiedlichen Normzwecke nicht vereinen. Betrachtet man beispielsweise den Widerruf der Schenkung nach §530 BGB, die Rückforderung der Schenkung wegen Verarmung gem. § 528 BGB oder die Schenkung unter Auflage gem. §§ 525 ff. BGB, so zeigt sich, dass sich zahlreiche Normen des Schenkungsrechts nicht mit einer Stiftungserrichtung in Einklang bringen lassen oder sie schlicht keinen Anwendungsbereich haben können. Bereits insoweit ist die analoge Anwendung des Schenkungsrechts auf die lebzeitige Stiftungserrichtung daher nicht zielführend. Auch die Tatsache, dass sich die Theorie der Einaktigkeit beim Stiftungsgeschäft von Todes wegen einer erneuten Analogie, dieses Mal erbrechtlicher Vorschriften, bedienen muss, spricht in erheblichem Maße gegen diese.[297] Eine Analogie setzt bekanntermaßen voraus, dass sich ein rechtliches Problem nicht bereits durch eine direkte Anwendung der Vorschriften lösen lässt. Eine solche direkte Anwendung ist hier sowohl bei der lebzeitigen als auch bei der letztwilligen Stiftungserrichtung möglich und auch sinnvoll – so wie auch von der herrschenden Meinung vertreten.[298]

Darüber hinaus ist die Theorie der Zweiaktigkeit auch sachgerechter: Da sich das Stiftungsgeschäft von Todes wegen aus einem privatrechtlichen erbrechtlichen Schöpfungsakt und einem öffentlich-rechtlichen Anerkennungsakt zusammensetzt, ist es zielführender, die einzelnen Elemente auch entsprechend ihrer speziellen Vorschriften zu behandeln und auszulegen.[299] Die erbrechtlichen Anforderungen, die an die letztwillige Verfügung zu stellen sind, dürfen in Anbetracht ihrer Bedeutung nicht umgangen werden. Gleichzeitig lassen sich die erbrechtlichen Grundsätze, nach denen der Wille des Erblassers ohne Beachtung von Interessen Dritter bestimmt wird, nicht sinnvoll auf den organisationsrechtlichen Teil anwenden. Im öffentlich-rechtlichen Anerkennungsakt soll gerade geprüft werden, ob und inwieweit die Stiftung tatsächlich bestehen

296 S. *Muscheler*, ZEV 2003, 41, Ausführungen in Fn. 58.
297 So auch *Hüttemann/Rawert*, in: Staudinger, § 81 Rn. 19; *Weitemeyer*, in: MüKo, § 81 Rn. 3.
298 Statt aller *Hüttemann/Rawert*, in: Staudinger, § 81 Rn. 19.
299 Vgl. *Weitemeyer*, in: MüKo, § 83 Rn. 2.

und ihren Stiftungszweck verfolgen kann. Um diese Einschätzung treffen zu können, müssen Belange Dritter beachtet werden. Diesen Anforderungen kann eine Anwendung von ausschließlich erbrechtlichen Vorschriften – auch unter Zuhilfenahme einer Analogie – nicht gerecht werden.

Weiterhin ist zu beachten, dass, anders als die Theorie der Einaktigkeit annimmt, bei der Stiftungsgründung nicht ein Vermögen verselbstständigt werden soll.[300] Vielmehr soll – ähnlich dem Verein – ein neuer Rechtsträger geschaffen werden. Dieser verwendet das ihm übertragene Vermögen entsprechend seiner Zwecksetzung.[301] In dieser Hinsicht vermag die Prämisse der Theorie der Einaktigkeit daher ebenfalls nicht zu überzeugen. Auch wenn die von *Muscheler* vertretenen Argumente in sich durchaus konsequent sind, lassen sie sich dennoch nicht mit dem aktuell vorherrschenden Verständnis der Stiftung unter Lebenden und von Todes wegen vereinbaren. Insgesamt ist die Theorie der Zweiaktigkeit daher deutlich sachgerechter und dem rechtlichen Verständnis der §§ 80 ff. BGB besser entsprechend, sodass dieser der Vorzug gebührt.[302]

Mithin wird der vermögensrechtliche Teil des Stiftungsgeschäfts gemäß den erbrechtlichen Vorschriften ausgelegt, während der organisationsrechtliche Teil hingegen nach allgemeinen zivilrechtlichen Regeln zu bewerten ist.[303] Gleichwohl ist zu beachten, dass sowohl die Stiftungserrichtung als auch die Vermögenszuweisung den erbrechtlichen Formvorschriften unterliegt. In der Folge sind auch beide nach herrschender Meinung gemäß den erbrechtlichen Vorschriften auszulegen.[304] Der Wille des Erblassers ist damit in allen Fragen der

---

300 S. *Muscheler*, ZEV 2003, 41, Ausführungen in Fn. 58.

301 S. *Hüttemann/Rawert*, in: Staudinger, § 81 Rn. 19.

302 Vgl. die ganz h.M. *Ebersbach*, Handbuch des Deutschen Stiftungsrecht, S. 44 f.; *Hüttemann/Rawert*, in: Staudinger, § 81 Rn. 19; *Schwake*, in: Münchener Handbuch des Gesellschaftsrechts Band 5, § 79 Rn. 141; *Weitemeyer*, in: MüKo, § 81 Rn. 3, § 83 Rn. 1 ff.; *Wiese*, in: Erman, § 80 Rn. 3.

303 Vgl. OLG Zweibrücken, Beschluss vom 05.11.1999 – 3 W 112/99, Rn. 45 (NJW-RR 2000, 815-818); *Hüttemann/Rawert* in: Staudinger, § 83 Rn. 3 f.; *Backert*, in: Bamberger/Roth, § 83 Rn. 1 f.; *Schiffer/Pruns*, in: Heidel/Hüßtege/Mansel/Noack, § 83 Rn. 24; *O. Schmidt*, ZEV 2000, 219 ff.; *Tolksdorf*, in: BeckOGK [01.12.2020], § 83 Rn. 13; mit anderer Differenzierung *Hof*, in: v. Campenhausen/Richter, Stiftungsrechts-Handbuch, 4. Auflage, § 6 Rn. 72 f.; a.A. *Hof/Bianchini-Hartmann/Richter*, Stiftungen: Errichtung, Gestaltung, Geschäftsfähigkeit, Steuern, S. 63.

304 Vgl. *Hüttemann/Rawert* in: Staudinger, § 83 Rn. 3 f., 6; *Tolksdorf*, in: BeckOGK [01.12.2020], § 83 Rn. 13 f.

Stiftungserrichtung und Vermögenszuweisung entscheidend und bei der Auslegung entsprechend zu berücksichtigen.[305]

Anderer Ansicht ist hier *Neuhoff*, nach dessen Auffassung das letztwillige Stiftungsgeschäft nicht nach erbrechtlichen Grundsätzen ausgelegt werden soll; vielmehr habe die Auslegung ausschließlich nach § 133 BGB zu erfolgen.[306] Auch *Kuchinke* schließt sich der herrschenden Meinung nicht an und wendet ein, dass die Feststellung eines mutmaßlichen Erblasserwillens bei letztwilligen Stiftungsgeschäften nicht möglich sei, da sich der Wille des Erblassers eindeutig aus dem letzten Willen ergeben müsse und daher keine außerhalb liegenden Umstände berücksichtigt werden dürften.[307] Beide Einwände überzeugen bei näherer Betrachtung nicht. Zunächst ist zu beachten, dass in der erbrechtlichen Auslegung nicht jedwede Umstände außerhalb des letzten Willens berücksichtigt werden, sondern nur solche, die im letzten Willen jedenfalls angedeutet sind. Die von *Kuchinke* aufgestellte Anforderung, der Wille des Erblassers müsse sich bei der letztwilligen Stiftungserrichtung ausschließlich und eindeutig aus dem letzten Willen selbst ergeben, würde eine Ungleichbehandlung dieser letztwilligen Verfügung im Vergleich zu sämtlichen anderen letztwilligen Verfügungen darstellen. Auch *Neuhoffs* Ansicht führt gleichermaßen zu einer Ungleichbehandlung der letztwilligen Stiftungserrichtung. Hierfür findet sich jedoch keine sachliche Rechtfertigung. Vielmehr muss auch und gerade bei einer letztwilligen Stiftungserrichtung – und insoweit nicht anders als bei allen anderen letztwilligen Verfügungen – dem Willen des Erblassers mittels Auslegung zur Umsetzung verholfen werden, um das grundrechtlich garantierte Erbrecht des Erblassers zu gewährleisten.[308] Darüber hinaus würde die Verweigerung einer Auslegungsmöglichkeit auch zu einer Missachtung des Stifterwillens führen, der im Stiftungsrecht jedoch von höchster Bedeutung und daher unbedingt zu beachten ist.[309] Im Ergebnis ist somit der herrschenden Ansicht zuzustimmen und eine vollständige Anwendbarkeit erbrechtlicher Auslegungsvorschriften auf den

---

305 Vgl. *Weitemeyer*, in: MüKo, § 83 Rn. 19.

306 *Neuhoff*, in: Soergel, § 83 Rn. 1 m.V.a. BVerwG 04.03.1960 – VII C 99.57 (StiftRspr II 152, 154); BVerwG 05.02.1965 – VII B 101.64 (StiftRspr III 178).

307 *Kuchinke*, in: FS Neumayer, S. 393 ff.

308 Vgl. *O. Schmidt*, ZEV 2000, 219, 220.

309 Allgemein zur Erheblichkeit des Stifterwillens BGH, Urteil vom 22.01.1987 – III ZR 26/85, Rn. 22 (NJW 1987, 2364-2367); BVerfG, Beschluss vom 11.10.1977 – 2 BvR 209/76, Rn. 25 (BVerfGE 46, 73-96); noch zum bayerischen Stiftungsgesetz BVerwG, Urteil vom 22.09.1972 – VII C 27.71, Rn. 31 (BVerwGE 40, 347).

erbrechtlichen Teil des letztwilligen Stiftungsgeschäfts anzunehmen.[310] Hieraus ergeben sich die nachfolgenden Grundsätze für die Auslegung der letztwilligen Stiftungserrichtung.

b) Auslegung der letztwilligen Verfügung nach erbrechtlichen Grundsätzen

Allgemeines Ziel der erbrechtlichen Auslegung ist die Ermittlung des rechtlich maßgeblichen Inhalts des letzten Willens.[311] Der Erblasserwille ist hierbei wichtigster Ausgangspunkt, aber nicht zwingend einziger maßgebliche Faktor.[312] Keine Beachtung findet bei der Auslegung des Testaments anerkannterweise der objektive Empfängerhorizont.[313] Denn anders als bei Rechtsgeschäften unter Lebenden liegt hier kein schutzwürdiges Vertrauen Dritter in die Erklärung des Erblassers vor, da es sich um eine einseitige, nicht empfangsbedürftige Willenserklärung handelt.[314] Gesetzlich normierte Auslegungsregeln für die Auslegung eines letzten Willens sind vor allem die §§ 2084, 2066 ff. sowie § 133 BGB. Im Falle eines Erbvertrags findet auch § 157 BGB Anwendung, da der Erbvertrag – anders als ein Testament – durch zwei übereinstimme, empfangsbedürftige Willenserklärungen zustande kommt.[315]

aa) Auslegungsbedürftigkeit

Eine Auslegung ist nur dann erforderlich, wenn die Willenserklärung auslegungsbedürftig und -fähig ist. Vormals wurde in Literatur und Rechtsprechung vertreten, dass ein eindeutiger Wortlaut nicht auslegungsfähig sei.[316] Diese Ansicht gab der BGH in seiner Rechtsprechung jedoch im Jahre 1983 endgültig

---

310 So auch OLG Zweibrücken, Beschluss vom 05.11.1999 – 3 W 112/99, Rn. 45 (NJW-RR 2000, 815-818); *Hüttemann/Rawert* in: Staudinger, § 83 Rn. 3 f., 6; *O. Schmidt*, ZEV 2000, 219, 220.

311 BGH, Urteil vom 16.07.1997 – IV ZR 356/96, Rn. 12 (ZEV 1997, 376-377); s. auch *Otte*, in: Staudinger, Vor §§ 2064 ff. Rn. 23; *Leipold*, in: MüKo, § 2084 Rn. 1.

312 BGH, Urteil vom 16.07.1997 – IV ZR 356/96, Rn. 12 (ZEV 1997, 376-377); s. *Otte*, in: Staudinger, Vor §§ 2064 ff. Rn. 23.

313 S. *Otte*, in: Staudinger, Vor §§ 2064 ff. Rn. 24.

314 S. *Otte*, in: Staudinger, Vor §§ 2064 ff. Rn. 24.

315 S. *Leipold*, in: MüKo, § 2084 Rn. 4.

316 Vgl. *Otte*, in: Staudinger; Vor §§ 2064 ff. Rn. 52 m.w.N. zur alten Rechtsprechung.; mit Ausführungen zur vorherigen Rechtsprechung auch BGH, Beschluss vom 09.04.1981 – IVa ZB 6/80, Rn. 10 ff. (BGHZ 80, 246-252) und BGH, Urteil vom 08.12.1982 – IVa ZR 94/81, Rn. 16 ff. (BGHZ 86, 41-51).

auf.[317] Mittlerweile wird davon ausgegangen, dass auch hinsichtlich des Wortlauts scheinbar „eindeutige" letztwillige Erklärungen grundsätzlich auslegungsfähig sein können. Nicht immer besteht jedoch eine Auslegungsbedürftigkeit, da der Leser – wie *Otte* treffend umschreibt – „die Absicht des Erklärenden intuitiv erfasst hat".[318]

Da letztwillige Verfügungen häufig ohne rechtsfachkundigen Beistand verfasst werden, lässt sich die Absicht des Erklärenden nicht immer ohne Weiteres dem Wortlaut entnehmen. Es kommt in diesem Bereich daher oft zur Auslegungsbedürftigkeit. Bei der Stiftung von Todes wegen kann dies insbesondere bei Errichtung durch privatschriftliches Testament der Fall sein. Aber auch ein notariell errichteter letzter Wille kann durchaus auslegungsbedürftig sein. Zur Interpretation der letztwilligen Verfügung durch die Stiftungsbehörde kommen vor allem die erläuternde, wohlwollende und die ergänzende Auslegung in Betracht.

bb) Erläuternde Auslegung

Durch die erläuternde Auslegung soll der tatsächliche Wille des Erblassers zum Zeitpunkt der Errichtung des letzten Willens ermittelt werden.[319] Überzeugend hat der BGH hierzu ausgeführt, dass es bei der Auslegung nicht um die Ermittlung eines von der Erklärung losgelösten Willens des Erblassers, sondern um die Klärung der forensisch im Vordergrund stehenden Frage, was der Erblasser mit seinen Worten habe sagen wollen, gehe.[320]

---

317 BGH, Urteil vom 08.12.1982 – IVa ZR 94/81, Rn. 16 ff. (BGHZ 86, 41-51); zuvor auch schon durch denselben Senat angedeutet in BGH, Beschluss vom 09.04.1981 – IVa ZB 6/80, Rn. 10 ff. (BGHZ 80, 246-252); hierzu auch statt aller *Otte*, in: Staudinger; Vor §§ 2064 ff. Rn. 52.

318 *Otte*, in: Staudinger; Vor §§ 2064 ff. Rn. 51.

319 BGH, Urteil vom 07.07.2004 – IV ZR 187/03, Rn. 16, 21 f. (BGHZ 160, 33-40); BGH, Beschluss vom 02.04.2003 – IV ZB 28/02, Rn 20 (BGHZ 154, 336-342); OLG München, Beschluss vom 13.09.2011 – 31 Wx 298/11, Rn. 21 (ZEV 2012, 43-47); OLG Karlsruhe, Beschluss vom 08.02.2011 – 14 Wx 52/10, Rn. 11 (BWNotZ 2011, 167-169); BayObLG, Beschluss vom 04.11.1992 – 1Z BR 70/92, Rn. 11 (FamRZ 1993, 1250-1251); OLG Hamm, Beschluss vom 18.02.2003 – 15 W 356/02, Rn. 26 (Rpfleger 2003, 436-439); für den Erbvertrag BGH, Beschluss vom 09.03.2011 – IV ZB 16/10, Rn. 9 (ZEV 2011, 422-424); in der Literatur allgemein hierzu *Rudolf/Seiler-Schopp*, in: Rudolf/Bittler/Seiler-Schopp, Handbuch Testamentsauslegung, § 1 Rn. 26.

320 BGH, Urteil vom 28.01.1987 – IVa ZR 191/85, Rn. 17 (FamRZ 1987, 475-477); ähnlich auch BGH, Urteil vom 07.10.1992 – IV ZR 160/91, Rn. 10 (NJW 1993, 256-257);

Entscheidend ist nach der sog. Andeutungstheorie, dass der Wille des Erblassers im letzten Willen jedenfalls eine Andeutung gefunden hat.[321] In einem ersten Schritt ist daher zunächst der Wortlaut der letztwilligen Verfügung maßgeblich.[322] Zu berücksichtigen sind hierbei Syntax, Grammatik, Fachsprache sowie Dialekt.[323] Soweit der Wortlaut bzw. Ausdruck verschiedene Interpretationsmöglichkeiten erlaubt, ist auch der Bedeutungszusammenhang in die Auslegung mit einzubeziehen.[324] Zu beachten ist, dass trotz eines vermeintlich eindeutigen Wortlauts eine Auslegung mit abweichendem Ergebnis möglich ist, da der wirkliche Wille des Erblassers Vorrang haben muss.[325] Auszulegen ist die Willenserklärung daher immer nach dem Horizont des Erblassers und nicht nach dem allgemeinen Empfängerhorizont.[326] Hieraus folgt, dass bei einer *falsa*

BayObLGZ Beschluss vom 30.09.1996 – 1Z BR 42/96, Rn. 34 (BayObLGZ 1996, 243-250); *Horn*, in: Horn/Kroiß, § 7 Rn. 21.

321 BGH, Beschluss vom 09.04.1981 – IVa ZB 6/80, Rn. 13 ff. (BGHZ 80, 246-252); BGH, Beschluss vom 09.04.1981 – IVa ZB 4/80, Rn. 8 (BGHZ 80, 242-246); RG, Urteil vom 03.04.1939 – IV 165/38 (RGZ 160, 109-112, 111); OLG Hamm, Beschluss vom 17.10.1973 – 15 W 285/72 (NJW 1974, 60-62, 61); OLG Hamm, Urteil vom 13.03.1987 – 15 U 40/85 (JR 1987, 376-378); OLG Karlsruhe, Beschluss vom 19.08.1999 – 14 Wx 44/99, Rn. 25 (ZEV 1999, 438-439); OLG Düsseldorf, Beschluss vom 08.10.1997 – 3 Wx 386/97, Rn. 20 (ZEV 1998, 229-230); BayObLG, Beschluss vom 10.12.1985 – BReg 1 Z 59/85, Rn. 36 (FamRZ 1986, 606-608); BayObLG, Beschluss vom 22.04.1988 – BReg 1 Z 64/87, Rn. 25 (NJW 1988, 2742-2743); BayObLG, Beschluss vom 31.08.1990 – BReg 1 a Z 60/89 (FamRZ 1991, 231-234, 232); BayObLG, Beschluss vom 16.11.1993 – 1Z BR 73/93, Rn. 11 (FamRZ1994, 853-855); BayObLG, Beschluss vom 09.11.1993 – 1Z BR 91/92, Rn. 20 (ZEV 1994, 47-49); BGH, Beschluss vom 09.04.1981 – IVa ZB 6/80, Rn. 13 f. (BGHZ 80, 246-252); in der Literatur zur Andeutungstheorie *Litzenburger*, in: Bamberger/Roth, § 2084 Rn. 20; *Leipold*, in: MüKo, § 2084 Rn. 16; *Otte*, in: Staudinger; Vor §§ 2064 ff. Rn. 28 f.; ablehnend zur Andeutungstheorie *Brox/Walker*, ErbR, § 16 Rn. 4; *Harder/Kroppenberg*, Grundzüge des Erbrechts, Rn. 195 ff.; *Smid*, JuS 1987, 283, 286; *Häsemeyer*, AcP 188, 427 f.; *Gerhard*, JuS 1994, 642, 648; *Petersen*, Jura 2005, 597, 599.

322 BGH, Urteil vom 24.02.1993 – IV ZR 239/91, Rn. 18 (BGHZ 121, 357-367); OLG Hamm, Beschluss vom 01.07.2011 – I-15 W 327/10, Rn. 23 (ZEV 2011, 536-537); *Rudolf/Seiler-Schopp*, in: Rudolf/Bittler/Seiler-Schopp, Handbuch Testamentsauslegung, § 1 Rn. 27; *Horn*, in: Horn/Kroiß, § 7 Rn. 27 ff.

323 Vgl. *Leipold*, in: MüKo, § 2084 Rn. 11; *Horn*, in: Horn/Kroiß, § 7 Rn. 30 ff.

324 S. *Litzenburger*, in: Bamberger/Roth, § 2084 Rn. 7 m.V.a. OLG Frankfurt, Beschluss vom 30.11.2000 – 20 W 493/2000, Rn. 11 (FamRZ 2001, 1173-1174); OLG Düsseldorf, Beschluss vom 29.01.2007 – I-3 Wx 256/06 (FamRZ 2007, 769-771).

325 S. *Leipold*, in: MüKo, § 2084 Rn. 12.

326 S. *Leipold*, in: MüKo, § 2084 Rn. 20.

demonstatio, die aus dem spezifischen Sprachgebrauch des Erblassers resultiert, eine erläuternde Auslegung zulässig und geboten ist.[327]

Beispiel 4:
In seinem privatschriftlichen Testament bestimmt der Erblasser:
[...] Mein gesamtes Vermögen vererbe ich an eine noch zu gründende Stiftung. Zweck der Stiftung ist es Jugendlichen, die an der Sportart Kiten interessiert sind, Lenkdrachen zur Verfügung zu stellt. [...]

Im allgemeinen Sprachgebrauch bezeichnet der Begriff „Kiten" das sogenannte Kitesurfen, bei dem der Sportler auf einem Board steht und von einem Lenkdrachen ("kite") gezogen wird. Hat der Erblasser jedoch in seinem Leben immer nur einfache Lenkdrachen geflogen und seit jeher das einfache Lenkdrachen-Fliegen als „Kiten" bezeichnet, so handelt es sich bei der Formulierung „Kiten" um eine Falschbezeichnung, die im Rahmen der erläuternden Auslegung in das reine „Lenkdrachen-Fliegen" ausgelegt werden muss.

Bei der Auslegung ist im Grundsatz auch davon auszugehen, dass der Erblasser in seiner letztwilligen Verfügung keine widersprüchlichen oder sonst sinnlosen Regelungen treffen wollte.[328] Nicht durch die erläuternde Auslegung zu ergänzen sind jedoch unterlassene Verfügungen sowie irrtümliche Verfügungen, die auf einem Erklärungs-, Inhalts- oder Motivirrtum beruhen.[329]

Bei der Stiftung von Todes wegen kann eine vom Wortlaut abweichende Interpretation insbesondere bei unzutreffend verwendeten Rechtsbegriffen geboten sein, soweit die letztwillige Verfügung nicht unter Beratung eines Fachkundigen entstanden ist.[330]

---

327 Vgl. *Leipold*, in: MüKo, § 2084 Rn. 21; *Otte*, in: Staudinger; Vor §§ 2064 ff. Rn. 49.

328 *Litzenburger*, in: Bamberger/Roth, § 2084 Rn. 7.

329 Hierzu mit Beispielen *Otte*, in: Staudinger; Vor §§ 2064 ff. Rn. 43 ff.

330 Generell zur Problematik bei der Verwendung juristischer Fachbegriffe in Laien Testamenten OLG Düsseldorf, Beschluss vom 29.03.2011 – I-3 Wx 263/10, Rn. 23 ff. (FGPrax 2011, 125-127); BayObLG, Beschluss vom 24.02.1999 – 1Z BR 100/98, Rn. 19 ff. (FamRZ 1999, 1392-1395); OLG Hamm, Beschluss vom 10.02.2003 – 15 W 216/02, Rn. 31 (Rpfleger 2003, 505-507); BayObLG, Beschluss vom 12.03.2002 – 1Z BR 14/01 (BayObLGR 2002, 359-363); BayObLG, Beschluss vom 19.09.1988 – BReg 1 a Z 40/88, Rn. 75 (FamRZ 1989, 99-102); *Rudolf/Seiler-Schopp*, in: Rudolf/Bittler/Seiler-Schopp, Handbuch Testamentsauslegung, § 1 Rn. 11; *Otte*, in: Staudinger; Vor §§ 2064 ff. Rn. 57 ff., 63; *Loritz*, in: Soergel, § 2084 Rn. 17 ff.; *Leipold*, in: MüKo, § 2084 Rn. 38 ff.; *Horn*, in: Horn/Kroiß, § 7 Rn. 61.

Beispiel 5:
In seinem privatschriftlichen Testament bestimmt der Erblasser:
[...] Mein gesamtes Vermögen vermache ich an eine noch zu gründende Stiftung zur Unterstützung des Fußballvereins X. [...]

Juristische Laien verwenden den Begriff „vermachen" oftmals im Sinne einer Erb- und nicht im Sinne einer Vermächtnisbestimmung. Soweit keine weiteren Anhaltspunkte für die Annahme eines Vermächtnisses bestehen, ist durch erläuternde Auslegung zum Ergebnis einer Erbeinsetzung zugunsten der noch zu gründenden Stiftung zu kommen.

Beispiel 6:
In seinem privatschriftlichen Testament bestimmt der Erblasser:
[...] 5 Millionen meines Vermögens vererbe ich an eine noch zu gründende Stiftung zur Unterstützung des Fußballvereins X. Dieses Geld soll zur Förderung von jungen Talenten im Ballsport verbraucht werden. Die Stiftung soll auf die Ewigkeit angelegt sein. [...]

In diesem Fall stellt sich aufgrund der Formulierung „soll verbraucht werden" die Frage, ob der Erblasser eine Verbrauchsstiftung errichten wollte. Die Anordnung, die Stiftung sei auf Ewigkeit angelegt, ist jedoch mit § 80 Abs. 2 BGB nicht unmittelbar vereinbar. In einem solchen Fall wäre im Rahmen einer erläuternden Auslegung davon auszugehen, dass der Erblasser den Begriff „verbrauchen" nicht im Sinne der juristischen Terminologie der Verbrauchsstiftung gemeint hat, sondern er vielmehr nur die finanzielle Ausstattung einer Ewigkeitsstiftung regeln und mit „Verbrauchen" lediglich auf die Erträge abstellen wollte.

Selbstverständlich kann auch bei letzten Willen, die mit juristischer Beratung verfasst wurden, eine Auslegung und Berücksichtigung der sonstigen Umstände stattfinden.[331] Erforderlich für eine vom Wortlaut abweichende Interpretation ist hierbei, dass sich hinreichende Anhaltspunkte finden, die auf ein anderes Verständnis als den vorliegenden Wortsinn deuten.[332] Solche können sich beispielsweise aus äußeren Umständen, dem gewöhnlichen, persönlichen Sprachgebrauch des Erblassers, aus weiteren Verfügungen oder sonstigen Widersprüchen ergeben.[333] Anhaltspunkt für einen abweichenden Willen kann beispielsweise auch sein, wenn sich mehr als ein letzter Wille findet, die Verfügungen jedoch entweder unmittelbar oder jedenfalls implizit Bezug aufeinander nehmen.[334] Zu

331 S. *Otte*, in: Staudinger; Vor §§ 2064 ff, Rn. 63; *Litzenburger*, in: Bamberger/Roth, § 2084 Rn. 12.

332 S. *Leipold*, in: MüKo, § 2084 Rn. 13.

333 Vgl. *Litzenburger*, in: Bamberger/Roth, § 2084 Rn. 10.

334 Vgl. *Otte*, in: Staudinger; Vor §§ 2064 ff, Rn. 64 ff.; BayObLG, Beschluss vom 21.05.1996 – 1Z BR 49/96, Rn. 13 (ZEV 1996, 425-427); BayObLG, Beschluss vom 18.06.1980 – BReg 1 Z 37/80 (Rpfleger 1980, 471-472).

beachten ist, dass hohe Beweisanforderungen an die Begründung einer solchen Abweichung zu stellen sind.[335] Soweit der tatsächliche Wille des Erblassers nicht durch die ergänzende Auslegung ermittelt werden kann, muss es beim eigentlichen Verständnis des Wortsinns verbleiben.[336]

Bei der erläuternden Auslegung zu berücksichtigen sind – neben Syntax, Grammatik, Fachsprache und Dialekt – die Testamentsform[337], andere frühere Erklärungen des Erblassers[338] sowie Umstände außerhalb des Testaments[339]. Relevant sind diese weiteren Umstände jedoch nur, soweit sie vor der Testamentserrichtung bereits bestanden haben und im letzten Willen jedenfalls angedeutet wurden.[340]

cc) Wohlwollende Auslegung

Lässt der Inhalt einer letztwilligen Verfügung verschiedene Auslegungen zu, so ist gem. § 2084 BGB im Zweifel diejenige Auslegung vorzuziehen, bei welcher die Verfügung Erfolg haben kann. Die Regelung des § 2084 BGB greift dann ein, wenn es auch unter Einsatz der erläuternden Auslegung nicht gelingt, zu bestimmen, mit welchen rechtlichen Mitteln der Erblasser sein gewünschtes Ziel erreichen wollte.[341] § 2084 BGB ergänzt insoweit die allgemeinen Auslegungsregeln.

Eine wohlwollende Auslegung ist jedoch ausgeschlossen, wenn bereits das gewünschte Ziel des Erblassers bzw. der gewünschte Zuwendungsempfänger nicht eindeutig und unzweifelhaft erkennbar ist (vgl. § 2065 BGB). Auch für den Fall, dass der letzte Wille nicht den gesetzlichen Formvorschriften genügt, kann diesem Mangel nicht im Wege des § 2084 BGB abgeholfen werden.[342]

Bei der Stiftung von Todes wegen kann eine wohlwollende Auslegung nach § 2084 BGB beispielsweise relevant werden, wenn der Stifter der Stiftung zwar

---

335 S. *Leipold*, in: MüKo, § 2084 Rn. 14.

336 So *Leipold*, in: MüKo, § 2084 Rn. 14.

337 S. *Otte*, in: Staudinger; Vor §§ 2064 ff. Rn. 63.

338 S. *Otte*, in: Staudinger; Vor §§ 2064 ff. Rn. 64.

339 S. *Otte*, in: Staudinger; Vor §§ 2064 ff. Rn. 71.

340 S. *Otte*, in: Staudinger; Vor §§ 2064 ff. Rn. 72.

341 Vgl. *Leipold*, in: MüKo, § 2084 Rn. 65; *Litzenburger*, in: Bamberger/Roth, § 2084 Rn. 32; *Czubayko*, in: Burandt/Rojahn, § 2084 Rn. 21.

342 Vgl. OLG Köln, Beschluss vom 14.06.1995 – 2 Wx 21/95, Rn. 22 (FamRZ 1995, 1301-1302); *Litzenburger*, in: Bamberger/Roth, § 2084 Rn. 35; differenzierend *Leipold*, in: MüKo, § 2084 Rn. 80 f.

einen eindeutigen Zweck gegeben hat, durch Auslegung aber mehrere Arten der Zweckverwirklichung in Betracht kommen, hierbei jedoch nur eine dieser Arten der Zweckverwirklichung durch das vom Stifter vererbte Vermögen möglich ist. In diesem Fall ist gem. § 2084 BGB diejenige Auslegung zu wählen, bei der die vorgesehene letztwillige Verfügung Erfolg haben kann.

Beispiel 7:
In seinem privatschriftlichen Testament bestimmt der Erblasser:
[...] 500.000 € meines Vermögens vererbe ich an eine noch zu gründende Stiftung. Stiftungszweck ist die Förderung der Grundschule X in Y. [...]

Die Förderung einer Grundschule kann auf zahlreiche Arten erfolgen. In Betracht kommt beispielsweise der Bau eines neuen Gebäudes, die Gestaltung eines neuen Pausenhofs, die Bereitstellung technischer aktueller Geräte wie Laptops oder Tablets für jede Klasse oder die Einstellung weiterer Lehrkräfte. Bei einem Stiftungsvermögen von 500.000 € stehen jedoch bei einer durchschnittlichen Rendite von 3 % p.a. nur jährliche Erträge i.H.v. von 15.000 € für die Erreichung des Stiftungszwecks zur Verfügung. Da dieser Ertrag nur für die Bereitstellung von technischen Geräten für jede Klasse ausreicht, ist diese Art der Zweckverwirklichung im Rahmen der wohlwollenden Auslegung anzunehmen.

Darüber hinaus können bei der wohlwollenden Auslegung auch steuerliche Aspekte zu berücksichtigen sein. Soll eine Stiftung errichtet werden, die erkennbar den Anforderungen des Gemeinnützigkeitsrechts entsprechen soll, so machen die strengen Voraussetzungen einer Steuerbegünstigung nach §§ 51 ff. AO Vorgaben, die im Rahmen von wohlwollender und ggf. auch ergänzender Auslegung des angegebenen Stiftungszwecks zu beachten sein können.

dd) Ergänzende Auslegung

Auch die ergänzende Auslegung soll der Ermittlung des Willens des Erblassers dienen. Anders als die erläuternde Auslegung geht die ergänzende Auslegung über das im Wortlaut ausdrücklich und impliziert Gesagte hinaus. Ziel ist es, Lücken in der Willensbildung zu schließen und den hypothetischen Willen des Erblassers zu ermitteln.[343] Hierdurch werden vom letzten Willen offen gelassene Fragen dem Willen des Erblassers entsprechend aufgelöst.[344]

343 S. *Litzenburger*, in: Bamberger/Roth, § 2084 Rn. 37; *Otte*, in: Staudinger; Vor §§ 2064 ff. Rn. 77.

344 S. *Leipold*, in: MüKo, § 2084 Rn. 82.

Eine unmittelbare Anknüpfung im Gesetz lässt sich für die ergänzende Auslegung nicht finden. Dennoch ist in Literatur und Rechtsprechung nahezu unbestritten, dass eine ergänzende Auslegung im Erbrecht möglich sein muss.[345] Abgeleitet wird die Befugnis hierzu vor allem aus dem Zweck des § 2084 BGB und aus den Einzelbestimmungen wie beispielsweise den §§ 2069, 2169 Abs. 3 oder § 2173 BGB.[346] In der Praxis wird die ergänzende Auslegung – insbesondere auch mit Blick auf § 2065 BGB – allerdings restriktiv eingesetzt.[347]

Eine ergänzende Auslegung ist aus diesem Grund nur dann zulässig, wenn der letzte Wille eine planwidrige Unvollständigkeit aufweist.[348] Nach *Litzenburger* liegt eine solche auslegungsbedürftige Lücke dann vor, „wenn nach dem Gesamtbild der Verfügung, insbesondere den damit verfolgten Zwecken, deren Unvollständigkeit vom Erblasser nicht gewollt ist".[349] Typischerweise entsteht eine solche Lücke durch eine Änderung der Sach- oder Rechtslage.[350] Beispiele hierfür sind das Vorversterben eines Bedachten[351], eine Veränderung des Wertes eines Gegenstands[352] oder die Veräußerung desselben[353], ein unvorhergesehenes Verhalten des Bedachten[354] sowie eine Unmöglichkeit der vorgegebenen Vollziehung aufgrund veränderter Umstände[355]. Änderungen der Rechtslage waren in den vergangenen Jahrzehnten beispielsweise die Einführung des Erbrechts nichtehelicher Kinder[356], Änderungen des ehelichen Güterrechts[357] sowie die Aufhebung des Reichserbhofgesetzes[358]. Erforderlich ist, dass der Erblasser in Unkenntnis dieser planwidrigen Unvollständigkeit

---

345 Statt aller *Leipold*, in: MüKo, § 2084 Rn. 83.
346 Ausführlich zur gesetzlichen Anknüpfung *Leipold*, in: MüKo, § 2084 Rn. 85.
347 *Otte*, in: Staudinger; Vor §§ 2064 ff. Rn. 95; *Litzenburger*, in: Bamberger/Roth, § 2084 Rn. 46; BayObLG, Beschluss vom 16.10.1980 – BReg 1 Z 52/80, Rn. 30 (FamRZ 1981, 402-403).
348 *Leipold*, in: MüKo, § 2084 Rn. 86; *Otte*, in: Staudinger; Vor §§ 2064 ff. Rn. 77.
349 *Litzenburger*, in: Bamberger/Roth, § 2084 Rn. 38.
350 Vgl. *Leipold*, in: MüKo, § 2084 Rn. 87; *Otte*, in: Staudinger; Vor §§ 2064 ff. Rn. 89 ff.; *Litzenburger*, in: Bamberger/Roth, § 2084 Rn. 39.
351 *Leipold*, in: MüKo, § 2084 Rn. 87.
352 Vgl. *Otte*, in: Staudinger; Vor §§ 2064 ff. Rn. 91.
353 *Leipold*, in: MüKo, § 2084 Rn. 87.
354 *Otte*, in: Staudinger; Vor §§ 2064 ff. Rn. 93.
355 *Otte*, in: Staudinger; Vor §§ 2064 ff. Rn. 94.
356 *Leipold*, in: MüKo, § 2084 Rn. 87.
357 *Otte*, in: Staudinger; Vor §§ 2064 ff. Rn. 92.
358 *Leipold*, in: MüKo, § 2084 Rn. 85; *Otte*, in: Staudinger; Vor §§ 2064 ff. Rn. 92.

testiert oder in Kenntnis der Tatsachen falsche Schlussfolgerungen gezogen hat.[359] Wusste er von der tatsächlichen Sach- oder Rechtslage, scheidet eine ergänzende Auslegung aus.[360]

Liegt eine entsprechende planwidrige Lücke vor, so ist der hypothetische Wille des Erblassers zu ermitteln.[361] Entscheidend ist dabei die Frage, wie der Erblasser die Nachfolge geregelt hätte, wenn er von der Lücke gewusst hätte.[362] Auch bei der ergänzenden Auslegung ist nach zutreffender herrschender Meinung erforderlich, dass diese auf die in der letztwilligen Verfügung erkennbare Willensrichtung des Erblassers gestützt wird.[363] Eine grenzenlose Auslegung fernab der in gewisser Form im letzten Willen geäußerten Anordnung würde die erbrechtlichen Formvorschriften unterlaufen und ist damit unzulässig.[364] Im Ergebnis muss damit das Ziel des Erblassers, nicht aber das Mittel zur Erreichung dieses Ziels in der letztwilligen Verfügung Ausdruck finden.[365]

---

359 *Litzenburger*, in: Bamberger/Roth, § 2084 Rn. 43.

360 *Litzenburger*, in: Bamberger/Roth, § 2084 Rn. 43.

361 Statt aller *Leipold*, in: MüKo, § 2084 Rn. 93, 102.

362 *Litzenburger*, in: Bamberger/Roth, § 2084 Rn. 44.

363 Vgl. RG, Beschluss vom 22.04.1920 – IV B 2/20 (RGZ 99, 82, 85); RG, Beschluss vom 02.11.1933 – IV B 43/33 (RGZ 142, 171, 175); BGH, Urteil vom 15.12.1956 – IV ZR 238/56, Rn. 18 ff. (BGHZ 22, 357-363); *Litzenburger*, in: Bamberger/Roth, § 2084 Rn. 46; *Loritz*, in: Soergel, § 2084 Rn. 36; *Otte*, in: Staudinger; Vor §§ 2064 ff. Rn. 83 ff.; *Röthel*, ErbR, § 19 Rn. 10 ff.; a.A. *Keuk*, Der Erblasserwille post testamentum und die Auslegung des Testaments, S. 81; *Brox/Walker*, ErbR, § 16 Rn. 8; *Brox*, Einschränkung der Irrtumsanfechtung, S. 152 ff.; *v. Lübtow*, ErbR I, S. 299 ff.; s. auch *Gerhards*, JuS 1994, 642, 648.

364 Vgl. BGH, Beschluss vom 09.04.1981 – IVa ZB 6/80, Rn. 16 ff. (BGHZ 80, 246-252); BayObLG, Beschluss vom 16.05.1988 – BReg 1 Z 47/87 (BayObLGZ 1988, 165-170); *Otte*, in: Staudinger; Vor §§ 2064 ff. Rn. 83 m.w.N.; *Litzenburger*, in: Bamberger/Roth, § 2084 Rn. 46.

365 Vgl. *Otte*, in: Staudinger; Vor §§ 2064 ff. Rn. 83; *Litzenburger*, in: Bamberger/Roth, § 2084 Rn. 46; *Leipold*, in: MüKo, § 2084 Rn. 99 ff.

Beispiel 8:
In seinem privatschriftlichen Testament bestimmt der Erblasser:
[...] Mein gesamtes Vermögen soll an eine noch zu gründende Stiftung gehen. Stiftungszweck ist die Förderung der Krebsforschung am UKE Hamburg Eppendorf. Die Stiftung soll ausschließlich und unmittelbar gemeinnützige Zwecke im Sinne des Abschnitts "Steuerbegünstigte Zwecke" der Abgabenordnung verfolgen. [...]

Die Förderung von Wissenschaft und Forschung gilt gem. § 52 Abs. 1, 2 S. 1 Nr. 1 AO als Förderung der Allgemeinheit und stellt damit gem. § 52 Abs. 1 S. 1 AO einen gemeinnützigen Zweck dar, der zu einer Steuerbegünstigung der Stiftung führt. Der Wille des Erblassers, mit der Stiftung ausschließlich steuerbegünstigte Zwecke zu verfolgen, wird in seinem Testament deutlich. Für den Fall, dass der Gesetzgeber nach Errichtung des letzten Willens die Steuerbegünstigung für die Förderung von Wissenschaft und Forschung aus dem Katalog des § 52 Abs. 2 AO entfernt und sie nicht mehr steuerlich privilegiert, ohne dass der Erblasser hiervon erfährt, ist dessen hypothetischer Wille durch ergänzende Auslegung zu ermitteln. In Betracht kommt, die Stiftung mit einem ähnlichen, aber steuerbegünstigten Zweck zu errichten. Gem. § 51 Abs. 2 S. 1 Nr. 3 AO ist auch die allgemeine Förderung des öffentlichen Gesundheitswesens und der öffentlichen Gesundheitspflege steuerbegünstigt, sodass der Wille des Erblassers trotz der Änderung der Rechtslage durch eine Ergänzung des Stiftungszwecks um die Förderung des öffentlichen Gesundheitswesens ergänzt und umgesetzt werden könnte. Wäre eine solche Ergänzung nicht möglich, wäre mittels der ergänzenden Auslegung weiter zu prüfen, wem der Erblasser in einem solchen Fall seinen Nachlass vererben wollen würde.

Das Beispiel zeigt deutlich, wie sehr vor allem die Berücksichtigung der steuerrechtlichen Anforderungen für die Gemeinnützigkeit einer Stiftung auch im Rahmen der ergänzenden Auslegung von Bedeutung sein kann.

Tatsächlich prägt das steuerliche Gemeinnützigkeitsrecht als „Organisationsrecht des Dritten Sektors“ nach *Hüttemann* rechtsformübergreifend den Rechtstypus der gemeinnützigen Non-Profit-Organisationen.[366] In der Literatur wird davon ausgegangen, dass über 90 % aller Stiftungen steuerbegünstige Körperschaften i.S.d. §§ 51 bis 68 AO sind.[367] Es ist damit sehr wahrscheinlich, dass auch bei einer letztwilligen Stiftungserrichtung die überwiegende Mehrheit der Erblasser eine steuerbegünstigte Stiftung wünscht. Voraussetzung einer solchen Steuerbegünstigung ist die Verfolgung steuerbegünstigter Zwecke gem. §§ 51 ff. AO. Das Gesetz unterscheidet insoweit zwischen gemeinnützigen Zwecken gem. § 52 AO, mildtätigen Zwecken gem. § 53 AO und kirchlichen Zwecken gem. § 54

366 *Hüttemann*, NJW-Beil 2018, 55.
367 S. *Rawert*, AnwBl. AO-2018, 719.

AO. Gem. § 59 AO wird die Steuervergünstigung nur dann gewährt, wenn sich aus der Satzung, dem Stiftungsgeschäft oder der sonstigen Verfassung ergibt, welchen Zweck die Körperschaft verfolgt, dass dieser Zweck den Anforderungen der §§ 52 bis 55 AO entspricht und dass er ausschließlich (§ 56 AO) und unmittelbar (§ 57 AO) verfolgt wird, wobei die tatsächliche Geschäftsführung diesen Satzungsbestimmungen entsprechen muss. § 58 AO regelt steuerlich unschädliche Betätigungen. Die Anforderungen an die Satzung sind in § 60 AO niedergelegt. Hiernach müssen die Satzungszwecke und die Art ihrer Verwirklichung so genau bestimmt sein, dass aufgrund der Satzung geprüft werden kann, ob die satzungsmäßigen Voraussetzungen für Steuervergünstigungen gegeben sind. Die Satzung muss die in der Anlage 1 in § 60 AO bezeichneten Festlegungen enthalten. Wie sich bei Betrachtung der Mustersatzung zeigt, sind die Rahmenbedingungen, in denen die Stiftung überhaupt agieren darf, um steuerbegünstigt zu sein, sehr eng. Die Stiftung kann ausschließlich und unmittelbar nur die eindeutig durch das Gesetz definierten Ziele verfolgen. Der Katalog in § 52 Abs. 2 AO gibt fünfundzwanzig Zwecke vor, die als Förderung der Allgemeinheit anzuerkennen sind. Vergleichbar eng geben § 53 AO und § 54 AO mittels definierter Voraussetzungen vor, in welchen Fällen mildtätige und kirchliche Zwecke verfolgt werden. Hierdurch hat der Gesetzgeber Grenzen vorgegeben, die im Rahmen der ergänzenden Auslegung berücksichtigt werden können. Wünscht der Stifter die letztwillige Errichtung einer steuerbegünstigten Stiftung, so wird eine ergänzende Auslegung seines Erblasserwillens regelmäßig ergeben, dass er sich den fortlaufenden Regelungen des Steuerrechts unterwirft, und zwar auch dann, wenn sie von den im Zeitpunkt der Testamentserrichtung geltenden abweichen.

Möchte der Stifter beispielsweise den Schutz von Tieren durch seine Stiftung fördern, kommen theoretisch eine große Vielzahl von Möglichkeiten zur Verwirklichung dieses Zwecks in Betracht. Verbindet der Erblasser seine weite Stiftungsangabe jedoch mit der Bestimmung, die Stiftung sollte steuerbegünstigt agieren können, kommen derzeit in der Zusammenschau mit den von § 52 Abs. 2 AO privilegierten Zwecken nur die Förderung des Tierschutzes i.S.d. Nr. 14 oder die Förderung der Tierzucht und des Hundesports als eine der Freizeitzwecke i.S.d. Nr. 23 in Betracht. Mithilfe dieser gesetzlichen Vorgaben kann die Stiftungsbehörde einen weit gehaltenen Stiftungszweck i.S.d. § 81 Abs. 1 S. 2 BGB ohne Weiteres ergänzen oder konkretisieren.

2. Ergänzungskompetenz gem. § 83 S. 2 BGB bei fehlender oder unvollständiger Satzung

Zusätzlich zu den erbrechtlichen Auslegungsmöglichkeiten bei einer letztwilligen Stiftungserrichtung hat der Gesetzgeber in § 83 S. 2 bis 4 BGB eine eigene Ergänzungskompetenz der Stiftungsbehörde normiert. Gem. § 83 S. 2 BGB wird der Stiftung durch die zuständige Behörde vor der Anerkennung eine Satzung gegeben oder eine unvollständige Satzung ergänzt, wenn das Stiftungsgeschäft nicht den Erfordernissen des § 81 Abs. 1 S. 3 genügt; dabei soll der Wille des Stifters berücksichtigt werden. § 81 Abs. 1 S. 3 BGB statuiert, dass die Stiftung durch das Stiftungsgeschäft eine Stiftungssatzung mit Regelungen zu Namen, Sitz, Zweck und Vermögen sowie zur Bildung des Vorstands der Stiftung erhalten muss. § 83 S. 3 und 4 BGB normieren Vermutungsregelungen hinsichtlich des Sitzes der Stiftung.

a) Übersicht Ergänzungskompetenz

Die Notwendigkeit einer solchen Ergänzungsbefugnis begründet sich aus dem Umstand, dass – anders als beim Stiftungsgeschäft zu Lebzeiten – bei der letztwilligen Stiftungserrichtung eine Nachfrage beim Stifter ausgeschlossen ist. Zweck dieser Befugnis ist es daher, die Vereitelung einer Stiftungsanerkennung aufgrund rein organisationsrechtlicher Fehler der Satzung zu vermeiden.[368] Die Ergänzungsbefugnis ist seit der Modernisierung des Stiftungsrechts abschließend in § 83 S. 2 bis 4 BGB geregelt.[369] Nach herrschender Ansicht „soll" der Wille des Erblassers bei der Ergänzung und Gabe der Satzung durch die Stiftungsbehörde nicht nur berücksichtigt werden – die Stiftungsbehörde ist zur Berücksichtigung des Willens verpflichtet.[370] Hierfür spricht auch die Gesetzesbegründung, die hinsichtlich der Ergänzungsbefugnis der Stiftungsbehörde Folgendes ausführt:

> „Satz 2 berücksichtigt, dass der Stifterwille, dessen Stiftungsakt in einer Verfügung von Todes wegen besteht, auch dann vollzogen werden kann, wenn die für die Erlangung der Rechtsfähigkeit in § 81 Abs. 1 Satz 3 genannten Voraussetzungen im Hinblick auf die Beifügung und den Inhalt einer Stiftungssatzung nicht vorliegen. Hier wird von einem heilbaren Rechtsmangel ausgegangen, so dass unter Beachtung des Stifterwillens

---

368 Vgl. *Hüttemann*, ZHR 167 (2003), 35, 53 f.

369 Statt aller *Hüttemann/Rawert*, in: Staudinger, § 83 Rn. 27.

370 Vgl. *Weitemeyer*, in: MüKo, § 83 Rn. 23; *Hüttemann/Rawert*, in: Staudinger, § 83 Rn. 28; *Backert*, in: Bamberger/Roth, § 83 Rn. 14.

> die Stiftungsbehörde der Stiftung eine Satzung geben bzw. eine unvollständige Satzung ergänzen muss."[371] [Hervorhebungen durch die Verfasserin]

Die Formulierung „unter Beachtung des Stifterwillens" zeigt, dass der Gesetzgeber davon ausging, dass der Stifterwille stets zu beachten ist – Anhaltspunkte für ein vom Gesetzgeber vorgesehenes Ermessen lassen sich der Gesetzesbegründung nicht entnehmen. Nach herrschender Ansicht muss die Stiftungsbehörde den Stifterwillen bei der Ergänzung nach § 83 S. 2 BGB daher zwingend berücksichtigen.[372]

Anders als die erbrechtliche Auslegungs- und Ergänzungskompetenz darf die Behörde bei der Ergänzung gem. § 83 S. 2 BGB weitere Satzungsbestandteile i.S.d. § 81 Abs. 1 S. 3 BGB in die Satzung aufnehmen, die vom Stifter nicht einmal andeutungsweise so vorgegeben sein müssen.[373] Ziel der behördlichen Ergänzungskompetenz ist nicht die erbrechtliche Ergänzung des letzten Willens, sondern die Satzungsergänzung um die Umsetzung der letztwilligen Verfügung unter Wahrung stiftungsrechtlicher Normativbestimmungen sicherzustellen.[374]

Voraussetzung für diese Ergänzungskompetenz ist eine ergänzungsfähige Lücke. Sie setzt gem. § 83 S. 2 BGB i.V.m. § 81 Abs. 1 S. 3 BGB voraus, dass notwendige Regelungen über den Namen, den Sitz, den Zweck, das Vermögen oder die Bildung des Vorstands fehlen. Ein ergänzungsfähige Lücke liegt nicht vor, wenn der Erblasser einen Testamentsvollstrecker eingesetzt hat, der die Befugnis zur Ergänzung der Satzung durch den Erblasser erhalten hat, da dieser der Stiftung eine den Anforderungen des § 81 Abs. 2 S. 3 BGB genügende Satzung selbst geben kann.[375] Zulässig sind – neben der reinen technischen Übertragung der Angaben aus dem letzten Willen in die Satzung – auch gewisse Klarstellungen und Ergänzungen durch die Behörde.[376] Die gesetzlich normierte Ergänzungskompetenz der Stiftungsbehörde darf jedoch keinesfalls zu einer Aushöhlung

371 BT-Drucks 14/8765, S. 11.

372 So auch *Weitemeyer*, in: MüKo, § 83 Rn. 23; *Hüttemann/Rawert*, in: Staudinger, § 83 Rn. 28; *Backert*, in: Bamberger/Roth, § 83 Rn. 14; *Schiffer/Pruns*, in: Heidel/Hüßtege/Mansel/Noack, § 83 Rn. 6; *Tolksdorf*, in: BeckOGK [01.12.2020], § 83 Rn. 66.

373 S. *Schewe*, in: Kroiß/Ann/Mayer, Anhang zu § 1923 Rn. 108.

374 Vgl. *Schewe*, in: Kroiß/Ann/Mayer, Anhang zu § 1923 Rn. 110.

375 S. *Hüttemann/Rawert*, in: Staudinger, § 83 Rn. 28; *Weidmann*, Stiftung und Testamentsvollstreckung, S. 132 ff., 140; *Schewe*, in: Kroiß/Ann/Mayer, Anhang zu § 1923 Rn. 110; *Schewe*, Die Errichtung einer rechtsfähigen Stiftung von Todes wegen, S. 131 f.

376 S. *Schewe*, in: Kroiß/Ann/Mayer, Anhang zu § 1923 Rn. 109 f.

und Umgehung der Stifterfreiheit und des Stifterwillens führen, indem der Wille der Stiftungsbehörde an die Stelle des Stifterwillens tritt. Daher gilt die Ergänzungsbefugnis im Ausgangspunkt nur für den gesetzlich vorgesehenen Fall, dass eine der in § 81 Abs. 1 S. 3 BGB genannten Angaben in der Satzung fehlt. Dies hat der Gesetzgeber ausdrücklich in § 83 S. 2 BGB normiert.

b) Ergänzungen gem. § 83 S. 2 i.V.m. § 81 Abs. 1 S. 3 Nr. 1, 2, 4 und 5 BGB

Die Stiftungsbehörde darf verschiedene, in der Satzung fehlende Angaben ergänzen. Gem. § 83 S. 2 BGB i.V.m. § 81 Abs. 1 S. 3 Nr. 1 BGB gilt dies für fehlende Angaben zum Namen der Stiftung. Hierbei ist zu ermittelt, welchen Namen der Stifter gewollt haben könnte. Dies kann durch die Auswertung von Umständen außerhalb des letzten Willens, wie beispielsweise von etwaigen Satzungsentwürfen, sonstigen persönlichen Dokumenten oder durch Befragungen von Angehörigen oder anderen mit dem Stifter vertrauten Dritten erfolgen. Abhängig davon, wie sich die äußeren Umstände präsentieren, ist es oftmals auch naheliegend, dass der Stifter davon ausging, dass die Stiftung seinen Namen tragen würde.[377]

Gem. § 81 Abs. 1 S. 3 Nr. 2 BGB und § 83 S. 3 BGB gilt der Ort, an welchem die Verwaltung geführt wird, als Sitz der Stiftung. Fehlen entsprechende Angaben, aus denen sich der Ort der Verwaltung ableiten lassen könnte, gilt gem. § 83 S. 4 BGB der letzte Wohnsitz des Stifters im Inland als Sitz.

Eine fehlende letztwillige Zuwendung kann durch die Behörde nicht ersetzt werden, zulässig ist lediglich eine Übertragung der vom Stifter letztwillig getätigten Erklärung zur Vermögensausstattung in die Stiftungssatzung.[378] Darüber hinaus kann die Behörde die Satzung hinsichtlich des Vermögens anpassen, um den Vorgaben der Abgabenordnung für steuerbegünstigte Körperschaften zu genügen.[379]

Gem. § 83 S. 2 i.V.m. § 81 Abs. 1 S. 3 Nr. 5 BGB darf die Stiftungsbehörde außerdem Regelungen zur Bildung eines Stiftungsvorstands ergänzen.

---

377 S. *Tolksdorf*, in: BeckOGK [01.12.2020], § 83 Rn. 72.
378 S. *Tolksdorf*, in: BeckOGK [01.12.2020], § 83 Rn. 69.
379 S. *Tolksdorf*, in: BeckOGK [01.12.2020], § 83 Rn. 69.

c) *Ergänzungen des Stiftungszwecks gem. § 83 S. 2 i.V.m. § 81 Abs. 1 S. 3 Nr. 3 BGB*

Eine der wichtigsten Ergänzungskompetenzen betrifft jedoch die Ergänzung des Stiftungszwecks gem. § 83 S. 2 i.V.m. § 81 Abs. 1 S. 3 Nr. 3 BGB. Nach dem Wortlaut darf die Stiftungsbehörde hierbei eine hinsichtlich des Stiftungszwecks unvollständige Satzung ergänzen.

aa) Begriffsverständnis Stiftungszweck

Um diese Ergänzungskompetenz der Stiftungsbehörde richtig zu verstehen, muss man zunächst die unterschiedlichen Zweckbegriffe, die im BGB verwendet werden, sauber unterscheiden. Der Begriff „Stiftungszweck" wird im Gesetz an vier verschiedenen Stellen verwendet: § 80 Abs. 2 BGB, § 81 Abs. 1 S. 2 und S. 3 Nr. 3 BGB und § 87 BGB. Trotz seiner entscheidenden Bedeutung für die Stiftung ist er gesetzlich nicht definiert. Eine Präzisierung des Begriffs „Stiftungszwecks" ist jedoch für die Frage, in welchem Rahmen die Stiftungsbehörde den Stiftungszweck gem. § 83 S. 2 BGB ergänzen darf, unabdingbar.

Gem. § 80 Abs. 2 BGB ist die Stiftung als rechtsfähig anzuerkennen, wenn das Stiftungsgeschäft den Anforderungen des § 81 Abs. 2 BGB genügt, die dauernde und nachhaltige Erfüllung des Stiftungszwecks gesichert erscheint und der Stiftungszweck das Gemeinwohl nicht gefährdet. Nach § 81 Abs. 1 S. 2 BGB muss das Stiftungsgeschäft die verbindliche Erklärung des Stifters enthalten, ein Vermögen zur Erfüllung eines von ihm vorgegebenen Zweckes zu widmen, das auch zum Verbrauch bestimmt werden kann. Gem. § 81 Abs. 1 S. 3 Nr. 3 BGB muss die Stiftung durch das Stiftungsgeschäft eine Satzung erhalten, die unter anderem Regelungen hinsichtlich des Stiftungszwecks enthält. Fraglich ist, ob der Begriff des Stiftungszwecks in diesen Normen deckungsgleich zu verstehen ist oder ob die Bestimmung eines Stiftungszwecks im Rahmen des Stiftungsgeschäfts eine andere ist als die Angabe des Stiftungszwecks in der Satzung.

(1) Begriffsverständnis bei lebzeitiger Stiftungserrichtung

Hüttemann unterscheidet unter dem Oberbegriff des Zwecks zwischen Zweckbestimmung und Art der Verwirklichung.[380] Seiner Ansicht nach ist mit dem Stiftungszweck in § 81 Abs. 1 S. 2 BGB eine „grundsätzliche Zweckbestimmung" gemeint.[381] Diese stelle den eigentlichen Stiftungszweck im Sinne eines

---

380 *Hüttemann*, in: FS Reuter, S. 121, 122 ff., 126 ff.

381 *Hüttemann*, in: FS Reuter, S. 121, 126, 127.

übergeordneten Zieles dar.[382] § 81 Abs. 1 S. 3 Nr. 3 BGB umfasse hingegen neben der Angabe des eigentlichen Stiftungszwecks auch ergänzende Angaben zu Maßnahmen der Verwirklichung dieses Zwecks.[383] Er begründet dies zum einen mit Parallelen zum Verbandsrecht und zum anderen mit der Systematik der §§ 80 ff. BGB.[384] Er geht davon aus, dass die Zweckbestimmung in der Satzung die nach § 80 BGB erforderliche Zweckbestimmung lediglich ergänze.[385] In der Gesetzesbegründung heißt es hierzu:

> „Die nach Nummer 3 erforderlichen Bestimmungen über den Zweck der Stiftung ergänzen die grundsätzliche Zweckbestimmung im eigentlichen Stiftungsakt (vgl. vorstehende Begründung zu Satz 2). Der Satzungsbestimmung über den Zweck kommt besondere Bedeutung zu, da der Stiftungszweck als wichtigster Bestandteil von Stiftungsgeschäft und Satzung im Hinblick auf die auf Dauer angelegte Stiftung besonders sorgfältig formuliert sein muss. Das gilt umso mehr als eine Nachbesserung nicht wie bei Vereinen – durch die Mitgliederversammlung – ohne weiteres möglich ist. […] Um den ursprünglichen Stifterwillen weitgehend unberührt zu lassen, sollen der Stiftungszweck und die Maßnahmen zu seiner Verwirklichung so bestimmt wie möglich formuliert sein, ohne aber im Hinblick auf die Dauerhaftigkeit zu eng zu sein."[386]

Die Formulierung „ergänzt" legt hier nahe, dass auch der Gesetzgeber tatsächlich von einem Unterschied zwischen dem Zweck als solchem und der Zweckverwirklichung ausgegangen ist.

Nach *Hüttemann* ist darüber hinaus zur Bewertung der Frage einer ausreichenden Vermögensausstattung erforderlich, zu wissen, auf welche Art die Stiftung ihre Ziele erreichen wolle.[387] Auch müsse die Stiftungsbehörde für die Prüfung des „Gemeinwohlvorbehalts" Kenntnis davon haben, welche Art der Zweckverwirklichung die Stiftung anstrebe.[388] Allerdings dürfe die Stiftungsbehörde ihre Überlegungen dabei nicht an die Stelle des Stifterwillens stellen.[389]

382 *Hüttemann*, in: FS Reuter, S. 121, 126, 127.

383 *Hüttemann*, in: FS Reuter, S. 121, 126, 127.

384 *Hüttemann*, in: FS Reuter, S. 121, 123, 126.

385 *Hüttemann*, in: FS Reuter, S. 121, 126 ff.

386 BT-Drucks. 14/8765 S. 10.

387 *Hüttemann*, in: FS Reuter, S. 121, 130, 131; *Hüttemann/Rawert* in: Staudinger, § 81 Rn. 51; *Hüttemann*, ZHR 167 (2003), 35, 51 f.; zustimmend *Happ*, Stifterwille und Zweckänderung, S. 57.

388 *Hüttemann*, in: FS Reuter, S. 121, 131.

389 *Hüttemann*, in: FS Reuter, S. 121, 133.

Insgesamt kommt *Hüttemann* zu dem Ergebnis, dass „der Begriff des Stiftungszwecks in §§ 80 Abs. 2, 81 Abs. 1. S. 2 und 3 Nr. 3 BGB dahingehend auszulegen ist, dass der Stifter nicht nur ein hinreichend bestimmtes Stiftungsziel vorzugeben hat, sondern – zumindest im Rahmen der Stiftungssatzung nach § 81 Abs. 1 S. 3 Nr. 3 BGB – auch gewisse Mindestangaben zu der Art und Weise der Zielverwirklichung (Stiftungsgegenstand) machen muss“[390].

Diese von *Hüttemann* vertretene Argumentation überzeugt bei einem lebzeitigen Stiftungsgeschäft in Anbetracht der Gesetzessystematik und der Gesetzesbegründung. Darüber hinaus ist eine behördliche Prüfung der Anerkennungsvoraussetzungen ohne die Angaben zur Art und Weise der Zweckverwirklichung schlicht nicht möglich, da sonst die Lebensfähigkeit der Stiftung nicht geprüft werden kann. Im Ergebnis ist sich *Hüttemanns* Ansicht hinsichtlich des Systemverständnisses zu § 80 Abs. 2 BGB und § 81 Abs. 1 S. 2 und S. 3 Nr. 3 BGB daher anzuschließen und zwischen dem eigentlichem Stiftungszweck i.S.d. § 81 Abs. 1 S. 2 BGB und der für § 81 Abs. 1 S. 3 Nr. 3 BGB erforderlichen Art der Verwirklichung zu unterscheiden.

Happ vertritt in Anlehnung an *Hüttemanns* systematische Einordnung die Ansicht, dass der Begriff „Zweck der Stiftung“ i.S.d. § 81 Abs. 1 S. 2 und S. 3 Nr. 2 BGB so zu verstehen sei, „dass er alle Angaben umfasst, die notwendig sind um den Stiftungsorgangen und der Stiftungsaufsicht aufzuzeigen, in welchem Rahmen sich die Stiftungstätigkeit noch mit dem ursprünglichen Stifterwillen deckt“.[391] Sie führt weiter aus, dass üblicherweise neben der eigentlichen Zweckangabe auch die Festlegung der Art und Weise der Zweckerreichung erforderlich sei. Lediglich wenn die Zweckverwirklichung schon aus der Angabe des Zwecks allein deutlich werde, könne auf ergänzende Angaben verzichtet werden.[392]

Hof verwendet in diesem Zusammenhang die Unterscheidung zwischen sog. geschlossenen und offenen Stiftungszwecken. Bei geschlossenen Zwecken[393] bestehe der Stiftungszweck in der Erreichung eines bestimmten, abschließenden Ziels, sodass die Art und Weise der Zweckverwirklichung dem Stiftungszweck selbst bereits zu entnehmen sei. Beispiele hierfür sind etwa die Errichtung eines

390 *Hüttemann*, in: FS Reuter, S. 121, 134; a.A. *Muscheler*, Stiftungsrecht – Gesammelte Beiträge, S. 79 f.

391 *Happ*, Stifterwille und Zweckänderung, S. 58.

392 S. *Happ*, Stifterwille und Zweckänderung, S. 58.

393 Terminologie so verwendet durch *Hof*, in: v. Campenhausen/Richter, Stiftungsrechts-Handbuch, 4. Auflage, § 7 Rn. 12.

neuen Gebäudes für ein bestimmtes Krankenhaus, die Bestückung einer festgelegten Bibliothek mit 1500 Büchern zu vorgegebenen Themenbereichen oder die Förderung von fünf Stipendiaten im Bereich Medizin. Als offenen Stiftungszweck bezeichnet *Hof*[394] hingegen Zwecke, deren Ziel nicht etwa die einmalige Erfüllung einer Aufgabe oder aber die Förderung bestimmter Objekte oder Personen sei, sondern die vielmehr eine laufende Verpflichtung mit einem unbestimmteren Kreis der Destinatäre begründen solle. Entscheidend sei dabei, dass die Stiftung nicht zwingend einem einzelnen Objekt oder einer einzelnen Person dienen solle, sondern vielmehr unter einem weiteren Oberbegriff die Möglichkeit habe, eine generelle Förderung durch die Unterstützung verschiedener Objekte, Personen oder Bereiche zu verfolgen. Beispiel hierfür sind die Unterstützung politischer Arbeit sowie die in § 52 Abs. 2 AO genannten Zwecke, wie die Förderung von Wissenschaft und Forschung oder die Förderung der Religion. In diesen Fällen kann eine Förderung durch eine Vielzahl von unterstützenden Handlungen tatsächlicher, finanzieller oder ideeller Art erfolgen. Der Stiftungszweck legt zwar einen Zweck fest, lässt die Art der Verwirklichung jedoch offen. In Fortführung der von *Happ* gemachten Ausführungen ist bei einem offenen Stiftungszweck damit erforderlich, dass bei der lebzeitigen Stiftungserrichtung weitere Angaben zur gewünschten Art und Weise der Zweckverwirklichung durch den Stifter gemacht werden müssen. Die von *Hof* verwendete Terminologie des offenen und geschlossenen Stiftungszwecks wird im weiteren Verlauf dieser Dissertation zur besseren Verständlichkeit übernommen.

Das von *Happ* und *Hof* vertretene Zweckverständnis überzeugt. Er wird einerseits den durch den Gesetzgeber verwendeten Formulierungen der Gesetzesbegründung gerecht und entspricht andererseits dem systematischen Aufbau der §§ 80 ff. BGB. Im Ergebnis ist damit zwar nicht erforderlich, dass der Stifter bereits im Stiftungszweck Angaben zur Art der Zweckverwirklichung macht, auch wenn ihm dies selbstverständlich freisteht. Zwingend erforderlich ist grundsätzlich aber, dass er jedenfalls in der Stiftungssatzung weitere Angaben zur Art und Weise der Zweckverwirklichung trifft.

(2) Begriffsverständnis bei letztwilliger Stiftungserrichtung

Dieses Begriffsverständnis ist auch auf die Stiftung von Todes wegen zu übertragen. Zunächst finden sich schon keine ausreichenden Anhaltspunkte im

---

394 Vgl. *Hof*, in; v. Campenhausen/Richter, Stiftungsrechts-Handbuch, 4. Auflage, § 7 Rn. 12.

Gesetz, die eine etwaige systematische Ungleichbehandlung der Stiftung unter Lebenden und von Todes wegen rechtfertigen würden. Die Formulierung in § 83 S. 1 BGB („Besteht das Stiftungsgeschäft in einer Verfügung von Todes wegen […]") macht deutlich, dass der Gesetzgeber von einem Stiftungsgeschäft i.S.d. § 81 BGB ausgegangen ist, dessen Anforderungen und Regelungen sowohl für das lebzeitige als auch für das letztwillige Stiftungsgeschäft gelten sollen. Überdies geht § 83 S. 1 und 2 BGB offenkundig selbst von zwei unterschiedlichen Stiftungsbegriffen in § 81 BGB aus, da § 83 S. 2 BGB lediglich auf § 81 Abs. 1 S. 3 BGB und nicht auf § 81 Abs. 1 S. 2 BGB Bezug nimmt. Hierdurch wird deutlich, dass der Gesetzgeber die Systematik der § 81 Abs. 1 S. 2 und S. 3 BGB mit Blick auf die unterschiedlichen Begriffe des Stiftungszwecks bei der letztwilligen Stiftungserrichtung fortführen wollte. Auch in der Gesetzesbegründung wird hinsichtlich des Stiftungszwecks nicht zwischen lebzeitigem und letztwilligem Stiftungsgeschäft unterschieden.[395] Mithin ist auch bei der letztwilligen Stiftungserrichtung die Systematik der § 80 Abs. 2 BGB, § 81 Abs. 1 S. 2 und S. 3 Nr. 3 BGB einzuhalten und zwischen dem eigentlichem Stiftungszweck im Sinne des übergeordneten Ziels der Stiftung (§ 81 Abs. 1 S. 2 BGB) und der Art der Verwirklichung (§ 81 Abs. 1 S. 3 Nr. 3 BGB) zu differenzieren.

(3) Folgen für die Zweckangabe bei letztwilliger Stiftungserrichtung

Für die behördliche Ergänzungskompetenz kommt es mithin auf die Frage an, ob dem Stiftungszweck selbst die Art und Weise der Verwirklichung entnommen werden kann oder dies durch weitere Informationen – nach Möglichkeit aus dem letzten Willen des Stifters – ermittelt werden kann. In Betracht kommen zwei Arten der Zweckangabe: Der Stifter kann entweder einen geschlossenen oder einen offenen Stiftungszweck verwenden. Wählt er einen geschlossenen Stiftungszweck, dem nicht nur der Zweck, sondern auch die Art und Weise der Zweckverwirklichung entnommen werden kann, hat dies den Vorteil, dass eine Stiftungsanerkennung – vorbehaltlich der Erfüllung der übrigen Voraussetzungen – regelmäßig unproblematisch möglich sein wird, da der Stiftungszweck hier hinreichend bestimmt ist. Dadurch, dass in diesen Fällen die Aufgabe der Stiftung und deren Umsetzung klar vorgegeben sind, gibt es nahezu keine Einfallstore für Zweifel hinsichtlich der Eindeutigkeit der Zwecksetzung.

Eine letztwillige Anordnung eines geschlossenen Stiftungszwecks könnte beispielsweise folgendermaßen aussehen:

395 S. BT-Drucks. 14/8765.

Beispiel 9:
[…] Hiermit errichte ich eine Stiftung mit dem Namen […] und dem Sitz in […]. Mein gesamtes Vermögen soll der Stiftung als Grundstockvermögen zukommen. Bei der Stiftung soll es sich um eine selbstständige, rechtsfähige Stiftung gem. § 80 ff. BGB handeln. Zweck der Stiftung soll der Bau und Erhalt eines neuen Gebäudes für die Kinderintensivstation des UKE Hamburg Eppendorf sowie die fortlaufende Modernisierung der medizinischen Geräte auf dieser Station sein. […]

In diesem Beispiel sind Zuwendungsempfänger sowie Aufgaben klar umschrieben und lassen keinen Raum für Unklarheiten und somit auch keinen Bedarf für eine Auslegung. Durch die Wahl eines solch konkreten Zwecks hat der Erblasser eine verhältnismäßig hohe Sicherheit, dass die Auslegung nicht zu einem von ihm nicht gewünschten Stiftungszweck führt. Gleichzeitig geht er aber auch das Risiko ein, dass die Stiftung beispielsweise bei einem späteren, nach Errichtung der Stiftung auftretenden Wegfalls der Kinderintensivstation des UKE ihre Aufgabe nicht mehr erfüllen kann und in der Folge mangels Anpassungsmöglichkeiten aufgelöst werden muss. Alternativ könnte der Erblasser hier in seinem letzten Willen oder der Stiftungssatzung veranlassen, dass in einem solchen Fall die Stiftung, vertreten durch ihre Stiftungsorgane, eine neue, vergleichbare Krankenhausstation finden soll, die weiter gefördert werden kann. Risiko hierbei ist wiederum, dass es dem Erblasser kaum möglich sein wird, alle in Betracht kommenden Eventualitäten vorherzusehen und ihnen durch konkrete Anweisungen zu begegnen.

Aus diesem Grund kann es sinnvoll sein, den Stiftungszweck weiter zu fassen. Wählt der Stifter einen solchen eher offenen Stiftungszweck, hat er jedoch darauf zu achten, dass er neben dem Stiftungszweck ausreichend Vorgaben hinsichtlich der Art und Weise der Zweckverwirklichung trifft. Im hier vorliegenden Beispiel ließe sich der Stiftungszweck demnach etwa folgendermaßen offener gestalten:

Beispiel 10:
[…] Zweck der Stiftung soll der Bau und Erhalt neuer Gebäude für Krankenhäuser in Deutschland sein sowie deren fortlaufende Modernisierung einschließlich medizinischer Geräte. Die Entscheidung, welches Krankenhaus und welche Station gefördert werden soll, trifft der Stiftungsvorstand. Bei der Auswahl der Station soll darauf geachtet werden, dass besonders alte Gebäude und Stationen bevorzugt gefördert werden, um die generelle Modernisierung der Krankenhäuser voranzutreiben. Darüber hinaus wäre eine besondere Förderung von Kinderstationen wünschenswert, aber nicht zwingend erforderlich. […]

Dadurch, dass der Kreis der Stiftungsempfänger hier weiter gezogen wurde, kann die Entscheidung, welches Krankenhaus und welche Station konkret bedacht werden soll, jeweils an die Gegebenheiten der Zeit angepasst werden.

Dennoch gibt der Erblasser einige Hinweise darauf, welche Stationen er bevorzugt bedenken wollen würde.

In beiden Fällen kann der Zweckbestimmung sowohl der Stiftungszweck selbst als auch die Art und Weise der Zweckverwirklichung entnommen werden. Raum für eine behördliche Ergänzungskompetenz gibt es hier nicht.

bb) Umfang und Grenzen der Ergänzungskompetenz

Genügen die Angaben zum Stiftungszweck i.e.S. und der Art und Weise der Zweckverwirklichung jedoch für die Anerkennung einer Stiftung als rechtsfähig nicht, kommt in gewissen Fällen eine behördliche Ergänzung in Betracht.

(1) Fehlen der Angaben zur Art und Weise der Zweckverwirklichung gem. § 81 Abs. 1 S. 3 Nr. 3 BGB

Gem. § 83 S. 2 BGB wird der Stiftung durch die zuständige Behörde vor der Anerkennung eine Satzung gegeben oder eine unvollständige Satzung ergänzt, wenn das Stiftungsgeschäft nicht den Erfordernissen des § 81 Abs. 1 S. 3 BGB genügt. Die Norm macht deutlich, dass eine Satzung und damit die Angabe eines Stiftungszwecks i.S.d. § 81 Abs. 1 S. 3 Nr. 3 BGB bei einer letztwilligen Stiftungserrichtung gerade nicht erforderlich sind. Im Ergebnis bedeutet dies, dass es für die letztwillige Stiftungserrichtung genügt, wenn der Stifter in seinem letzten Willen den Stiftungszweck i.S.d. § 81 Abs. 1 S. 2 BGB bestimmt.[396] Führt man die von *Hüttemann* verstandene Unterscheidung fort, folgt daraus auch, dass der Stifter keinerlei Angaben zur Art der Zweckverwirklichung machen muss, solange nur der Stiftungszweck i.S.d. übergeordneten Stiftungsziels hinreichend bestimmt ist. Die Angaben zur Art und Weise der Zweckverwirklichung könnten sodann durch die Stiftungsbehörde im Rahmen der Satzungsergänzung festgelegt werden.

---

396 Auch der Professorenentwurf zur Stiftungsrechtsreform schlägt im Rahmen des § 83 S. 2 BGB aus Klarstellungsgründen für die Praxis folgende Ergänzung vor: „Genügt das Stiftungsgeschäft nicht den Erfordernissen des § 81 Abs. 1 S. 3, hat der Stifter aber den Zweck der Stiftung festgelegt und ein Vermögen gewidmet, wird der Stiftung durch die zuständige Behörde vor der Anerkennung eine Satzung gegeben oder eine unvollständige Satzung ergänzt; dabei soll der Wille des Stifters berücksichtigt werden.“ [Hervorhebung durch die Verfasserin], Professorenentwurf zur Stiftungsrechtsreform 2020, ZIP 2020, Beilage zu Heft 10, S. 3, 8.

Eine so weitreichende Ergänzungskompetenz wirft allerdings Fragen auf. Die Festlegung der Art und Weise der Zweckverwirklichung kann bei gleichem Stiftungszweck einen erheblichen Unterschied in der Arbeit der Stiftung ausmachen. Lautet der Stiftungszweck beispielsweise „Stiftung für benachteiligte Schüler in Hamburg“ und soll dieser Zweck durch „den Betrieb einer privaten Schule für Kinder aus einkommensschwachen Familien“ erreicht werden, sind die Arbeit der Stiftung und die erforderliche Vermögensausstattung signifikant anders, als wenn diese Kinder „durch die Bereitstellung von Mentoren bei der Bewerbung um Ausbildungsplätze“ unterstützt werden sollen. Anhand dieses einfachen Beispiels zeigt sich, dass die Individualität einer Stiftung nicht nur durch die grundsätzliche Zweckbestimmung, sondern auch maßgeblich durch die Festlegung der Zweckverwirklichung, d.h. ihrer genauen Tätigkeit, bestimmt wird.

Weiter ist zu beachten, dass die Stiftungsbehörde die vom Stifter angestrebte Art und Weise der Stiftungsarbeit eigentlich kennen muss, um bewerten zu können, ob das gestellte Vermögen für den angestrebten Stiftungszweck und die angestrebte Art und Weise der Zweckverwirklichung ausreicht.[397] Wie *Hüttemann* hierzu treffend ausführt, ist es grundsätzlich nicht Aufgabe der Stiftungsbehörde, sich Gedanken darüber zu machen, welche Arten der Zweckverwirklichung mit dem gegebenen Vermögen überhaupt möglich sind.[398]

Es stellt sich damit die Frage, ob eine so weitreichende Ergänzungskompetenz in Anbetracht der Bedeutung von Art und Weise der Zweckverwirklichung zulässig ist. Kann man es mit Blick auf diese Grundsätze erlauben, dass der Stifter lediglich einen unter Umständen relativ weitgefassten Stiftungszweck im letzten Willen angibt und die Stiftungsbehörde über ihre Ergänzungskompetenz gem. § 83 S. 2 BGB hinsichtlich der Satzung einen erheblichen Einfluss auf die Ausgestaltung dieser Zweckverfolgung und damit auf die Arbeit der Stiftung ausübt? Die Antwort auf diese Frage findet sich in der normativen Sonderstellung der letztwilligen Stiftungserrichtung. Der Gesetzgeber wollte durch die Möglichkeit einer letztwilligen Stiftungserrichtung und ihre damit verbundenen Vorteile für den Stifter eine zweite Form der Stiftungserrichtung neben der lebzeitigen Errichtung schaffen und so das Stiftungswesen fördern. Diese Errichtungsform bringt insbesondere aufgrund der fehlenden Korrektur- und Ergänzungsmöglichkeit durch den Stifter während der Anerkennung gewisse Risiken und Nachteile mit sich, denen durch § 83 S. 2 BGB begegnet werden soll. Der erhebliche

397 So auch *Hüttemann*, in: FS Reuter, S. 121, 131.

398 S. *Hüttemann*, in: FS Reuter, S. 121, 131.

Einfluss auf die Ausgestaltung der Art und Weise der Zweckverwirklichung durch die Stiftungsbehörde wurde in diesem konkreten Fall in Kauf genommen, um dem Willen des Erblassers, eine Stiftung zu errichten, jedenfalls im weitesten Sinne Rechnung zu tragen.

Im Rahmen seiner Stellungnahme zur Modernisierung des Stiftungsrechts zum § 83 S. 2 BGB führte der Bundesrat Folgendes an:

> „Indem den Stiftungsbehörden die Aufgabe übertragen wird, vor Erteilung der Anerkennung durch Entwurf bzw. Ergänzung der Stiftungssatzung rechtsgestaltend tätig zu werden, wird ihnen eine vom eigentlichen Anerkennungsverfahren abgrenzbare Aufgabe zugewiesen, die nicht nur zu einer quantitativen, sondern zu einer qualitativen Erweiterung ihres Aufgabenbereichs führt."[399]

Diese Äußerungen wurden zwar in der Diskussion um das Erfordernis einer Zustimmung durch den Bundesrat vorgebracht. Obschon die Erwiderung der Bundesregierung das Erfordernis einer Zustimmung bestritt, bleibt jedoch festzuhalten, dass im Gesetzgebungsverfahren durchaus vorgebracht wurde, dass § 83 S. 2 BGB zu einem rechtsgestaltenden Einfluss der Stiftungsbehörde führen würde. Dies wurde im Rahmen der Gesetzesänderung offenbar bewusst in Kauf genommen. Das spricht dafür, dass sich der Gesetzgeber, insbesondere in Verbindung mit der sonstigen Systematik der § 80 Abs. 1 BGB und § 81 Abs. 1 S. 3 Nr. 3 BGB, im Falle einer letztwilligen Stiftungserrichtung eines gewissen Spielraums der Stiftungsbehörde bei der Frage der Art und Weise der Zweckverwirklichung mit Blick auf die Ergänzungskompetenz des § 83 S. 2 BGB bewusst gewesen sein muss.

Auch aus praktischen Gesichtspunkten überzeugt dieses Ergebnis. Da der Erblasser den Zeitpunkt seines Todes nicht vorhersagen kann, ist für ihn auch das Vermögen, das er der Stiftung vererben wird, nicht immer absehbar. Dementsprechend kann er bei der Stiftungserrichtung mit Blick auf die Art und Weise der Zweckverwirklichung auch nur ungefähre Werte zugrunde legen. Es muss mit Blick auf diese potentiell volatile Vermögenssituation des Erblassers auch möglich sein, dass die Stiftungsbehörde die Art und Weise der Zweckverwirklichung gegebenenfalls an die tatsächlichen Vermögensverhältnisse des Erblassers anpasst. Diese Kompetenz hat der Gesetzgeber der Stiftungsbehörde ausdrücklich erteilt.[400]

---

399 BT-Drucks. 14/8765 S. 13.

400 BT-Drucks. 14/8765 S. 11.

Die Ergänzungskompetenz der Stiftungsbehörde in § 83 S. 2 BGB hinsichtlich des Zwecks und des Vermögens ist damit nicht lediglich eine technische Übertragung der letztwillig niedergeschriebenen Vorgaben in die Satzung. Sie erlaubt vielmehr eine „Rettung" des übergeordneten letzten Willens des Erblassers, der in jedem Fall eine Stiftung errichten wollte, auch für den Fall, dass keine Angaben zur Art und Weise der Zweckverwirklichung durch den Stifter angegeben wurden. In der Gesetzesbegründung zu § 83 S. 2 BGB wird dazu Folgendes ausgeführt:

> „Satz 2 berücksichtigt, dass der Stifterwille, dessen Stiftungsakt in einer Verfügung von Todes wegen besteht, auch dann vollzogen werden kann, wenn die für die Erlangung der Rechtsfähigkeit in § 81 Abs. 1 Satz 3 genannten Voraussetzungen im Hinblick auf die Beifügung und den Inhalt einer Stiftungssatzung nicht vorliegen. Hier wird von einem heilbaren Rechtsmangel ausgegangen, so dass unter Beachtung des Stifterwillens die Stiftungsbehörde der Stiftung eine Satzung geben bzw. eine unvollständige Satzung ergänzen muss. Unvollständig ist eine Satzung dann, wenn sie den Anforderungen des § 81 Abs. 1 Satz 3 nicht in vollem Umfang genügt." [401]

Die Gesetzesbegründung zeigt, dass der Gesetzgeber die Möglichkeit einer weitreichenden Ergänzungsbefugnis bewusst eingegangen ist und es tatsächlich nicht erforderlich ist, dass der Stifter die Art und Weise der Zweckverwirklichung auch nur andeutungsweise konkretisiert. Zu beachten bleibt bei dieser Aussage aber, dass ausschließlich dann von einem heilbaren Rechtsmangel ausgegangen werden kann, wenn die Stiftungsbehörde der Stiftung „unter Beachtung des Stifterwillens" eine Satzung geben bzw. eine unvollständige Satzung ergänzen kann. Der Stifterwille muss damit stets – auch und gerade bei letztwilliger Stiftungserrichtung – durch den Stifter festgelegt worden sein. Die Art und Weise der Zweckverwirklichung aber darf durch die Stiftungsbehörde im Rahmen des § 83 S. 2 BGB ergänzt werden. Es steht dem Stifter frei in seinem letzten Willen entweder eine den Anforderungen des § 81 Abs. 1 S. 3 BGB genügende Satzung beizufügen oder Angaben zur Art und Weise der Zweckverwirklichung zu machen. Zwingend erforderlich ist es stiftungsrechtlich aber nicht.

(2) *Fehlen der Angaben zur Art und Weise der Zweckverwirklichung gem. § 81 Abs. 1 S. 3 Nr. 3 BGB und des Stiftungszwecks i.S.d. § 81 Abs. 1 S. 2 BGB*

Fehlt jedoch zusätzlich die Angabe des Stiftungszwecks i.S.d § 81 Abs. 1 S. 2 BGB scheidet eine Ergänzung des Stiftungszwecks unter allen Umständen aus. Nach

401 BT-Drucks. 14/8765 S. 11.

Hüttemann und *Rawert* bedarf es daher der Einschränkung der Ergänzungsbefugnis im Wege der teleologischen Reduktion.[402] Ein im Stiftungsgeschäft vollständig fehlender Stiftungszweck dürfe nicht von der Behörde ergänzt werden.[403] Nur der Stifter dürfe diesen bestimmen, eine Übertragung dieses Rechts auf Dritte sei unzulässig.[404] Auch verweise § 83 S. 2 BGB gerade nicht auf § 81 Abs. 1 S. 2 BGB, sodass den Stiftungsbehörden kein Recht zur Ergänzung des Stiftungszwecks und Stiftungsvermögens zukomme, soweit diese Angaben gänzlich fehlten.[405] Bereits mit Blick auf das Begriffsverständnis zum Stiftungszweck und der damit einhergehenden Unterscheidung zwischen dem eigentlichen Stiftungszweck i.S.d. § 81 Abs. 1 S. 2 BGB und der für § 81 Abs. 1 S. 3 Nr. 3 BGB erforderlichen Art der Verwirklichung ist diese Ansicht überzeugend. Auch die Gesetzessystematik zwingt zu diesem Schluss, da – wie an anderer Stelle bereits ausgeführt – § 83 S. 2 BGB nicht auf § 81 Abs. 1 S. 2 BGB verweist. Es kann daher davon ausgegangen werden, dass der Gesetzgeber tatsächlich nur den Fall eines Fehlens der Angaben in der Satzung, nicht aber im zugrundeliegenden Stiftungsgeschäft von der Ergänzungskompetenz erfassen wollte. Dies überzeugt auch in Anbetracht der Bedeutung des Stiftungszwecks. Wie bereits ausgeführt gibt der Stiftungszweck der Stiftung ihren Handlungsrahmen und ihre Identität. Seine Festlegung kann in Anbetracht seiner Bedeutung für das Institut der Stiftung und unter Berücksichtigung des erbrechtlichen Verbots aus § 2065 Abs. 2 BGB keinem Dritten überlassen werden. Diese Anforderung ist nur erfüllt, wenn der Stifter der Stiftung ihre Identität und ihren Handlungsrahmen mithilfe der Festlegung des Stiftungszwecks und des Stiftungsvermögens gibt. In Anbetracht der stiftungs- und erbrechtlichen Bedeutung des Stiftungszwecks kann die Stiftungsbehörde eine Ergänzungskompetenz, die diesem ausschließlichen Stifterrecht gleichkommt, nicht besitzen. Unter Berücksichtigung dieser systematischen und teleologischen Argumente ist der herrschenden Ansicht diesbezüglich zu folgen. § 83 S. 2 BGB ist somit teleologisch dahingehend zu reduzieren, dass eine behördliche Ergänzung des Stiftungszwecks in der Satzung nur dann zulässig

---

402 *Hüttemann/Rawert*, in: Staudinger, § 83 Rn. 29.

403 *Hüttemann/Rawert*, in: Staudinger, § 83 Rn. 29; *Hüttemann*, ZHR 167 (2003), 35, 54; *Weitemeyer*, in: MüKo, § 83 Rn. 23; *Backert*, in: Bamberger/Roth, § 83 Rn. 14; *Wachter* ZEV 2010, 201, 202; *Schwake*, in: Münchener Handbuch des Gesellschaftsrechts Band 5, § 79 Rn. 184.

404 *Hüttemann/Rawert*, in: Staudinger, § 83 Rn. 29.

405 *Hüttemann/Rawert*, in: Staudinger, § 83 Rn. 29; *Hüttemann*, ZHR 167 (2003), 35, 54.

ist, wenn der Erblasser den Stiftungszweck i.S.d. § 81 Abs. 1 S. 2 BGB in seinem letzten Willen bereits festgelegt hat, er mithin nicht vollständig fehlt.

d) Zwischenergebnis

Im Ergebnis ist die Ergänzungskompetenz der Stiftungsbehörde gem. § 83 S. 2 BGB deutlich weitergehend als die „Ergänzungsbefugnis" durch die rein erbrechtliche Auslegung. Bei der verwaltungsrechtlichen Ergänzung ist die Behörde nicht an die methodischen Vorgaben der erbrechtlichen Auslegung gebunden.[406] Das bedeutet, dass die Stiftungsbehörde beispielsweise bei der Ergänzung des Stiftungszwecks i.S.d. § 81 Abs. 1 S. 3 Nr. 3 BGB auch auf Tatsachen außerhalb des letzten Willens zurückgreifen darf. Diese Ergänzungskompetenz kommt ausschließlich der Stiftungsbehörde zu und erlaubt ihr die Korrektur von inhaltlichen Mängeln des Stiftungsgeschäfts und der Satzung über die erbrechtliche Auslegung hinaus.[407]

Ein solcher ergänzungsfähiger Stiftungszweck liegt allerdings nur vor, wenn er zwar für § 81 Abs. 1 S. 2 BGB ausreichend ist, er jedoch keine für § 81 Abs. 1 S. 3 Nr. 3 BGB genügenden Angaben zur Art und Weise der Zweckverwirklichung macht. Hier – aber auch nur in diesem Fall – darf die Stiftungsbehörde den Stiftungszweck i.S.d. § 81 Abs. 1 S. 3 Nr. 3 BGB durch weitere Angaben ergänzen.

3. Anforderungen an das Auslegungsergebnis

Bei sämtlichen Fällen der Auslegung und Ergänzung stellt sich die Frage, mit welchem Grad der Gewissheit die Stiftungsbehörde das Ergebnis erreichen muss.

Nach Ansicht der früheren Rechtsprechung war für die gerichtliche Auslegung erforderlich, dass diese zu einem zweifelsfreien Ergebnis geführt haben muss.[408] Diese Auslegungsregel wurde in der Literatur kritisiert.[409] Mit den gesetzlichen Auslegungsregeln, insbesondere § 2084 BGB, sei ein solches Gewissheitserfordernis nicht vereinbar. Auch unter Berücksichtigung des grundrechtlich garantierten Erbrechts könne es nicht zulässig sein, dem Erblasser die Durchsetzung

---

406 Insoweit richtig LG Stuttgart, Beschluss vom 27.10.2008 – 10 T 389/08 (BeckRS 2010, 3792).

407 S. *Schewe*, in: Kroiß/Ann/Mayer, Anhang zu § 1923 Rn. 108.

408 Vgl. BGH, Urteil vom 29.05.1980 – IVa ZR 26/80, Rn. 17 (WM 1980, 1039-1040); *Otte*, in: Staudinger; Vor §§ 2064 ff. Rn. 116.

409 Vgl. *Otte*, in: Staudinger; Vor §§ 2064 ff. Rn. 116.

seines Willens immer dann zu verwehren, wenn der Richter mehr als ein Auslegungsergebnis für möglich halte. Vielmehr müsse der Richter entscheiden, welche Auslegung von überwiegenden Gründen getragen werde.[410] Dieser Ansicht hat sich die Rechtsprechung in neuerer Zeit zu Recht angeschlossen. Das Erfordernis einer zweifelsfreien Auslegung ist in der Praxis weder realistisch noch praktikabel, da der Wille eines verstorbenen Erblassers nahezu nie mit endgültiger Sicherheit ermittelt werden kann. Dies hat seinen Grund weniger in den begrenzten Möglichkeiten der Ermittlung, sondern vielmehr in der Vielschichtigkeit des menschlichen Willens und den zahlreichen damit korrelierenden Meinungsbildungsprozessen eines jeden Menschen.[411] In der Praxis werden im Rahmen der Auslegung oftmals mehrere mögliche Ergebnisse in Betracht kommen, die dem Erblasserwillen mit großer Wahrscheinlichkeit entsprechen könnten. Würde man dem Erblasser die Umsetzung seines letzten Willens verwehren, weil der Richter nicht zu einem zweifelsfreien, allein „richtigen" Auslegungsergebnis kommen kann, stellte dies einen erheblichen Eingriff in das grundrechtlich geschützte Recht des Erblassers auf Regelung seines Nachlasses dar. Aus diesem Grund ist die Forderung eines unzweifelhaften Auslegungsergebnisses verfehlt. Vielmehr ist erforderlich, dass der Richter im Rahmen seiner Tätigkeit durch die Auslegung zu einem aus seiner Sicht überwiegend wahrscheinlichen Ergebnis kommt.

Diese Grundsätze sind auf die Auslegung und Ergänzung durch die Stiftungsbehörde zu übertragen. Auch sie muss mit den ihr zur Verfügung stehenden Mitteln zu einem überwiegend wahrscheinlichen Ergebnis kommen, um die Stiftung mit dem durch Auslegung und Ergänzung konkretisierten Zweck anzuerkennen. Zu beachten ist, dass – auch wenn der Wille des Erblassers mit überwiegender Wahrscheinlichkeit ermittelt werden kann – der Stiftungsbehörde eine Ergänzung des Stiftungsgeschäfts immer dann verwehrt bleibt, wenn die Umsetzung gegen geltende gesetzliche Bestimmungen verstoßen würde, die dauernde und nachhaltige Erfüllung des gewünschten Stiftungszwecks nicht gewährleistet ist oder der Stiftungszweck im letzten Willen keinerlei Niederschlag gefunden hat.

---

410 Zu den Argumenten gegen das Erfordernis eines zweifelfreien Ergebnisses *Otte*, in: Staudinger; Vor §§ 2064 ff. Rn. 116.

411 Ähnlich auch *Otte*, in: Staudinger; Vor §§ 2064 ff. Rn. 116.

4. Zusammenfassung: Die erbrechtliche Auslegung und Ergänzung gem. § 83 S. 2 BGB in der Stiftungspraxis

Unter Berücksichtigung der zuvor ausgearbeiteten Grundsätze sollen nun die verschiedenen typischen Fallgruppen und Beispiele, in denen ein Auslegungs- und Ergänzungsbedürfnis für die Stiftungsbehörde mit Blick auf den Stiftungszweck i.S.d. § 81 Abs. 1 S. 3 Nr. 3 BGB in Betracht kommt, untersucht und zusammengefasst werden. Zu den häufigen Fallgruppen zählen Anmerkungen im letzten Willen, beigefügte Satzungen, steuerliche Erwägungen und die Berücksichtigung von Testaments- und Satzungsentwürfen.

a) „Ergänzungsbefugnis" durch Auslegung bei fehlendem Stiftungszweck

Hat der Erblasser in seinem letzten Willen keinen Stiftungszweck i.S.d. § 81 Abs. 1 S. 2 BGB angegeben, so kann hierüber weder eine Auslegung nach erbrechtlichen Grundsätzen noch eine behördliche Ergänzung hinweghelfen. Zwar ist nicht erforderlich, dass der Erblasser in seinem letzten Willen ausdrücklich die Bezeichnung „Stiftungszweck" oder „Zweck der Stiftung" verwendet – wohl ist aber zwingend, dass das Ziel der noch zu errichtenden Stiftung in gewisser Form im letzten Willen jedenfalls umrissen wird.

Der Stiftungszweck ist, wie bereits unter C.II.2. ausgeführt, das Herzstück der Stiftung und gibt der Stiftung ihren Handlungsrahmen und ihre Identität. Die Festlegung dieses für die Identität der Stiftung so entscheidenden Zwecks kann in Anbetracht ihrer Bedeutung für das Institut der Stiftung als Ganzes keinem Dritten überlassen werden. Auch unter Berücksichtigung des erbrechtlichen Verbots aus § 2065 Abs. 2 BGB, wonach der Erblasser die Bestimmung der Person, die eine Zuwendung erhalten soll, sowie die Bestimmung des Gegenstands der Zuwendung nicht einem anderen überlassen kann, ist zwingend erforderlich, dass der Erblasser seinen Erben – hier die noch zu errichtende Stiftung – ausreichend definiert. Diese Anforderung kann indes nur erfüllt werden, wenn der Stifter der Stiftung ihre Identität und ihren Handlungsrahmen mithilfe der Festlegung des Stiftungszwecks und des Stiftungsvermögens gibt. Zusammenfassend ist mit Blick auf die höchstpersönliche Natur des Stifterwillens und unter Berücksichtigung der zuvor ausgeführten erbrechtlichen Grundsätze der Auslegung eine Ergänzung des Stiftungszwecks in diesem Falle ausgeschlossen.[412]

412 Vgl. statt aller *Hüttemann/Rawert* in: Staudinger, § 81 Rn. 45.

b) *„Ergänzungsbefugnis“ bei eindeutigem Stiftungszweck*

Soweit im letzten Willen ein Stiftungszweck angegeben ist und dieser den Anforderungen an einen hinreichend bestimmten Stiftungszweck genügt[413], kommt der Stiftungsbehörde unter keinen Umständen eine Auslegungs- oder Ergänzungsbefugnis zu, da sonst der grundrechtlich geschützte Wille des Erblassers unterlaufen werden würde.

Beispiel 11:
[…] Hiermit errichte ich eine Stiftung mit dem Namen […] und dem Sitz in […]. Ich vererbe der Stiftung 10 Millionen Euro als Grundstockvermögen. Bei der Stiftung soll es sich um eine selbstständige, rechtsfähige Stiftung gem. § 80 ff. BGB handeln. Zweck der Stiftung soll die Förderung von talentierten Nachwuchsreitern im Reitverein X sein. Als talentierte Nachwuchsreiter sollen Reiter und Reiterinnen im Alter zwischen sechs und achtzehn Jahren gelten, die in der vergangenen Turniersaison mindestens drei Platzierungen erhalten haben. Diese Nachwuchsreiter sollen jeweils durch ein monatliches Stipendium von 500 € gefördert werden. […]

Hier hat der Erblasser sowohl den eigentlichen Stiftungszweck i.S.d. § 81 Abs. 1 S. 2 BGB als auch die für § 81 Abs. 1 S. 3 Nr. 3 BGB erforderliche Art und Weise der Verwirklichung festgelegt. Raum für eine Auslegung oder Ergänzung durch die Stiftungsbehörde besteht damit nicht.

c) *„Ergänzungsbefugnis“ durch Auslegung bei nicht eindeutigem Stiftungszweck*

Der häufigste Fall der Ergänzungskompetenz durch erbrechtliche Auslegung oder gem. § 83 S. 2 BGB betrifft einen nicht eindeutigen, einen zu weiten oder einen nicht hinsichtlich der Art und Weise der Zweckverwirklichung konkretisierenden Stiftungszweck. Wie sich im Rahmen der Ausführungen in Kapitel C.II.2. gezeigt hat, ist für einen ausreichend bestimmten Stiftungszweck erforderlich, dass der Stiftungszweck zulässig ist, d.h. dem Gemeinwohlvorbehalt genügt, und darüber hinaus bestimmt genug gefasst ist. Ein zu weit gehaltener Stiftungszweck, wie etwa die „Förderung des Glückes der Menschheit“, reicht hierfür nicht aus. Weder der Stiftungszweck selbst noch die weiteren Angaben im letzten Willen müssen die Art und Weise der Zweckverwirklichung i.S.d. § 81 Abs. 1 S. 3 Nr. 3 BGB zwingend beinhalten. Soweit diese Angabe fehlen sollte,

---

413 Zu den materiellen Anforderungen an eine wirksame letztwillige Stiftungserrichtung s. Kapitel C.II.

kommt – in bestimmten Grenzen – eine Auslegung und Ergänzung dieser Angaben durch die Stiftungsbehörde in Betracht.[414]

aa) Auslegung unter Berücksichtigung weiterer Hinweise im letzten Willen

Eine Ergänzung durch Auslegung des letzten Willens ist jedenfalls immer dann möglich, wenn der Erblasser in seinem letzten Willen selbst ausreichend Hinweise zur Konkretisierung des Zwecks oder zur Art und Weise der Zweckverwirklichung i.S.d. § 81 Abs. 1 S. 3 Nr. 3 BGB gegeben hat, auch wenn er den Zweck selbst möglicherweise (zu) weit definiert hat. In diesem Fall kann die Stiftungsbehörde durch die erbrechtliche erläuternde und ergänzende Auslegung entsprechend des vom Erblasser formgerecht geäußerten Willens den Stiftungszweck entsprechend konkretisieren oder die Art und Weise der Zweckverwirklichung ergänzen.

Sofern mehrere gültige letztwillige Verfügungen des Erblassers vorliegen, sind diese in ihrer Gesamtheit zu bewerten. Es ist zu untersuchen, inwieweit der Erblasser durch die späteren letztwilligen Verfügungen seine erste Verfügung ergänzen oder ändern wollte.[415] Soweit die spätere letztwillige Verfügung die vorangegangene ergänzt, kann sie positiv zur Auslegung herangezogen werden. Wollte der Erblasser die vorangegangenen Verfügungen jedoch ersetzen oder ändern, sind diese Änderungen zur negativen Abgrenzung bei der Ermittlung des Erblasserwillens zu nutzen.

bb) Beigefügte Satzung

Möglich ist auch, dass der Erblasser seinem letzten Willen eine Satzung beigefügt hat. Zu dieser Fallgruppe finden sich bereits einige gerichtliche Entscheidungen, in denen die Ergänzung des Stiftungszwecks i.S.d. § 81 Abs. 1 S. 2 BGB und die Art und Weise der Zweckverwirklichung § 81 Abs. 1 S. 3 Nr. 3 BGB durch Auslegung und Ergänzung behandelt werden. Regelmäßig unproblematisch ist eine solche „Ergänzung“ durch Auslegung immer dann, wenn die beigefügte Satzung

---

414 Vgl. *Hüttemann/Rawert* in: Staudinger, § 83 Rn. 29; *Schlüter/Stolte*, in: Stiftungsrecht, Kap. 2 Rn. 144; *Weitemeyer*, in: MüKo, § 83 Rn. 23.

415 Vgl. BayObLG, Beschluss vom 18.06.1980 – 1 Z 37/80 (Rpfleger 1980, 471-472); BayObLG, Beschluss vom 21.05.1996 – 1Z BR 49/96, Rn. 13 (BayObLGR 1996, 69); BayObLG, Beschluss vom 13.06.1996 - 1Z BR 132/95, Rn. 32 ff (ZEV 1996, 432-434); BayObLG, Beschluss vom 31.01.1997 – 1Z BR 180/95, Rn. 36 ff. (BayObLGZ 1997, 59-77).

den erbrechtlichen Formanforderungen genügt, da die Stiftungsbehörde dann alle erforderlichen Angaben im letzten Willen findet und den Stiftungszweck bei Bedarf entsprechend anpassen oder die Art und Weise der Verwirklichung ergänzen kann.

Problematisch ist jedoch die Fallkonstellation, in der der Erblasser den Stiftungszweck in seinem letzten Willen nicht ausreichend für eine Anerkennung konkretisiert hat oder der Zweck gar gänzlich fehlt, wohl aber eine Stiftungssatzung mit weiteren Konkretisierungen beigefügt hat, diese jedoch nicht den erbrechtlichen Formanforderungen genügt. Über einen so gelagerten Fall entschied das OLG Stuttgart im Jahre 2009.[416] Hier hatte eine Erblasserin ein privatschriftliches Testament errichtet, in dem sie zu ihrer Alleinerbin die gemeinnützige S-Stiftung berief, die sie „hiermit von Todes wegen" errichten wollte. Das Testament selbst erhielt den Stiftungszweck nicht. Dem Testament war eine Satzung beigefügt, die maschinengeschrieben und mit einigen handschriftlichen Anmerkungen versehen war. Hierin war der Stiftungszweck „Förderung und Unterstützung des Naturschutzes sowie des Tier(arten)schutzes" festgelegt. Der Stiftungszweck solle vorrangig durch die Förderung und Unterstützung von genannten Naturschutzorganisationen erfolgen.[417]

In seiner Entscheidung führte das OLG Stuttgart aus, dass das LG Stuttgart[418] zutreffend geprüft habe, ob die durch Verfügung von Todes wegen errichtete Stiftung bezüglich ihres Zwecks formgültig errichtet sei. Es habe im Wege der ergänzenden Auslegung anhand aller feststellbaren Umstände auch außerhalb des Testaments den letzten Willen der Erblasserin ermittelt und hierbei die Frage gestellt, ob dieser im Testament zumindest andeutungsweise zum Ausdruck gekommen sei.[419] Aufgrund der handschriftlichen Zusätze, die ihrer Form nach ersichtlich von der Erblasserin stammten, habe die Erblasserin die in der Stiftungssatzung niedergelegten Stiftungszwecke offenkundig zu Kenntnis genommen.[420] Auch habe sie selbst klargestellt, dass Umwelt- und Tierartenschutz als Mindestinhalt bestehen sollte.[421] Anhaltspunkte für einen nachträglichen

416 OLG Stuttgart, Beschluss vom 10.06.2009 – 8 W 501/08 (ZEV 2010, 200-201).

417 Zum Sachverhalt OLG Stuttgart, ZEV 2010, 200, 201 (zugl. Anmerkung Wachter zu OLG Stuttgart, Beschluss vom 10.06.2009 – 8 W 501/08).

418 LG Stuttgart, Beschluss vom 27.10.2008 – 10 T 389/08.

419 OLG Stuttgart, Beschluss vom 10.06.2009 – 8 W 501/08, Rn. 2 (ZEV 2010, 200-201) unter Verweis auf BGH, Urteil vom 08.12.1982 – IVa ZR 94/81 (BGHZ 86, 41-51).

420 OLG Stuttgart, Beschluss vom 10.06.2009 – 8 W 501/08, Rn. 3 (ZEV 2010, 200-201).

421 OLG Stuttgart, Beschluss vom 10.06.2009 – 8 W 501/08, Rn. 3 (ZEV 2010, 200-201).

Austausch von maßgeblichen Teilen der Satzung oder einen Entwurfscharakter, der Zweifel an einer Verbindlichkeit der Willensbildung der Erblasserin hätte begründen können, hätten nicht bestanden.[422] Im Ergebnis sei der Stiftungszweck ausreichend in der Anlage zum Testament bestimmt und die Ergänzung durch die Stiftungsbehörde mit Hilfe der maschinell geschriebenen Satzung zulässig gewesen.[423] Die Entscheidung des LG Stuttgart sei aufrechtzuerhalten.

Die Entscheidung des OLG wurde in der Literatur kontrovers aufgenommen. Zahlreiche Stimmen haben zu Recht eingewandt, dass in diesem Fall der Stiftungszweck nicht mehr hinreichend konkretisiert gewesen sei und es zur Wahrung der testamentarischen Form nicht ausreichend sei, wenn sich der Stiftungszweck lediglich aus einer beigefügten maschinell geschriebenen Satzung mit handschriftlichen Zusätzen ergäbe, da die formgültige Festlegung der wesentlichen Elemente der Stiftung durch den Erblasser hierdurch nicht ersetzt sei.[424]

Das LG Berlin entschied im Jahre 2000 in einem ähnlich gelagerten Fall anders als das OLG Stuttgart.[425] Hier war eine Erblasserin verwitwet und kinderlos verstorben. In ihrem zuvor handschriftlich errichteten Testament hatte sie die gemeinnützige „Stiftung" mit Sitz in B als Erbin bestimmt. Sie führte in ihrem Testament aus, dass, sollte die Stiftung bei ihrem Tode noch nicht gegründet sein, sie diese hiermit von Todes wegen errichten wolle. Die Stiftung solle sodann vom Testamentsvollstrecker gemäß der dem Testament anliegenden Stiftungssatzung, datiert vom 10.01.1997, nach bürgerlichem Recht gegründet werden und Rechtsfähigkeit erlangen. Zu einem späteren Zeitpunkt wurde die ursprüngliche Stiftungssatzung handschriftlich in Absprache mit der Erblasserin geändert bzw. ergänzt, und zwar u.a. in Bezug auf den Namen der Stiftung, die Ernennung des Stiftungsvorstandes und den Stiftungszweck.[426]

---

422 OLG Stuttgart, Beschluss vom 10.06.2009 – 8 W 501/08, Rn. 3 (ZEV 2010, 200-201).

423 OLG Stuttgart, Beschluss vom 10.06.2009 – 8 W 501/08 (ZEV 2010, 200-201).

424 Vgl. *Wachter*, ZEV 2010, 201, 202; *Hüttemann/Rawert* in: Staudinger, § 83 Rn. 2; *Weitemeyer*, in: MüKo, § 83 Rn. 3; *Pauli*, ZEV 2012, 461, 462; *Backert*, in: Bamberger/Roth, § 83 Rn. 2; *Schiffer/Pruns*, in: Heidel/Hüßtege/Mansel/Noack, § 83 Rn. 7; *Schlüter/Stolte*, in: Stiftungsrecht, Kap. 2 Rn. 145; a.A. *Tolksdorf*, in: BeckOGK [01.12.2020], § 83 Rn. 8.

425 LG Berlin, Beschluss vom 26.05.2000 – 87 T 708/99 (FamRZ 2001, 450-451).

426 Zum Sachverhalt LG Berlin, Beschluss vom 26.05.2000 – 87 T 708/99, Rn. 3 ff. (FamRZ 2001, 450-451).

In seinem Urteil entschied das LG Berlin, dass das Testament insoweit nicht formwirksam gem. der §§ 2247 I, 83 BGB errichtet worden sei, als die Erblasserin eine Stiftung als Alleinerbin eingesetzt und dafür eine Testamentsvollstreckung angeordnet habe.[427] Solle eine Stiftung von Todes wegen durch ein Testament errichtet werden, so müsse das Stiftungsgeschäft selbst in der Testamentsform gem. §§ 2231, 2247 I BGB vorgenommen werden.[428] Das Gericht führte weiter aus, dass zu den notwendigen Voraussetzungen eines Stiftungsgeschäfts von Todes wegen gehöre, dass der Stifter die Verfassung der Stiftung und den Stiftungszweck festlege und eine Vermögenszuwendung vornehme. Vorliegend sei der Stiftungszweck selbst, d.h. die Erklärung der Zwecksetzung der Stiftung, nicht im handschriftlichen Testament enthalten. Die Benennung der Stiftung als „gemeinnützig" reiche nicht aus, da hierin noch keine Zweckbestimmung, der die Vermögenszuwendung auf Dauer unterworfen sein soll, enthalten sei. Den eigentlichen Stiftungszweck habe die Erblasserin erklärtermaßen in der dem Testament anliegenden Satzung festlegen wollen. Zwar habe die Erblasserin eine Satzung angefertigt und unterzeichnet, diese sei aber maschinenschriftlich abgefasst und entspreche damit nicht den Formerfordernissen, die an ein eigenhändiges Testament i.S.v. § 2247 I BGB zu stellen seien. Es sei in Rechtsprechung und Literatur anerkannt, dass der Erblasser bei Errichtung eines eigenhändigen Testaments hinsichtlich des Inhalts nicht auf ein mit der Maschine geschriebenes Schriftstück Bezug nehmen könne. Die Bezugnahme in einem eigenhändigen Testament auf eine andere, der Testamentsform nicht entsprechenden Urkunde sei nur dann zulässig, wenn die Bezugnahme zum Zweck der näheren Erläuterung der testamentarischen Bestimmung erfolge.[429] In diesem Falle diene die Satzung jedoch nicht der Erläuterung eines im Testament selbst enthaltenen Stiftungszwecks, sondern lege diesen erstmalig fest.[430] Auch nach Sinn und Zweck der stiftungsrechtlichen und erbrechtlichen Bestimmungen sei eine Bezugnahme auf eine maschinenschriftliche Zweckbestimmung der von Todes wegen errichteten Stiftung unzulässig, da beim letztwilligen Stiftungsgeschäft der Stifter verbindliche Verfügungen über seinen Nachlass treffe. Aus diesem Grund unterliege das Stiftungsgeschäft damit den besonderen erbrechtlichen Formvorschriften, deren strenge Auslegung der Ermittlung des Erblasser- und

---

427 LG Berlin, Beschluss vom 26.05.2000 – 87 T 708/99, Rn. 27 (FamRZ 2001, 450-451).
428 LG Berlin, Beschluss vom 26.05.2000 – 87 T 708/99, Rn. 28 (FamRZ 2001, 450-451).
429 LG Berlin, Beschluss vom 26.05.2000 – 87 T 708/99, Rn. 31 (FamRZ 2001, 450-451).
430 LG Berlin, Beschluss vom 26.05.2000 – 87 T 708/99, Rn. 32 (FamRZ 2001, 450-451).

Stifterwillens zugutekomme.[431] Im Ergebnis lehnte das LG Berlin eine wirksame letztwillige Stiftungserrichtung daher mit dieser Begründung ab.[432]

Die Entscheidung des LG Berlins trifft in der Literatur zu Recht auf Zustimmung.[433] Nach den erbrechtlichen Auslegungsgrundsätzen ist für eine ergänzende Auslegung zwingend erforderlich, dass der letzte Wille eine planwidrige Unvollständigkeit aufweist.[434] Besteht eine solche Lücke, so ist der hypothetische Wille des Erblassers zu ermitteln.[435] Zwingend ist dabei, wie zuvor bereits ausgeführt, dass dieser auf die in der letztwilligen Verfügung erkennbare Willensrichtung des Erblassers gestützt wird.[436] Eine grenzenlose Auslegung, fernab einer in irgendeiner Form im letzten Willen geäußerten Anordnung, würde die erbrechtlichen Formvorschriften unterlaufen und muss damit unzulässig sein.[437] Im Ergebnis ist erforderlich, dass das Ziel des Erblassers, nicht aber das Mittel zur Erreichung dieses Ziels, in der letztwilligen Verfügung Ausdruck findet.[438] Im Kontext einer letztwilligen Stiftungserrichtung bedeutet dies, dass der Stiftungszweck jedenfalls in irgendeiner Form in einer, den erbrechtlichen Formvorschriften entsprechenden letztwilligen Verfügung bestimmt sein muss.

---

431 LG Berlin, Beschluss vom 26.05.2000 – 87 T 708/99, Rn. 33 (FamRZ 2001, 450-451).

432 LG Berlin, Beschluss vom 26.05.2000 – 87 T 708/99 (FamRZ 2001, 450-451).

433 Vgl. *Wachter*, ZEV 2010, 201, 202; *Hüttemann/Rawert* in: Staudinger, § 83 Rn. 2; *Lieder*, ZSt 2003, 260, 261; *Pauli*, ZEV 2012, 461, 462; *Weitemeyer*, in: MüKo, § 83 Rn. 3; *Schiffer/Pruns*, in: Heidel/Hüßtege/Mansel/Noack, § 83 Rn. 7; *Backert*, in: Bamberger/Roth, § 83 Rn. 2; *Schlüter/Stolte*, in: Stiftungsrecht, Kap. 2 Rn. 145; a.A. *Tolksdorf*, in: BeckOGK [01.12.2020], § 83 Rn. 8.

434 *Leipold*, in: MüKo, § 2084 Rn. 86.

435 Statt aller *Leipold*, in: MüKo, § 2084 Rn. 93, 102.

436 Vgl. RG, Beschluss vom 22.04.1920 – IV B 2/20 (RGZ 99, 82, 85); RG, Beschluss vom 02.11.1933 – IV B 43/33 (RGZ 142, 171, 175); BGH, Urteil vom 15.12.1956 – IV ZR 238/56, Rn. 18 ff. (BGHZ 22, 357-363); *Litzenburger*, in: Bamberger/Roth, § 2084 Rn. 46; *Loritz*, in: Soergel, § 2084 Rn. 36; *Otte*, in: Staudinger; Vor §§ 2064 ff. Rn. 83 ff.; *Röthel*, ErbR, § 19 Rn. 10 ff.; a.A.: *v. Lübtow*, ErbR I, S. 299 ff.; *Keuk*, Der Erblasserwille post testamentum und die Auslegung des Testaments, S. 81; *Brox/Walker*, ErbR, § 16 Rn. 8; *Brox*, Einschränkung der Irrtumsanfechtung, S. 152 ff.; *Gerhards*, JuS 1994, 642, 648 f.

437 Vgl. BGH, Beschluss vom 09.04.1981 – IVa ZB 6/80, Rn. 16 ff. (BGHZ 80, 246-252); BayObLG, Beschluss vom 16.05.1988 – BReg 1 Z 47/87 (BayObLGZ 1988, 165-170); *Otte*, in: Staudinger; Vor §§ 2064 ff. Rn. 83 m.w.N.; *Litzenburger*, in: Bamberger/Roth, § 2084 Rn. 46.

438 Vgl. *Otte*, in: Staudinger; Vor §§ 2064 ff. Rn. 83; *Litzenburger*, in: Bamberger/Roth, § 2084 Rn. 46; *Leipold*, in: MüKo, § 2084 Rn. 98 ff.

cc) Steuerliche Erwägungen

Für den Fall, dass ein Erblasser der Stiftung zwar einen Zweck gegeben hat, dieser nach stiftungsrechtlichen Gesichtspunkten aber nicht die Art und Weise der Zweckverfolgung i.S.d. § 81 Abs. 1 S. 3 Nr. 3 BGB enthält, kann mithilfe der Tatsache, dass ein Erblasser eine steuerbegünstigte Stiftung gewünscht hat, die Art und Weise der Zweckverwirklichung durch die Stiftungsbehörde in der Satzung gem. § 83 S. 2 BGB konkretisiert oder ergänzt werden.

Beispiel 12:
Der letztwilligen Stiftungserrichtung ist keine Satzung beigefügt. In ihrem Testament ordnet die Erblasserin folgendes an:

[...] Mein gesamtes Vermögen soll an eine noch zu gründende Stiftung gehen, die sich mit dem Thema Ophthalmologie befassen soll. Die Stiftung soll soweit wie möglich steuerbefreit agieren. [...]

Dem angegebenen Stiftungszweck ist hier nicht unmittelbar zu entnehmen, wen die Stiftung durch welche Tätigkeiten wie fördern möchte. Durch den Zusatz, die Stiftung solle soweit möglich steuerbefreit agieren, wird jedoch deutlich, dass die Erblasserin eine steuerbegünstige Körperschaft i.S.d. §§ 51 bis 68 AO errichten wollte. Damit kommen in Zusammenschau mit § 52 Abs. 2 AO nur die Förderung von Wissenschaft und Forschung; (§ 52 Abs. 2 Nr. 1 AO), die Förderung des öffentlichen Gesundheitswesens und der öffentlichen Gesundheitspflege, insbesondere die Verhütung und Bekämpfung von übertragbaren Krankheiten, auch durch Krankenhäuser im Sinne des § 67, und von Tierseuchen (§ 52 Abs. 2 Nr. 2 AO) oder die Förderung des Wohlfahrtswesens, insbesondere der Zwecke der amtlich anerkannten Verbände der freien Wohlfahrtspflege (§ 23 der Umsatzsteuer-Durchführungsverordnung), ihrer Unterverbände und ihrer angeschlossenen Einrichtungen und Anstalten (§ 52 Abs. 2 Nr. 9 AO) in Betracht. Mithilfe dieser gesetzlichen Vorgaben kann die Stiftungsbehörde einen weit gehaltenen Stiftungszweck i.S.d. § 81 Abs. 1 S. 2 BGB um die steuerbegünstigte Art und Weise der Zweckverwirklichung ergänzen und der Stiftung so eine Satzung gem. § 83 S. 2 BGB geben. Bei der Frage, welchen dieser drei Zwecke der Erblasser am ehesten gewollt haben könnte, sind wieder die bekannten erbrechtlichen Auslegungsregeln heranzuziehen. Darüber hinaus kann die Stiftungsbehörde aber im Rahmen ihrer Kompetenz gem. § 83 S. 2 BGB auch auf Umstände außerhalb des letzten Willens zurückgreifen. War die Erblasserin beispielsweise Ärztin in einem Krankenhaus und hat selbst viel Forschung betrieben, so kann die Stiftungsbehörde aufgrund dieser Umstände davon ausgehen, dass die Stifterin den Zweck „Ophthalmologie" durch die Förderung der Wissenschaft und Forschung i.S.d. § 52 Abs. 2 Nr. 1 AO verfolgen lassen möchte. Insoweit darf die Behörde dann im Rahmen ihrer eigenen Ergänzungskompetenz der Stiftung eine fehlende Satzung mit den entsprechenden Regelungen geben oder bestehende Regelungen ergänzen.

Eine durch die Behörde ergänzte Satzungsregelung zum Stiftungszweck könnte in diesem Fall beispielsweise so aussehen:

Fortsetzung Beispiel 12:
§ 1
Die Stiftung mit Sitz in x verfolgt ausschließlich und unmittelbar gemeinnützige Zwecke im Sinne des Abschnitts „Steuerbegünstigte Zwecke" der Abgabenordnung.
Zweck der Stiftung ist die Unterstützung der Ophthalmologie durch die Förderung von Wissenschaft und Forschung. Der Satzungszweck wird verwirklicht insbesondere durch die Durchführung wissenschaftlicher Veranstaltungen und Forschungsvorhaben, die Vergabe von Forschungsaufträgen und die Förderung medizinischer Studien auf dem Gebiet der Ophthalmologie.

dd) Auslegung unter Berücksichtigung von Umständen außerhalb des letzten Willens

Soweit der Erblasser einen formgerechten letzten Willen, in dem nur der eigentliche Stiftungszweck i.S.d. § 81 Abs. 1 S. 2 BGB angegeben ist und keine gesonderte Satzung mit Angaben zur Art und Weise der Zweckverwirklichung i.S.d. § 81 Abs. 1 S. 3 Nr. 3 BGB, hinterlassen hat, dürfen zusätzlich zur erbrechtlichen Auslegung im Rahmen der behördlichen Ergänzungskompetenz auch Umstände außerhalb des letzten Willens zur Konkretisierung der Art und Weise der Zweckverwirklichung i.S.d. § 81 Abs. 1 S. 3 Nr. 3 BGB genutzt werden, nicht zuletzt deshalb, weil die letztwillige Verfügung ja eine entsprechende Andeutung im Sinne der Anhalts- oder Andeutungstheorie enthält.[439] Im Folgenden sollen verschiedene Fallgruppen von Umständen und Informationen außerhalb des letzten Willens dargestellt werden, die bei einer letztwilligen Stiftungserrichtung auftreten können.

(1) Testaments- oder Satzungsentwürfe

In Betracht für die Berücksichtigung äußerer Umstände kommen Testaments- und Satzungsentwürfe, die dem letzten Willen nicht formwirksam beigefügt wurden. Fraglich ist, ob diese bei der Auslegung und Ergänzung des Stiftungszwecks berücksichtigt werden dürfen. Nach herrschender Meinung ist dies der

439 C.III.1.a),b).

Fall.[440] Grundsätzlich können Testaments- oder Erbvertragsentwürfe[441], nicht formgerecht errichtete letzte Willen[442] und sonstige Schriftstücke des Erblassers, die keinen letzten Willen darstellen[443] berücksichtigt werden. Dennoch darf nicht zwingend davon ausgegangen werden, dass der Inhalt des Entwurfs oder eines nicht formwirksam errichteten letzten Willens dem tatsächlichen Willen des Erblassers entspricht. Insbesondere bei Entwürfen ist immer zu prüfen, ob der Erblasser unter Umständen den Entwurf mit Absicht nicht seinem letzten Willen wirksam beigefügt hat.[444] Auch ein widerrufener letzter Wille kann bei der Auslegung des formgültigen und wirksamen letzten Willens herangezogen werden, sowohl zur Abgrenzung durch die Unterschiede als auch hinsichtlich der Gemeinsamkeiten.[445]

Unter keinen Umständen darf die Auslegung im positiven Sinne jedoch auf einen Testaments- oder Satzungsentwurf gestützt werden, gegen den sich der Erblasser ausdrücklich entschieden hat. Soweit sich der Erblasser nicht explizit in seiner formwirksamen letztwilligen Verfügung gegen seinen ursprünglichen Entwurfs ausgesprochen hat, können die Aussagen von Vertrauten des Erblassers sowie von Rechtsberatern und Notaren, die an der Erstellung des Entwurfs beteiligt waren, herangezogen werden, um den Willen des Erblassers mit Blick auf die Berücksichtigung des Entwurfs zu ermitteln.[446]

(2) Berücksichtigung von sonstigen äußeren Umständen

Auch bei der letztwilligen Stiftungserrichtung dürfen und müssen, wie bereits ausgeführt, sonstige äußere Umstände berücksichtigt werden, soweit der letzte

---

440 Vgl. *Leipold*, in: MüKo, § 2084 Rn. 33; *Gierl*, in: BeckOGK [01.12.2020], § 2084 Rn. 45; *Otte*, in: Staudinger; Vor §§ 2064 ff. Rn. 70 jew. m.w.N.

441 Vgl. BayObLG, Beschluss vom 29.10.1991 – BReg 1 Z 2/91 (FamRZ 1992, 353-355).

442 Vgl. BayObLG, Beschluss vom 10.12.2003 – 1Z BR 71/03Z, Rn. 24 ff. (BayObLGZ 2003, 352358); BayObLG, Beschluss vom 10.07.1979 – BReg 1 Z 28/79 (BayObLGZ 1979, 215-222).

443 Vgl. OLG Brandenburg, Urteil vom 06.05.2003 – 10 U 18/01 (FamRZ 2004, 981-984).

444 Vgl. *Leipold*, in: MüKo, § 2084 Rn. 33; Beispiel für die Berücksichtigung eines Testamentsentwurfs OLG München, Beschluss vom 23.04.2014 – 31 Wx 22/14 (FamRZ 2014, 1662-1664).

445 Vgl. *Leipold*, in: MüKo, § 2084 Rn. 33.

446 BayObLG, Beschluss vom 20.02.1997 – 1Z BR 44/96, Ls. 2 (BayObLGR 1997, 44-45); BayObLG, Beschluss vom 07.09.1992 – 1Z BR 15/92, Ls. 1 (FamRZ 1993, 366-368); *Roth*, Umstände außerhalb des Testaments bei Testamentsauslegung, NJW-Spezial 2017, 295.

Wille eine ergänzungsbedürftige Lücke aufweist. Beispiele für relevante sonstige äußere Umstände können etwa die Lebensumstände sowie die Herkunft des Erblassers, örtliche Gebräuche, die Bildung und soziale Stellung sowie die berufliche Laufbahn des Erblassers sein. Darüber hinaus können auch die Beziehungen, die der Erblasser unterhalten hat, Krankheiten, prägende Erlebnisse, das Alter des Erblassers und religiöse Zugehörigkeiten eine große Relevanz aufweisen.[447] Bei der Stiftung von Todes wegen ist der Hintergrund des Erblassers oft von großer Bedeutung hinsichtlich seiner Motivation eine Stiftung errichten zu wollen. Lebensumstände wie Bildung, Beruf, persönliche und familiäre Erkrankungen können die Motive und Ziele des Stifters dabei oftmals maßgeblich beeinflussen.

Auch Schriftstücke wie Briefe, Tagebucheinträge oder sonstige Notizen können bei der Auslegung berücksichtigt werden. Solche sind indes mit Vorsicht zu bewerten. In der Praxis kann es durchaus vorkommen, dass der Erblasser den wahren Inhalt seines letzten Willens vor seinen Verwandten und Freunden geheim halten wollte und daher nicht seinen tatsächlichen Willen in den Schriftstücken dargelegt hat, um lebzeitige Streitigkeiten zu verhindern.[448]

Zur Ermittlung der weiteren relevanten Umstände können außerdem die Aussagen der bei der Testamentserrichtung beteiligten Personen[449] sowie sonstiger Vertrauter des Erblassers berücksichtigt werden.

447 Mit einer Übersicht über relevante Umstände *Leipold*, in: MüKo, § 2084 Rn. 32; *Czubayko*, in: Burandt/Rojahn, § 2084 Rn. 13.

448 Vgl. *Leipold*, in: MüKo, § 2084 Rn. 33 f.

449 Vgl. BayObLG, Beschluss vom 26.02.1992 - BReg 1 Z 50/91 (FamRZ 1992, 988-989).

D. Die Prüfung einer letztwilligen Stiftungserrichtung – eine Entscheidungsmatrix für die Praxis

Im Rahmen der vergangenen Kapitel wurden der Ablauf des Anerkennungsverfahrens, die formellen und materiellen Anforderungen an eine letztwillige Stiftungserrichtung sowie Umfang und Grenzen der Ergänzungskompetenz der Stiftungsbehörde untersucht. Auf Basis der hierbei gewonnenen Ergebnisse wird im Folgenden eine Handlungsempfehlung für die Praxis als „Entscheidungsmatrix“ zur Überprüfung der Voraussetzungen einer wirksamen letztwilligen Stiftungserrichtung entwickelt. Sie ermöglicht sowohl dem Stifter als auch der Stiftungsbehörde eine erleichterte Prüfung. Ziel ist es, die Anforderungen an die letztwillige Stiftungserrichtung übersichtlich darzustellen, um die Arbeit in der Praxis für alle Beteiligten zu erleichtern.

I. Entscheidungsmatrix

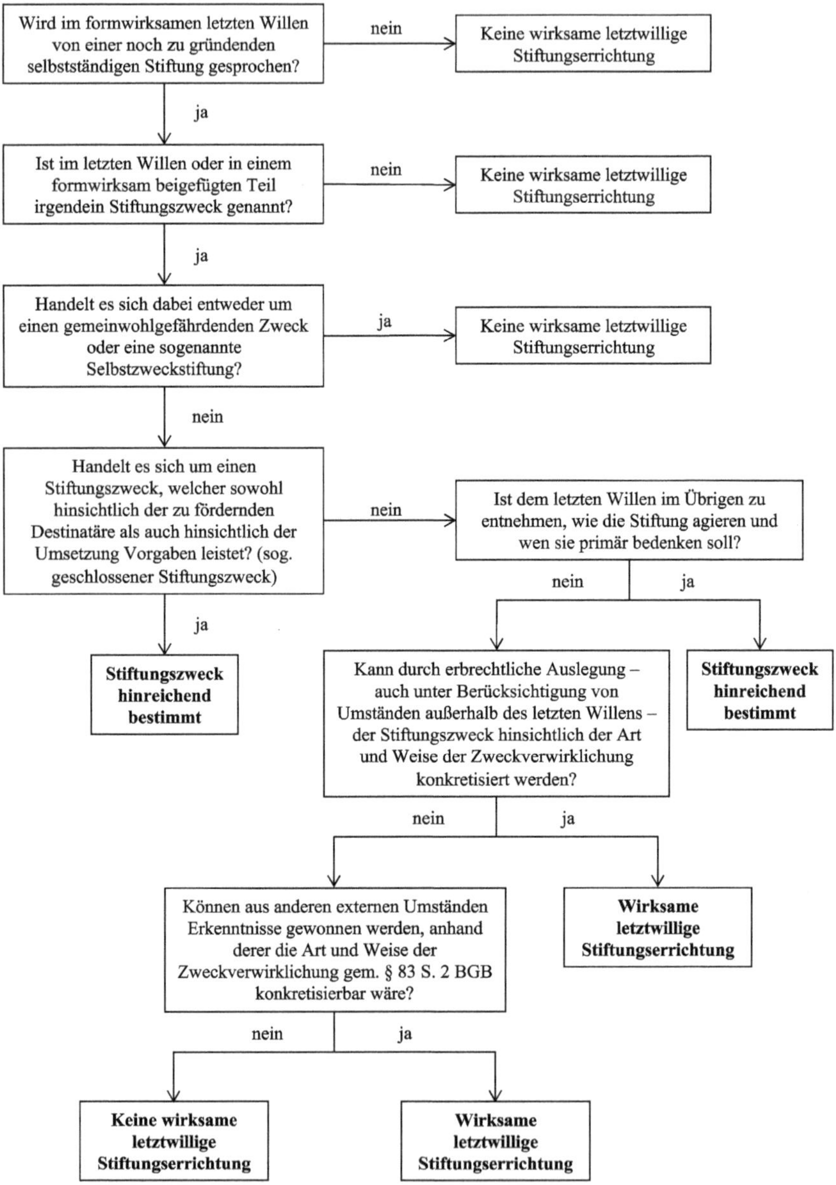

II. Beispiele und Erläuterungen

Die Entscheidungsmatrix kann sowohl vom Stifter, der in seiner privatschriftlichen letztwilligen Verfügung eine Stiftung von Todes wegen errichten möchte, als auch von der Stiftungsbehörde, die ein ihr vorliegendes letztwilliges Stiftungsgeschäft prüfen muss, genutzt werden. Auch in der Rechtsberatung durch Anwälte und Notare kann die Entscheidungsmatrix herangezogen werden, um mithilfe weniger Schritte mögliche Probleme in der letztwilligen Stiftungserrichtung des Mandanten zu erkennen. Zur besseren Verständlichkeit wird das Schema im Folgenden mithilfe verschiedener Beispiele erläutert.

1. Prüfungsschritt 1: Selbstständige Stiftung

Im ersten Schritt ist immer zu prüfen, ob im letzten Willen überhaupt von einer noch zu errichtenden selbstständigen Stiftung gesprochen wird.

> *[...] Mein gesamtes Vermögen soll der bereits bestehenden Mustermann-Stiftung zugewendet werden. [...]*

> *[...] Mein gesamtes Vermögen sollen meine drei Kinder bekommen. Jedes meiner Kinder soll von diesem Nachlass eine Spende i.H.v. 5.000 € an eine gemeinnützige Stiftung seiner Wahl tätigen. [...]*

Obwohl in diesen Beispielen durchaus auf eine Stiftung Bezug genommen wird, spricht der Erblasser nicht von einer noch zu errichtenden Stiftung. Aus dieser letztwilligen Verfügung kann mangels entsprechenden Stifterwillens keine beabsichtigte Stiftungserrichtung erkannt werden.

Im folgenden Beispiel, welches auf einer Entscheidung des OLG München[450] beruht, wird zwar von einer letztwilligen Stiftungserrichtung gesprochen, die Erblasserin belegt jedoch ihre Erbin mit der Auflage, eine unselbstständige Stiftung zu errichten.

> *[...] Ich verfüge über meinen Nachlass wie folgt: Meine [sic] Schwester als Erbin bzw. meiner Testamentsvollstreckerin mache ich zur Auflage, das nach Abzug aller Verbindlichkeiten und Kosten verbleibende Nachlassvermögen in eine von ihr zu errichtende nicht rechtfähige steuerbefreite Stiftung einzubringen, hierfür einen geeigneten Stiftungsträger auszusuchen und zu beauftragen und diesen zu verpflichten, die Stiftung auf Dauer getrennt von seinem Vermögen zu verwalten. [...]*

---

450 OLG München, Beschluss vom 28.05.2014 – 31 Wx 144/13, Rn. 5 f. (NJW 2014, 2448-2451).

Die Auflage an die Erben, eine selbstständige oder unselbstständige Stiftung zu errichten, stellt keine letztwillige Stiftungserrichtung dar, da der Erblasser das Stiftungsgeschäft in diesem Fall nicht selbst vorgenommen hat.[451]

Spricht der letzte Wille jedoch in irgendeiner Form von einer noch zu errichtenden Stiftung, sind die weiteren Fragen der Entscheidungsmatrix zu beantworten.

[…] Mein gesamtes Vermögen soll an eine noch zu gründende Stiftung fließen. […]

2. Prüfungsschritt 2: Beliebiger Stiftungszweck

Soweit die erste Frage mit „ja" beantwortet werden kann, stellt sich in einem nächsten Schritt die Frage, ob der letzte Wille von überhaupt einem Stiftungszweck spricht.

[…] Mein gesamtes Vermögen vererbe ich an eine noch zu gründende Stiftung mit dem Zweck „Ophthalmologie". […]

Zu beachten ist hier, dass der letzte Wille nicht zwingend die Bezeichnung „Stiftungszweck" enthalten muss. Es genügt, dass eine Formulierung verwendet wird, aus der hervorgeht, welchen Zweck die Stiftung haben soll.

[…] Mein gesamtes Vermögen vererbe ich an eine noch zu gründende Stiftung, die sich mit dem Thema Ophthalmologie befassen soll. […]

Lässt sich dem letzten Willen jedoch bereits hier kein Stiftungszweck entnehmen, weil – auch nicht im weiteren Sinne – von einem Zweck der Stiftung gesprochen wird, fehlt es an einer wirksamen letztwilligen Stiftungserrichtung.

3. Prüfungsschritt 3: Keine Gemeinwohlgefährdung und keine Selbstzweckstiftung

Wird von einer noch zu errichtenden Stiftung und einem Stiftungszweck gesprochen, ist jedenfalls nach Ansicht des BVerwG weiter zu prüfen, dass es sich nicht um einen Zweck handelt, der eine Gemeinwohlgefährdung nach sich ziehen kann.[452]

---

451 Vgl. *Schlüter/Stolte*, in: Stiftungsrecht, Kap. 2 Rn. 136; *Neuhoff*, in: Soergel, § 83 Rn. 6.

452 Zur Gemeinwohlgefährdung BT-Drs. 14/8765, S. 9; ein weiterer Fall der „Gemeinwohlgefährdung" wurde auch im Urteil zur „Republikaner-Stiftung" angenommen BVerwG, Urteil vom 12.02.1998 – 3 C 55/96 (BVerwGE 106, 177-186); zur Frage der Verfassungsmäßigkeit des Gemeinwohlvorbehalts Kapitel C.II.2.c).

[...] Mein gesamtes Vermögen vererbe ich an eine noch zu gründende Stiftung. Zweck dieser Stiftung soll die Unterstützung terroristischer Netzwerke sein. [...]

Bei der Bewertung der Gemeinwohlgefährdung ist darüber hinaus zu beachten, mit welchen Maßnahmen der Zweck verwirklicht werden soll. Ein Zweck muss nicht per se gemeinwohlgefährdend sein, er kann dies auch erst durch die konkrete Umsetzung werden. Ein Beispiel hierfür ist der Bereich der Gentechnik:

[...] Mein gesamtes Vermögen vererbe ich an eine noch zu gründende Stiftung. Zweck dieser Stiftung soll die Unterstützung der Forschungsarbeit in der Gentechnik durch die Vergabe von Forschungspreisen und Stipendien sein. [...][453]

Während dieser Stiftungszweck nicht unmittelbar das Gemeinwohl gefährdet, kann jedoch die Art und Weise der Zweckverwirklichung zu einer Gemeinwohlgefährdung führen.

[...] Mein gesamtes Vermögen vererbe ich an eine noch zu gründende Stiftung. Zweck dieser Stiftung soll die Unterstützung der Forschungsarbeit in der Gentechnik sein. Ziel ist der Aufbau eines Forschungslabors, in dem an lebenden, gesunden Kindern mithilfe von invasiven, operativen Eingriffen geforscht werden soll. [...][454]

Kritisch kann hier die Forschungsmaßnahme sein, bei der körperliche Unversehrtheit und Menschenleben konkret gefährdet werden können. Auch in einem solchen Fall muss jedoch einzelfallbezogen geprüft werden, ob tatsächlich eine konkrete Gefährdung des Gemeinwohls besteht. Jedenfalls lässt sich hier feststellen, dass sich die Gemeinwohlgefährdung, soweit sie vorliegen sollte, nicht unmittelbar aus dem Zweck, sondern vielmehr aus der konkreten Umsetzung ergibt.

Liegt keine Gemeinwohlgefährdung vor, ist weiter zu prüfen, ob es sich um eine sogenannte Selbstzweckstiftung handelt.[455] Das Leitbild der Stiftung beinhaltet unter anderem den Gedanken der „Wohltat“ bzw. Leistung an außerhalb der Stiftung selbst stehende Dritte.[456] Bei einer Selbstzweckstiftung ist dies jedoch nicht der Fall, da hier der Stiftungszweck allein der Vermehrung des eigenen Stiftungsvermögens dienen soll.

[...] Mein gesamtes Vermögen vererbe ich an eine noch zu gründende Stiftung. Aufgabe dieser Stiftung ist die Vermehrung des Stiftungsvermögens. [...]

---

453 Ein ähnliches Beispiel findet sich bei *Hüttemann*, in: FS Reuter, S. 121, 131.

454 Vgl. *Hüttemann*, in: FS Reuter, S. 121, 131.

455 Vgl. statt aller *Hüttemann/Rawert* in: Staudinger, Vor § 80 Rn. 9 m.w.N.

456 BT-Drucks. 14/8765 S. 9.

Im vorliegenden Beispiel dient die Stiftung nur sich selbst, sodass keine wirksame letztwillige Stiftungserrichtung vorliegt.

4. Prüfungsschritt 4: Geschlossener Stiftungszweck

Liegt weder eine Gemeinwohlgefährdung vor, noch handelt es sich um eine Selbstzweckstiftung, so ist weiter zu prüfen, ob der angegebene Stiftungszweck einen geschlossenen Stiftungszweck darstellt.[457] Bei diesem wird im Rahmen des Zwecks die Erreichung eines bestimmten abschließenden Ziels mittels vorgegebener Mittel festgelegt.[458]

> *[...] Mein gesamtes Vermögen vererbe ich an eine noch zu gründende Stiftung. Stiftungszweck ist die Vergabe von Förderstipendien an die fünf besten Medizinstudenten der Universität Hamburg. Die Förderstipendien sind mit je 1.000 € pro Monat dotiert. [...]*

Dieser Stiftungszweck enthält sowohl Angaben hinsichtlich der Destinatäre als auch hinsichtlich der Art und Weise der Zweckverwirklichung und trifft darüber eine abschließende Regelung. Er ist damit ein geschlossener Stiftungszweck, der – vorbehaltlich der Erfüllung aller anderen stiftungsrechtlichen Voraussetzungen – anerkennungsfähig ist.

Die Anordnung eines geschlossenen Zwecks kann auch mit einem offenen Zweck verbunden werden. Ein Beispiel für einen solchen liefert der folgende Auszug:

> *[...] Hiermit errichte ich eine Stiftung mit dem Namen [...] und dem Sitz in [...]. Mein gesamtes Vermögen soll der Stiftung als Grundstockvermögen zukommen. Zweck der Stiftung ist der Bau eines neuen Gebäudes für die orthopädische Station des UKE Hamburg sowie die Förderung des öffentlichen Gesundheitswesens. [...]*

Hierbei ist der Bau eines neuen Gebäudes ein geschlossener Stiftungszweck, während die Förderung des öffentlichen Gesundheitswesens als offener Stiftungszweck ausgestaltet ist. Im vorliegenden Beispiel ist der testamentarischen Stiftungszweckangabe ohne weitere Auslegung zu entnehmen, wen die Stiftung bedenken soll. Sowohl der Stiftungszweck als auch die Art und Weise der Zweckverwirklichung sind der testamentarischen Bestimmung zu entnehmen. Es handelt sich damit um eine wirksame Zweckbestimmung.

---

457 Zur Terminologie von offenen und geschlossenen Stiftungszwecken s. C.III.2.c)aa).

458 Terminologie so verwendet vor allem durch *Hof*, in v. Campenhausen/Richter, Stiftungsrechts-Handbuch, 4. Auflage, § 7 Rn. 12.

5. Prüfungsschritt 5: Weitere Informationen aus dem letzten Willen

Liegt kein geschlossener, sondern vielmehr ein offener Stiftungszweck vor, so ist in einem nächsten Schritt zu fragen, ob dem letzten Willen weiter zu entnehmen ist, wie die Stiftung agieren und wen sie primär bedenken soll.

In Anlehnung an das von *Hüttemann*[459] und *Happ*[460] vertretene Verständnis zum Begriff des Stiftungszwecks ist, wie bereits ausgeführt, erforderlich, dass dem letzten Willen bei einem offen gehaltenen Stiftungszweck neben der eigentlichen Zweckangabe auch die Festlegung der Art und Weise der Zweckerreichung zu entnehmen sein muss.[461] Idealerweise erfolgt diese Festlegung durch eine eindeutige Formulierung des Stifters:

> *[...] Mein gesamtes Vermögen vererbe ich an eine noch zu gründende Stiftung mit dem Zweck „Ophthalmologie". [...] Die Stiftung soll durch die Vergabe von Fördergeldern an Mediziner diese in der ophthalmologischen Forschung unterstützen. [...]*

> *[...] Mein gesamtes Vermögen vererbe ich an eine noch zu gründende Stiftung mit dem Zweck „Ophthalmologie". [...] Patienten sollen beim Erwerb von ophthalmologischen Hilfsmitteln, wie beispielsweise Brillen oder Kontaktlinsen, finanziell unterstützt werden.*

In den hier genannten Beispielen ist zwar der Stiftungszweck selbst ein offener, die Art und Weise der Zweckverwirklichung wird aber noch im letzten Willen eindeutig benannt. In einem solchen Fall genügen die Angaben des Stifters in seinem letzten Willen für eine wirksame Stiftungserrichtung, da die Stiftungsbehörde die Art und Weise der Zweckverwirklichung in die Satzung übertragen kann.

Anders stellt sich dies im folgenden Fall dar:

> *[...] Mein gesamtes Vermögen vererbe ich an eine noch zu gründende Stiftung mit dem Zweck „Förderung des Glücks der Menschheit". [...]*

Problematisch ist hier, dass der Zweckbestimmung keinerlei Anhaltspunkte zu entnehmen sind, was die Förderung des Glücks der Menschheit konkret umfassen könnte. Theoretisch kann annähernd alles eine – jedenfalls subjektive – Förderung des Glücks der Menschheit darstellen. Diese reine Subjektivität lässt, anders als beim vorherigen Beispiel, keinerlei Überprüfung anhand

---

459 S. *Hüttemann*, in: FS Reuter, S. 121, 126 ff.

460 S. *Happ*, Stifterwille und Zweckänderung, S. 56 ff., 58

461 S. hierzu auch C.III.2.c)aa).

objektivierbarer Kriterien zu.[462] Eine solch offene Stiftungsbestimmung vermag daher keine rechtliche Bindungswirkung zu entfalten[463] und erfüllt nach herrschender Meinung aus diesem Grund nicht die Anforderungen des Bestimmtheitsgebots.[464] Eine wirksame letztwillige Stiftungserrichtung liegt damit nicht vor.

Für die Frage, wie die Stiftung agieren und wen sie primär bedenken soll, können darüber hinaus auch aus einer dem letzten Willen beigefügten Satzung Anhaltspunkte gewonnen werden. Dies ist selbst dann möglich, wenn die Satzung nicht die erbrechtlichen Formanforderungen erfüllt, solange der Stiftungszweck grundsätzlich formgerecht im letzten Willen festgelegt ist.[465]

6. Prüfungsschritt 6: Erbrechtliche Auslegung

Können aus dem letzten Willen selbst keine Angaben zur Art und Weise der Zweckverwirklichung gewonnen werden, stellt sich die Frage, ob mithilfe der erbrechtlichen Auslegung der Stiftungszweck weiter konkretisiert werden kann. Ausführungen zur grundsätzlichen Zulässigkeit und zu Umfang sowie Grenzen einer solchen Auslegungskompetenz finden sich unter C.III.1.

Entscheidend ist dabei, ob eine Auslegung unter dem Gesichtspunkt der Zweckverwirklichung überwiegend wahrscheinlich und nicht nur eine von mehreren vertretbaren Möglichkeiten ist.[466]

Insbesondere persönliche Erfahrungen und Interessen des Erblassers – wie beispielsweise eine Erkrankung, sein Beruf, seine Hobbies oder seine Familie – können bei einer Auslegung zur Ermittlung des gewollten Stiftungszwecks herangezogen werden.

> Der Erblasser unterstützt seit Jahren Initiativen, bei denen Bären aus schlechten Haltungsverhältnissen gerettet werden und sie in Habitaten ein neues, tiergerechtes Zuhause finden. In seinem Testament bestimmt er:
>
> *[...] Mein gesamtes Vermögen vererbe ich an eine noch zu gründende Stiftung mit dem Zweck „Förderung des Tierschutzes". [...]*

---

462 Vgl. *Hüttemann*, in: FS Reuter, S. 121, 127 f.

463 Vgl. *Hüttemann*, in: FS Reuter, S. 121, 127 f.

464 Vgl. statt aller *Reuter*, in: MüKo 6. Aufl., § 81 Rn. 31; hierzu auch C.II.2.b)bb)(1).

465 So auch OLG Stuttgart, Beschluss vom 10.06.2009 – 8 W 501/08 (ZEV 2010, 200-201), hierzu auch C.III.2.c)bb).

466 Zu den Anforderungen an das Auslegungsergebnis s. C.III.3.

Aufgrund dieses ehrenamtlichen Engagements des Erblassers kann der weite Stiftungszweck hier durch die Stiftungsbehörde ausgelegt und konkretisiert werden, sodass die Stiftung die Förderung des Tierschutzes vor allem durch die Unterstützung solcher Initiativen zur Bärenrettung verwirklichen kann.

Der Erblasser ist Orthopäde und hat sein Leben lang im Krankenhaus auf orthopädischen Stationen gearbeitet. Er hat sich dort immer maßgeblich für die Fortbildung von Ärzten und Pflegern eingesetzt und hat selbst zahlreiche Vorträge und Weiterbildungen organisiert. In seinem Testament bestimmt er:

[...] Mein gesamtes Vermögen vererbe ich an eine noch zu gründende Stiftung mit dem Zweck „Förderung des öffentlichen Gesundheitswesens". [...]

Auch wenn der Stiftungszweck hier weit gehalten ist und die Art und Weise seiner Verwirklichung im letzten Willen nicht näher bestimmt wurde, gibt das Leben des Erblassers hier eindeutige Anhaltspunkte, in welchem Bereich sich der Erblasser engagieren wollte. Durch Einbeziehung dieser Informationen lässt sich der Stiftungszweck dahingehend konkretisieren, dass durch die Stiftung Ärzte und Pfleger im Bereich der Orthopädie weitergebildet werden sollen. Die Mindestvoraussetzungen an eine wirksame Bestimmung des Stiftungszwecks liegen damit gerade noch vor.

Lassen sich aus dem Leben des Erblassers jedoch keine Anhaltspunkte entnehmen, anhand derer sich der Stiftungszweck konkretisieren ließe, kommt eine Konkretisierung mittels erbrechtlicher Auslegung nicht in Betracht.

7. Prüfungsschritt 7: Behördliche Ergänzung gem. § 83 S. 2 BGB

Kommt die erbrechtliche Auslegung zu keinem Ergebnis, ist Raum für die behördliche Ergänzungskompetenz gem. § 83 S. 2 BGB, bei der die Behörde nicht mehr an erbrechtliche Auslegungsvorschriften gebunden ist und sämtliche ihr zur Verfügung stehenden Mittel zur Erforschung des Erblasserwillens nutzen darf.

Der Erblasser ist ein Ingenieur, der bis zu seinem Tod immer gesund war. Auch in seiner Familie gibt es keinerlei Bezüge zu Krankheiten. In seiner Freizeit beschäftigte er sich gerne mit Modelleisenbahnen. In seinem Testament bestimmt er:

[...] Mein gesamtes Vermögen soll an eine noch zu gründende Stiftung mit dem Zweck „Förderung der Medizin" fließen. [...]

In der Vergangenheit hat sich der Erblasser mehrfach bei der Stiftungsbehörde und einer Bank zum Thema Stiftungserrichtung beraten lassen. Hierbei hat er immer davon gesprochen, dass die Stiftung den Zweck Förderung des öffentlichen Gesundheitswesens haben solle und das Vermögen möglichst steuerbefreit genutzt werden soll.

Diese zusätzliche Information konnte die Behörde im Rahmen der erbrechtlichen Auslegung nicht verwenden, da der Wunsch einer Gemeinnützigkeit im letzten Willen des Erblassers nicht einmal angedeutet war. Da die behördliche Ergänzung aber den Rückgriff auf Umstände, die vollständig außerhalb des letzten Willens liegen, erlaubt, kann die Behörde hier entsprechend dieser Informationen die Satzung mit Blick auf die Art und Weise der Zweckverwirklichung und die gewünschte Steuerbegünstigung gem. §§ 51 ff. AO konkretisieren und ergänzen.

Lassen sich jedoch auch durch weitere Recherchen keine Anhaltspunkte finden, ist eine solche weite Zweckangabe nicht ausreichend. Der Stiftungsbehörde kommt in einem solchen Fall insoweit auch keine Ergänzungskompetenz zu, da sie, mangels ausreichender Anhaltspunkte, weder durch Anwendung der erbrechtlichen Auslegungsgrundsätze noch durch Nutzung ihrer Kompetenzen gem. § 83 S. 2 BGB den Vorrang einer Auslegung ermitteln kann. Eine wirksame Anerkennung der letztwillig zu errichtenden Stiftung scheidet in einem so gelagerten Fall daher aus.

E. Inanspruchnahme der Gerichte im Rahmen des Verfahrens zur Anerkennung einer Stiftung von Todes wegen als rechtsfähig

Die vorangegangenen Ausführungen haben den regelmäßigen Ablauf einer letztwilligen Stiftungserrichtung behandelt und die in diesem Zusammenhang auftretenden rechtlichen Fragen untersucht. Eine besondere Herausforderung stellt jedoch die Inanspruchnahme der Gerichte im Rahmen der letztwilligen Stiftungserrichtung dar. Bei einer letztwilligen Stiftungserrichtung kann sich eine Stiftung oftmals Streitigkeiten über die Verteilung des Erbes ausgesetzt sehen. Auch können Dritte versuchen, die Rechtmäßigkeit der behördlichen Anerkennung und die Wirksamkeit des letzten Willens als Grundlage des Anerkennungsaktes zu bestreiten.

Der Theorie der Zweiaktigkeit folgend untergliedert sich das Stiftungsgeschäft in einen organisationsrechtlichen und einen vermögensrechtlichen Teil. Aufgrund der Tatsache, dass die Anerkennung einer Stiftung mittels Erteilung eines privatrechtsgestaltenden Verwaltungsakts erfolgt, können je nach Streitgegenstand sowohl die Zivilgerichte als auch die Verwaltungsgerichte für die Entscheidung über die entsprechenden rechtlichen Fragen zuständig sein.[467] Hierbei ist zu unterscheiden, ob vor oder nach Anerkennung der Stiftung gerichtlich gestritten wird.

I. Streitigkeiten vor Anerkennung der Stiftung

Inwieweit die in Kapitel C. für eine wirksame letztwillige Stiftungserrichtung genannten erforderlichen Voraussetzungen tatsächlich vorliegen, ist für die Stiftungsbehörde und etwaige Testamentsvollstrecker, Nachlassverwalter, Nachlasspfleger sowie Miterben aufgrund der erbrechtlichen Verknüpfung des Stiftungsgeschäfts nicht immer unmittelbar zu erkennen. In der Folge kann es bereits vor Anerkennung der Stiftung zu erheblichen Rechtsstreitigkeiten über die zu prüfende Anerkennung kommen. Welche Rechtsmittel hierfür zur

---

467 *Roth*, in: Münchener Handbuch des Gesellschaftsrechts Band 7, § 97 Rn. 4 ff., 21, 22 ff.

Verfügung stehen und durch welche Beteiligten diese genutzt werden können, soll im Folgenden untersucht werden.

1. Übersicht über die Rechtsmittel und Beteiligten

a) Erbschein

Eines der wichtigsten Mittel zum Beweis einer Erbenstellung ist der Erbschein. Sowohl im Zivilrechtsverkehr als auch teilweise im öffentlich-rechtlichen Kontext kommt dem Erbschein eine Beweiswirkung zu. Darüber hinaus fungiert er als Verfügungsausweis des Erben. Fraglich ist, inwieweit dieser auch für die Stiftungsbehörde bei der Prüfung der letztwilligen Stiftungserrichtung von Bedeutung sein kann.

aa) Überblick zum Erbschein

Ein Erbschein wird gem. § 2353 BGB auf Antrag i.S.d. § 23 FamFG durch das zuständige Gericht erteilt. Gem. § 2359 BGB muss das Nachlassgericht die zur Begründung des Antrags erforderlichen Tatsachen als festgestellt erachten. Hierfür sind gem. § 2358 BGB von Amts wegen die zur Feststellung der Tatsachen erforderlichen Ermittlungen zu veranlassen und die geeignet erscheinenden Beweise zu erheben.

Ein Erbschein begründet, wie § 2365 BGB statuiert, eine widerlegliche Vermutung hinsichtlich der Erbenstellung und der Erbschaft im Ganzen.[468] Voraussetzung für diese Vermutung ist die wirksame Erteilung des Erbscheins sowie die Identität des im Erbschein ausgewiesenen Berechtigten und des Geltendmachenden.[469] Die Vermutungswirkung wird gem. den §§ 2361 f. BGB nur durch wirksame Einziehung, Kraftloserklärung oder Ablieferung beendet.[470] Auch wenn es sich bei einem Erbschein um eine rein widerlegliche Rechtsvermutung handelt, so kann ihm doch bis zu seiner Widerlegung Glauben geschenkt werden.[471] Darüber hinaus hat der Erbschein auch die Eigenschaften einer öffentlichen Urkunde i.S.d. § 417 ZPO.[472] Die Vermutungswirkung beinhaltet einerseits, dass das Erbrecht tatsächlich dem im Erbschein Ausgewiesenen zusteht, die sog.

---

468 S. *Herzog*, in: Staudinger, § 2365 Rn. 2.

469 S. *Herzog*, in: Staudinger, § 2365 Rn. 8.

470 S. *Herzog*, in: Staudinger, § 2365 Rn. 12; *Grziwotz*, in: MüKo, § 2365 Rn. 3.

471 S. *Grziwotz*, in: MüKo, § 2365 Rn. 1, 6.

472 S. *Grziwotz*, in: MüKo, § 2365 Rn. 7.

positive Vermutungswirkung.[473] Andererseits umfasst sie auch die sog. negative Vermutungswirkung, dass keine Verfügungsbeschränkungen des Erbscheinserben bestehen.[474] Der Erbschein stellt dabei gem. § 2365 BGB diese Vermutung generell gegenüber sämtlichen gutgläubigen Dritten auf. Ihm kommt insoweit eine Publizitäts- und Gutglaubenswirkung zu. Zu beachten ist jedoch, dass aus den §§ 2365 ff. BGB im Ausgangspunkt nur im rechtsgeschäftlichen Verkehr eine solche Vermutungswirkung folgt.[475]

bb) Gutglaubenswirkung des Erbscheins gegenüber der Stiftungsbehörde

Fraglich ist, inwieweit dem Erbschein möglicherweise auch im öffentlich-rechtlichen Verfahren der Anerkennung durch die Stiftungsbehörde eine Gutglaubenswirkung zukommen kann.

Bei der Anerkennung der Stiftung von Todes wegen durch die zuständige Stiftungsbehörde handelt es sich nicht um einen rechtsgeschäftlichen Vorgang, sondern vielmehr um einen öffentlich-rechtlichen Hoheitsakt. Es stellt sich deshalb die Frage, ob der Erbschein auch in diesem Fall eine Vermutungswirkung gegenüber der Behörde entfalten könnte.

Aufgabe des Erbscheins ist im Ausgangspunkt der Schutz redlicher Dritter und des Rechtsverkehrs.[476] Durch den Erbschein wird der darin Ausgewiesene als Berechtigter im privatrechtlichen Rechtsverkehr legitimiert.[477] Im streitigen Verfahren führt der Erbschein im Zivilprozess etwa zu einer Beweislastumkehr.[478]

Die Frage, ob ein Erbschein darüber hinaus den Ausgewiesenen auch gegenüber Behörden und sonstigen öffentlichen Stellen in öffentlich-rechtlichen Fragen legitimiert, lässt sich nicht pauschal beantworten. Vielmehr kann man sich der Antwort nur durch Betrachtung verschiedener Fallgruppen nähern. Grundsätzlich ist der Nachweis der Erbschaft mithilfe verschiedener Mittel, wie beispielsweise einem notariellen Testament nebst gerichtlichem Eröffnungsprotokoll,

---

473 S. *Grziwotz*, in: MüKo, § 2365 Rn. 10; *Gierl*, in: Burandt/Rojahn, § 2365 Rn. 4; *Zimmermann*, ZEV 2010, 457.

474 S. *Grziwotz*, in: MüKo, § 2365 Rn. 13.

475 Vgl. *Grziwotz*, in: MüKo, § 2365 Rn. 1, 20.

476 S. *Gierl*, in: Burandt/Rojahn, § 2365 Rn. 1.

477 Zur Vorlagepflicht gegenüber Banken BGH, Urteil vom 05.04.2016 – XI ZR 440/15, Rn. 11 (BGHZ 209, 329-337).

478 S. *Grziwotz*, in: MüKo, § 2365 Rn. 21; *Siegmann/Höger*, in: Bamberger/Roth, § 2365 Rn. 10; BGH, Beschluss vom 02.12.2014 – IV ZR 408/14, Rn. 8 (ErbR 2015, 197-199).

ebenso möglich wie der Nachweis mittels Erbscheins. Nur in besonderen, vom Gesetz angeordneten Fällen ist es zulässig, ausschließlich einen Erbschein als zulässigen Nachweis der Erbschaft zu fordern.

Darüber hinaus ist anerkannt, dass der Erbschein im Regelfall gegenüber dem Handelsregister als Nachweis der Erbfolge dienen kann.[479] Auch für Steuerbehörden gilt die Vermutungswirkung im Grundsatz. Erfährt die Steuerbehörde jedoch von Gründen, die gegen die Richtigkeit des Erbscheins sprechen, muss diese den tatsächlichen Erben trotz des vorgelegten Erbscheins ermitteln.[480] Weiter darf auch das Verwaltungsgericht von der Richtigkeit des Erbscheins ausgehen, solange dieser nicht eingezogen oder für kraftlos erklärt wurde.[481]

Ob auch eine Stiftungsbehörde auf den Rechtsschein des Erbscheins vertrauen darf, wurde in Literatur und Rechtsprechung, soweit ersichtlich, noch nicht thematisiert. In Anbetracht der oben genannten Beispiele erscheint dies zunächst jedenfalls nicht grundsätzlich ausgeschlossen. Zwar tritt bei Betrachtung der verschiedenen Fallgruppen zutage, dass die Annahme des öffentlichen Glaubens vor allem bei Behörden wie dem Grundbuchamt und dem Handelsregister geltend gemacht wird, die ihrerseits wiederum einen öffentlichen Glauben zugunsten des Rechtsverkehrs schützen wollen. Andererseits kommt dem Erbschein anerkannterweise auch vor der Steuerbehörde und dem Verwaltungsgericht eine Gutglaubenswirkung zu, sodass eine entsprechende Wirkung gegenüber der Stiftungsbehörde jedenfalls nicht von vorneherein ausgeschlossen erscheint.

Bei näherer Betrachtung sprechen durchaus zahlreiche sachliche Gründe für die Annahme einer solchen Gutglaubenswirkung zugunsten der Behörde: Zunächst ist der Erbschein ein zeit- und kosteneffizientes Instrument, der Stiftungsbehörde eine Absicherung in ihrer rechtlichen Einschätzung zur Frage der Wirksamkeit des letzten Willens zu verschaffen. Ein Erbschein kann ohne übermäßigen Aufwand beim zuständigen Nachlassgericht beantragt werden. Dieses hat dann gem. § 26 FamFG entsprechend dem beantragten Inhalt des Erbscheins den Sachverhalt vollständig aufzuklären.[482] Auch wenn sich der

---

479 S. *Grziwotz*, in: MüKo, § 2365 Rn. 28; *Herzog*, in: Staudinger, § 2365 Rn. 36.

480 S. BFH, Urteil vom 22.11.1995 – II R 89/93, Rn. 11 (BFHE 179, 436); FG München, Urteil vom 29.11.2000 – 4 K 3972/97, Rn. 57 (ZEV 2001, 415-416); *Grziwotz*, in: MüKo, § 2365 Rn. 30; *Siegmann/Höger*, in: Bamberger/Roth, § 2365 Rn. 12.

481 *Grziwotz*, in: MüKo, § 2365 Rn. 31.

482 Vgl. *Grziwotz*, in: MüKo 7. Aufl., § 2353 Anhang Rn. 128 ff.

Erbschein im Nachhinein als falsch herausstellen kann, ermöglicht er dennoch eine zeitnahe gerichtliche Sachverhaltsüberprüfung samt juristischer Bewertung durch eine verständige Stelle. Zahlreiche Zweifel lassen sich bereits zu diesem Zeitpunkt innerhalb kurzer Zeit beseitigen. Aufgrund der besonderen Situation im Falle einer letztwilligen Stiftungserrichtung – insbesondere bei Vorliegen eines privatschriftlichen Testaments – ist genau dies erforderlich und sachgerecht. Ziel muss sein, den relevanten Sachverhalt möglichst zügig aufklären zu lassen, um der in der Errichtungsphase befindlichen, schutzbedürftigen Stiftung rasch Rechtssicherheit geben zu können. Aufgrund der genannten Wirkungen des Erbscheins erscheint dieser hierfür sehr gut geeignet.

Weiterhin finden sich in Rechtsprechung und Literatur Anhaltspunkte dafür, dass die Gerichte von einer Wirksamkeit des Erbscheins auch gegenüber zahlreichen weiteren Behörden und sonstigen öffentlich-rechtlichen Stellen ausgehen. So wurde beispielsweise entschieden, dass die Erbenstellung für eine Zulassungsbescheinigung nach § 12 FZV gegenüber der Zulassungsbehörde grundsätzlich durch Erbschein nachzuweisen ist.[483] Jedenfalls mittelbar wird der Erbschein auch zum Nachweis von Erbschaften gegenüber dem sog. BAföG-Amt verwendet.[484] Auch bei der Waffenbehörde können sich die Erben durch Vorlage eines Erbscheins legitimieren.[485] Zwar sind diese Fälle sicherlich teilweise anders gelagert als ein Anerkennungsverfahren vor der Stiftungsbehörde. Dennoch zeigen sie, dass auch andere Behörden den Erbschein zur Legitimation durchaus anerkennen.

Betrachtet man diese Argumente nun in der Zusammenschau mit der Tatsache, dass das Handelsregister, die Steuerbehörden und das Verwaltungsgericht den Erbschein als Nachweis der Erbfolge ebenfalls akzeptieren und zu akzeptieren haben, wird deutlich, dass eine abweichende Behandlung der Stiftungsbehörde hier sachlich nicht gerechtfertigt erscheint. Insbesondere der Vergleich zur Steuerbehörde, für die die Erbenstellung von großer Bedeutung für ihre rechtliche Betrachtung ist, ist ein gewichtiges Argument dafür, dass sich auch

483 Vgl. VG München, Urteil vom 06.07.2016 – M 23 K 15.4389, Rn. 51 (BeckRS 2016, 51015).

484 S. Sachverhaltsausführungen VG München, Urteil vom 30.07.2009 – M 15 K 07.4854 (BeckRS 2011, 46959); VG München, Urteil vom 29.03.2012 – M 15 K 11.2758 (BeckRS 2012, 51171).

485 S. Sachverhaltsausführungen VG Ansbach, Urteil vom 20.12.2005 – AN 15 K 05.02564v (BeckRS 2005, 36823).

die Stiftungsbehörde grundsätzlich auf die Richtigkeit des Erbscheins verlassen kann. Im Gleichlauf mit der Steuerbehörde ist indes zu fordern, dass auch die Stiftungsbehörde, soweit sie von Gründen erfährt, die gegen die Richtigkeit eines vorgelegten Erbscheins sprechen, den tatsächlichen Erben ermitteln oder ermitteln lassen muss.

cc) Antragsberechtigte

(1) Antragsberechtigung der noch nicht anerkannten Stiftung

Nachdem festgestellt wurde, dass auch die Stiftungsbehörde grundsätzlich auf einen Erbschein vertrauen darf, stellt sich die Frage, inwieweit die Stiftung vor ihrer Anerkennung einen solchen Erbschein tatsächlich auch beantragen kann. Antragsberechtigt sind grundsätzlich die Erben.[486] Hierfür wäre aber erforderlich, dass die Stiftung bereits Erbin des Nachlasses geworden und die noch nicht anerkannte Stiftung beteiligtenfähig i.S.d. § 8 Nr. 1 Var. 2 FamFG ist.

Problematisch ist dabei, dass sich die Stiftung als Erbin – wie bereits an anderer Stelle ausgeführt – zwischen Beginn des Anerkennungsprozesses und vor ihrer Anerkennung gleichsam in einem juristischen Schwebezustand befindet. Diese Situation ähnelt damit derjenigen eines *nasciturus*.[487] Die Stiftung ist gewissermaßen schon gezeugt, aber noch nicht geboren. Einen Erbschein können jedoch lediglich existierende natürliche und juristische Personen durch ihre Organe beantragen. Dies lässt sich unter anderem auch anhand der Parallele zum *nasciturus* zeigen.[488] In der Praxis findet sich für das noch nicht geborene, aber schon gezeugte Kind ausschließlich der sogenannte „*nasciturus*-Erbschein", bei dem ein Erbschein für die Miterben des *nasciturus* ausgestellt werden kann.[489] Hierin wird ausgeführt, dass die Höhe des Erbteils der Miterben noch unbestimmt zu bleiben hat, da infolge einer Schwangerschaft noch weitere erbberechtigte Personen geboren werden könnten.[490] Die Ausstellung eines Erbscheins nur für den *nasciturus* bleibt jedoch nicht möglich.

---

486 S. *Herzog*, in: Staudinger, § 2353 Rn. 16 m.w.N.; für eine vollständige Übersicht über die Antragsberechtigung vgl. auch *Grziwotz*, in: MüKo, § 2353 Rn. 85 ff.

487 Zur rechtlichen Behandlung des *nasciturus Tegelkamp*, in: BeckOGK [01.12.2020], § 1923 Rn. 30 ff.

488 Vergleich zum *nasciturus* durch *Weitemeyer*, in: MüKo, § 81 Rn. 65; *Hönninger*, in: jurisPKBGB, § 1960 Rn. 9.

489 S. *Grziwotz*, in: MüKo, § 2353 Rn. 10.

490 Muster für einen *nasciturus*-Erbschein s. *Deubner*, JuS 1961, 66, 68 f.

Fraglich ist, ob dies auch für die noch nicht anerkannte Stiftung gelten muss. Entscheidend ist, ob der noch nicht anerkannten Stiftung eine Rechtsfähigkeit und die damit einhergehende Beteiligtenfähigkeit i.S.d § 8 Abs. 1 Nr. 1 Var. 2 FamFG zukommen. Nach herrschender und hier vertretener Meinung bestehen diese derzeit ausschließlich für eine anerkannte Stiftung.[491] Die Existenz einer sogenannten Vor-Stiftung ist abzulehnen, da bei lebzeitiger Stiftungserrichtung keine den anderen Vorgesellschaften vergleichbare Vermögensbindung und verselbständigung der Vermögensmasse vorliegt.[492] Zwar besteht bei der Stiftung von Todes wegen eine faktische Bindung an das Versprechen der Vermögenszuwendung durch den Stifter, da die Stiftung von Todes wegen aber lediglich eine Modifikation der Stiftung unter Lebenden darstellt, hat sie ihr in ihrer Systematik zu folgen. Aus diesem Grund ist eine Vor-Stiftung sowohl für die lebzeitige als auch für die letztwillige Stiftungserrichtung im Ergebnis abzulehnen. Auch eine Teilrechtsfähigkeit der Stiftung lässt sich mit der Systematik der Stiftungserrichtung nicht vereinbaren.[493]

In der Folge kann die Stiftung von Todes wegen damit selbst keinen Erbschein vor ihrer Anerkennung beantragen, da es ihr an der hierfür erforderlichen Rechtsfähigkeit fehlt.

(2) Beantragung eines Erbscheins durch weitere Miterben

Soweit die letztwillig errichtete Stiftung nicht zur Alleinerbin eingesetzt ist, besteht die Möglichkeit, dass andere Erben einen Erbschein beantragen. Dieser ähnelt insoweit dem „*nasciturus*-Erbschein", da auch hier die Höhe des Erbteils der einzelnen Miterben noch unbestimmt zu bleiben hat, weil infolge einer etwaigen Stiftungsanerkennung noch weitere erbberechtigte Personen hinzutreten können. Auch der Testamentsvollstrecker kann für die bereits existierenden Erben einen solchen Erbschein beantragen.

Fraglich ist, welche Informationen die Stiftungsbehörde aus einem solchen Erbschein gewinnen kann, soweit er ihr vorgelegt wird. Wie bereits ausgeführt wurde, darf auch die Stiftungsbehörde grundsätzlich auf den Rechtsschein des Erbscheins vertrauen. Die Aussagekraft eines solchen „*nasciturus*-Erbscheins"

---

491 So auch *Pabst*, in: MüKo FamFG, § 8 Rn. 8; *Zimmermann*, in: Keidel FamFG, § 8 Rn. 8; OLG Braunschweig, Beschluss vom 08.07.2020 – 3 W 19/20, Rn. 27 ff. (ZEV 2020, 565-570)

492 S. hierzu auch Kapitel B.II.1.

493 S. hierzu auch Kapitel B.II.3.

ist jedoch begrenzt, da er gerade keine Aussagen zur Wirksamkeit der letztwilligen Stiftungserrichtung trifft. Wohl aber prüft das Nachlassgericht vor Erteilung des Erbscheins eine etwaige Unwirksamkeit und Anfechtbarkeit der Verfügung von Todes wegen.[494] Bei der Ausgabe eines Erbscheins muss das Nachlassgericht gem. § 2359 BGB die zur Begründung des Antrags erforderlichen Tatsachen für festgestellt erachten. Hierfür sind gem. § 2358 BGB von Amts wegen die zur Feststellung der Tatsachen erforderlichen Ermittlungen zu veranlassen und die geeignet erscheinenden Beweise zu erheben. Ein Erbschein begründet damit, wie § 2365 BGB statuiert, eine widerlegliche Vermutung hinsichtlich der Erbenstellung sowie der Erbschaft im Ganzen.[495]

Im Ergebnis kann die Stiftungsbehörde im Falle eines solchen „*nasciturus*-Erbscheins" daher davon ausgehen, dass der letzte Wille des Erblassers, in dem unter anderem eine letztwillige Stiftungserrichtung angeordnet wurde, wirksam ist. Soweit die Stiftungsbehörde jedoch Zweifel an der Richtigkeit des Erbscheins oder der Wirksamkeit der letztwilligen Stiftungserrichtung haben sollte, darf die Behörde nicht auf den Rechtschein des Erbscheins vertrauen.

(3) Nachlasspfleger

Der Nachlasspfleger kann für die Erben, die er zu ermitteln hat, keinen Erbschein beantragen, da in der Beantragung des Erbscheins eine konkludente Annahme der Erbschaft liegt.[496] Zur Annahme der Erbschaft sind daher nur die Erben und nicht der Nachlasspfleger berechtigt, dessen Aufgabe nur die Ermittlung und Vertretung der unbekannten Erben ist.[497]

(4) Beantragung eines Erbscheins durch den Nachlass verwaltende Personen und andere Dritte

Fraglich ist, ob andere, den Nachlass verwaltende Personen vor Anerkennung der Stiftung einen Erbschein beantragen können. Über den Wortlaut des § 2353 BGB hinaus ist in Literatur und Rechtsprechung anerkannt, dass zahlreiche verwaltende Personen das Recht besitzen, einen Erbschein auf den Erben im

---

494 S. *Malitz*, in: Münchener Anwaltshandbuch Erbrecht, § 57 Rn. 1.

495 Vgl. *Herzog*, in: Staudinger, § 2365 Rn. 2.

496 So auch *Grziwotz*, in: MüKo, § 2353 Rn. 100 m.w.N.; *Fröhler*, in: BeckOGK [01.11.2020], § 2353 Rn. 290.1; *Herzog*, in: Staudinger, § 2353 Rn. 43; zu einer ausnahmsweisen Antragsberechtigung OLG Brandenburg, Beschluss vom 29.03.2001 – 10 Wx 3/00, Rn. 12 (FamRZ 2002, 1663-1666).

497 Vgl. *Zimmermann*, in: Keidel FamFG, § 352 Rn. 25.

eigenen Namen zu beantragen. Erforderlich ist dabei, dass dieser zur ordnungsgemäßen Durchführung des verwaltenden Amts benötigt wird. Die Antragsberechtigung der Erben bleibt daneben bestehen.[498]

Nach herrschender Meinung kommt damit dem Testamentsvollstrecker ein Antragsrecht zu, da er einen Nachweis der Erbenstellung zur Erfüllung seiner eigenen Pflichten benötigt. Dies gilt auch dann, wenn der Testamentsvollstrecker nur Befugnisse i.S.d. § 2208 BGB besitzt.[499] Ein solches Antragsrecht besteht damit auch beim hier vorliegenden Fall der letztwilligen Stiftungserrichtung. Obwohl die Stiftung und damit die Erbin während der Schwebephase zwischen Erbfall und Anerkennung noch nicht existiert und damit kein eigenes Antragsrecht besitzt, kann der Testamentsvollstrecker aufgrund seines eigenen Interesses einen Erbschein beantragen. Gleiches gilt für den Nachlassverwalter (§ 1975 BGB), den Nachlassinsolvenzverwalter und den Abwesenheitspfleger i.S.d. § 1911 BGB, da auch diese den Erbschein zur Erfüllung ihrer eigenen Pflichten benötigen.[500]

Nicht zur Beantragung eines Erbscheins berechtigt sind jedoch der Nacherbentestamentsvollstrecker i.S.d. § 2222 BGB, der Vermächtnisvollstrecker i.S.d. § 2223 BGB sowie der Nacherbe vor dem Nacherbfall. Der Nachlasspfleger besitzt zwar kein eigenes Antragsrecht bezüglich des Erbfalls, für den die Nachlasspflegschaft angeordnet ist, kann jedoch als gesetzlicher Vertreter der noch nicht bekannten Erbeserben einen Antrag stellen.[501] Auch kein Recht zur Beantragung eines Erbscheins hat *de lege lata* die Stiftungsbehörde selbst.

(5) Zwischenergebnis

Im Ergebnis kann die von Todes wegen errichtete Stiftung damit mangels Rechtsfähigkeit vor ihrer Anerkennung selbst keinen Erbschein beantragen. Auch der Nachlasspfleger und die Stiftungsbehörde selbst können keinen Erbschein beantragen. Wohl aber können andere Erben oder beispielsweise ein

---

498 Statt aller *Grziwotz*, in: MüKo, § 2353 Rn. 98.

499 Zum Antragsrecht des Testamentsvollstreckers BGH, Beschluss vom 05.07.2006 – IV ZB 39/05, Rn. 8 (BGHZ 168, 210-220); OLG Hamm NJW-RR 1993, 461 (FamRZ 1993, 825, 826); OLG Braunschweig, Beschluss vom 08.07.2020 – 3 W 19/20, Rn. 31 (ZEV 2020, 565-570); *Grziwotz*, in: MüKo, § 2353 Rn. 99; *Herzog*, in: Staudinger, § 2353 Rn. 42.

500 Statt aller *Siegmann/Höger*, in: Bamberger/Roth, § 2353 Rn. 19 m.w.N.; *Herzog*, in: Staudinger, § 2353 Rn. 42.

501 Statt aller *Grziwotz*, in: MüKo, § 2353 Rn. 100 m.w.N.

Testamentsvollstrecker den Antrag auf Erteilung eines Erbscheins stellen, in diesem kann die Stiftung jedoch nicht als Erbin mit einem konkreten Erbanteil benannt werden, da sie – vergleichbar mit einem *nasciturus* – mangels Existenz noch keine aus einem Erbschein Berechtigte sein kann. Auf diesen Erbschein darf die Stiftungsbehörde grundsätzlich auch vertrauen, soweit ihr nicht Anhaltspunkte für Zweifel hinsichtlich des Erbscheins oder des letzten Willens bekannt sind. Ein Erbschein begründet damit eine widerlegliche Vermutung hinsichtlich der Erbenstellung sowie der Erbschaft im Ganzen.[502]

dd) Rechtsmittel gegen Erteilung oder Nichterteilung eines Erbscheins

Gegen die Erteilung oder Nichterteilung eines Erbscheins ist die Beschwerde gem. § 61 FamFG möglich. Zuständiges Gericht ist nach § 64 Abs. 1 FamFG das Gericht, dessen Beschluss angefochten werden soll, mithin das Nachlassgericht. Die Beschwerde ist grundsätzlich innerhalb eines Monats nach schriftlicher Bekanntgabe an den jeweiligen Beteiligten zu erheben (vgl. § 63 Abs. 1 FamFG). Gegenstand der Beschwerde ist der Beschluss, d.h. die Zurückweisung des Erbscheinsantrags, der streitige oder unstreitige Feststellungsbeschluss oder die Einziehungsanordnung. Voraussetzung für eine Beschwerdeberechtigung ist die Möglichkeit einer Rechtsbeeinträchtigung (vgl. § 59 Abs. 1 FamFG).[503] Eine solche wird angenommen, wenn ein privatrechtliches oder öffentlich-rechtliches subjektives Recht des Beschwerdeführers durch die angefochtene Entscheidung berührt wird.[504] Eine Beschwerdebefugnis liegt vor, wenn der Beschwerdeführer geltend macht, dass seine rechtliche Stellung im Erbschein nicht richtig ausgewiesen ist.[505] Bei Ablehnung der Erbscheinserteilung sind damit der Antragssteller und jeder Antragsberechtigte, auch wenn er keinen Erbscheinsantrag gestellt hat, beschwerdebefugt. Im Falle der Ablehnung der Einziehung eines bereits erteilten Erbscheins besitzen der Antragssteller, der Erbprätendent, der wirkliche Erbe, der im Erbschein ausgewiesene Erbe, der Miterbe, der Nachlassverwalter, wenn der Erbschein sein Verwaltungsrecht beeinträchtigt, und der Prozessgegner des Antragssteller in einem über das Erbrecht anhängigen Rechtsstreit eine Beschwerdeberechtigung. Gegen die Anordnung der Einziehung des Erbscheins sind der frühere Antragssteller, der im Erbschein als Erbe

---

502 Vgl. *Herzog*, in: Staudinger, § 2365 Rn. 2.

503 Ausführlich zu den Voraussetzungen einer Beschwerde im Erbscheinsverfahren *Siegmann/Höger*, in: Bamberger/Roth, § 2353 Rn. 47 ff.

504 *Kroiß*, in: Kroiß/Ann/Mayer, § 2353 Rn. 140 m.w.N.

505 *Horn*, in: Kroiß/Horn/Solomon, § 59 FamFG Rn. 7.

Ausgewiesene, der Testamentsvollstrecker, soweit der Erbschein auf seinen Antrag hin erteilt wurde, sowie der Fiskus beschwerdeberechtigt.[506] Die Stiftung selbst kann mangels Rechtsfähigkeit jedoch unter keinen Umständen beschwerdeberechtigt sein.[507] Auch der Nachlasspfleger ist nicht befugt, Beschwerde einzulegen gegen Beschlüsse, die im Erbscheinsverfahren desjenigen Erblassers ergehen, für dessen unbekannten Erben der Nachlasspfleger bestellt ist.[508] *De lege lata* kann auch die Stiftungsbehörde keine Beschwerde gegen die Erteilung oder Nichterteilung eines Erbscheins einlegen.

Hält das Gericht, dessen Beschluss angefochten wird, die Beschwerde für begründet, hat es ihr gem. § 68 Abs. 1 FamFG abzuhelfen; andernfalls ist die Beschwerde unverzüglich dem Beschwerdegericht vorzulegen. Das Beschwerdegericht hat zu prüfen, ob die Beschwerde an sich statthaft und ob sie in der gesetzlichen Form und Frist eingelegt ist. Mangelt es an einem dieser Erfordernisse, ist die Beschwerde als unzulässig zu verwerfen. Gem. § 69 FamFG hat das Beschwerdegericht in der Sache selbst zu entscheiden. Es darf die Sache unter Aufhebung des angefochtenen Beschlusses und des Verfahrens nur dann an das Gericht des ersten Rechtszugs zurückverweisen, wenn dieses in der Sache noch nicht entschieden hat. Das Gleiche gilt, soweit das Verfahren an einem wesentlichen Mangel leidet und zur Entscheidung eine umfangreiche oder aufwendig Beweiserhebung notwendig wäre und ein Beteiligter die Zurückverweisung beantragt hat. Das Gericht des ersten Rechtszugs hat die rechtliche Beurteilung, die das Beschwerdegericht der Aufhebung zugrunde gelegt hat, auch seiner Entscheidung zugrunde zu legen.[509]

b) Erbenfeststellungsklage

Zusätzlich zum Erbscheinsverfahren können gewisse Beteiligte auch eine Erbenfeststellungsklage erheben. Wer im Rahmen eines Streits über eine letztwillige Stiftungserrichtung und ihre im Raum stehende Anerkennung eine solche Berechtigung besitzt, ist im Folgenden zu prüfen.

---

506 Ausführlich zu den verschiedenen Beschwerdeberechtigungen *Meyer-Holz*, in: Keidel FamFG, § 59 Rn. 77 ff. m.w.N.

507 OLG Braunschweig, Beschluss vom 08.07.2020 – 3 W 19/20, Rn. 27 (ZEV 2020, 565-570).

508 OLG Braunschweig, Beschluss vom 08.07.2020 – 3 W 19/20, Rn. 26 (ZEV 2020, 565-570).

509 Zum Gang des Beschwerdeverfahrens statt aller *Grziwotz*, in: MüKo, § 2353 Rn. 141 ff. m.w.N.

aa) Übersicht

Gem. § 256 Abs. 1 ZPO kann auf Feststellung des Bestehens oder Nichtbestehens eines Rechtsverhältnisses, auf Anerkennung einer Urkunde oder auf Feststellung ihrer Unechtheit geklagt werden, wenn der Kläger ein rechtliches Interesse daran hat, dass das Rechtsverhältnis oder die Echtheit bzw. Unechtheit der Urkunde durch richterliche Entscheidung alsbald festgestellt werde. Nach herrschender Meinung stellt die Frage des Erbrechts ein solches Rechtsverhältnis i.S.d. § 256 Abs. 1 ZPO dar.[510] Anders als bei einem Erbschein, dem zwar eine negative und positive Vermutungswirkung, nicht aber eine materielle Rechtskraft zukommt, trifft die gerichtliche Entscheidung eine rechtskräftige, dauerhafte Entscheidung über die Erbenstellung.[511] Das Rechtsschutzbedürfnis für eine Feststellungsklage ist auch dann anzunehmen, wenn bereits ein Erbscheinsverfahren durchlaufen wird oder wurde.[512] Auch umgekehrt hindert eine anhängige Erbenfeststellungsklage nicht die Erteilung eines Erbscheins.[513] Die Zuständigkeit des Gerichts richtet sich nach den §§ 12, 13 ZPO. Darüber hinaus kann die Klage gem. § 27 ZPO auch am letzten Wohnsitz des Erblassers erhoben werden. Die Klage ist begründet, soweit dem Kläger das von ihm beanspruchte Erbrecht tatsächlich zusteht.

Gem. § 256 Abs. 1 ZPO ist erforderlich, dass der Kläger ein rechtliches Interesse an der Feststellung des Bestehens oder Nichtbestehens eines Rechtsverhältnisses hat. Ein solches Feststellungsinteresse ist zu bejahen, wenn der Rechtsposition des Klägers eine gegenwärtige Gefahr der Ungewissheit droht und das Urteil geeignet ist, diese Gefahr zu beseitigen.[514] Darüber hinaus ist auch das Vorliegen eines Rechtsschutzbedürfnisses durch das Gericht zu prüfen.[515] Die Tatsache, dass bereits ein Erbscheinsverfahren durchgeführt wurde oder dieses beschritten werden könnte, schließt das Vorliegen eines Rechtsschutzbedürfnisses nach Ansicht des BGH nicht aus.[516]

---

510 BGH, Urteil vom 14.04.2010 – IV ZR 135/08, Rn. 8 (ZEV 2010, 468-471).

511 Statt aller *Kroiß*, in: Burandt/Rojahn, § 256 ZPO Rn. 1.

512 BGH, Urteil vom 14.04.2010 – IV ZR 135/08, Rn. 12 ff. (ZEV 2010, 468-471); BVerfG, Nichtannahmebeschluss vom 29.08.2005 – 1 BvR 219/05, Rn. 8 (ZEV 2006, 74-75).

513 S. *Grziwotz*, in: MüKo 7. Aufl., Verfahrensrecht zum Erbschein Rn. 166; *v. Lübtow*, ErbR II, S. 1017.

514 BGH, Urteil vom 22.03.1995 – XII ZR 20/94, Rn. 9 (NJW 1995, 2032-2034); BGH, Urteil vom 14.04.2010 – IV ZR 135/08, Rn. 8 (ZEV 2010, 468-471).

515 Statt aller *Bacher*, in: BeckOK ZPO [01.12.2020], § 256 Rn. 17.

516 BGH, Urteil vom 14.04.2010 – IV ZR 135/08, Rn. 11 ff. (FamRZ 2010, 1068-1070); so auch *Zimmermann*, ZEV 2010, 457, 459.

bb) Parteifähigkeit

Wer kann jedoch Partei einer solchen Erbenfeststellungsklage werden?

(1) Parteifähigkeit der noch nicht anerkannten Stiftung

Parteien einer Erbenfeststellungsklage sind grundsätzlich die Erbprätendenten. Zu richten ist die Klage gegen denjenigen, der das Erbrecht des Klägers bestreitet. Soweit es sich hierbei um mehrere Personen handeln sollte, können diese als Streitgenossen gem. den §§ 59 ff. ZPO verklagt werden.

Grundsätzliches Erfordernis für die Parteifähigkeit eines Klägers oder Beklagten ist dessen Rechtsfähigkeit. Gem. § 50 Abs. 1 ZPO ist parteifähig, wer rechtsfähig ist. Wie bereits ausgeführt, besitzt die Stiftung von Todes wegen vor ihrer Anerkennung noch keine Rechtsfähigkeit. Sowohl eine Teilrechtsfähigkeit als auch das Konstrukt einer Vor-Stiftung sind abzulehnen, sodass die Stiftung auch auf diesem Wege keine vorweggenommene Rechtsfähigkeit erlangen kann.[517] Im Ergebnis ist die Stiftung von Todes wegen daher im Rahmen einer Erbenfeststellungsklage nicht parteifähig – sie kann weder Klägerin noch Beklagte in einem solchen Rechtstreit sein.

(2) Parteifähigkeit im Rahmen der Prozessstandschaft

Auch die Erhebung einer Erbenfeststellungsklage im Wege der Prozessstandschaft ist nicht möglich. Erforderlich ist hierfür nämlich, dass ein fremdes Recht, welches der Prozessstandschafter im eigenen Namen einklagen kann, überhaupt in irgendeiner Form besteht. Solange die Stiftung jedoch noch nicht anerkannt ist, gibt es kein Rechtssubjekt, dem ein solches Recht zustehen könnte. Die Situation gestaltet sich hier auch anders als beispielsweise im Falle der Wohnungseigentümergemeinschaft: Diese wurde vor dem Jahre 2005 noch nicht als teilrechtsfähig erachtet. Der Verwalter konnte zwar nicht die Rechte der Wohnungseigentümergemeinschaft, wohl aber die Rechte aller einzelnen Eigentümer im Wege der Prozessstandschaft einklagen.[518] Dies ist bei der Stiftung von Todes wegen jedoch nicht möglich, da es hier kein den Eigentümern der Wohnungseigentümergemeinschaft vergleichbares personales Substrat gibt. Mithin kann die noch nicht anerkannte Stiftung auch über das Institut der Prozessstandschaft keine Partei einer Erbenfeststellungklage werden.

---

517 S. hierzu Kapitel B.II.

518 Zur Prozessstandschaft bei der WEG *Engelhardt*, in: MüKo, § 27 WEG Rn. 54; *Baer*, in: BeckOK WEG [09.03.2020], § 27 Rn. 331 ff.

(3) Parteifähigkeit des Testamentsvollstreckers

In Betracht kommt jedoch die Erhebung einer Erbenfeststellungsklage durch den Testamentsvollstrecker. Unter gewöhnlichen Umständen ist der Testamentsvollstrecker nicht Partei einer Erbenfeststellungsklage, da er nicht eine bestimmte Person vertritt, sondern vielmehr den Nachlass für den tatsächlichen Erben verwaltet.[519] Fraglich ist, ob dem Testamentsvollstrecker unter gewissen Umständen dennoch eine Prozessführungsbefugnis und ein Feststellungsinteresse zukommen kann. Dies ist umstritten, wobei nach Ansicht der herrschenden Meinung der Testamentsvollstrecker ein Feststellungsinteresse besitzt, wenn die Ausführung der letztwilligen Verfügungen und die Auseinandersetzung des Erbes von der Feststellung des tatsächlichen Erben abhängen, was regelmäßig der Fall sein wird.[520] Zuvor wurde unter anderem durch das Reichsgericht eine solche Befugnis des Testamentsvollstreckers abgelehnt.[521] Die vorherrschende Auffassung stützt sich jedoch vor allem darauf, dass der Testamentsvollstrecker ein eigenständiges Recht habe, den letzten Willen des Erblassers zu verwirklichen und zu verteidigen.[522] Die Prozessführung liege damit im Rahmen seiner Verwaltungsaufgabe, da der Testamentsvollstrecker ein rechtliches Interesse an der Feststellung der Erbenstellung habe.[523] Er müsse Gewissheit erlangen können, wem die Erbenstellung zukomme, um eine entsprechende Testamentsvollstreckung durchführen zu können.[524]

Diese Ausführungen verdienen Zustimmung. Die Aufgabe des Testamentsvollstreckers ist die Vollstreckung des Erblasserwillens. Er hat die vom Erblasser vorgegebenen Aufträge entsprechend zu erfüllen. Seine Rechte und Pflichten richten sich nach den §§ 2203 ff. BGB. Die Auseinandersetzung des Nachlasses gemäß dem Erblasserwillen ist maßgeblicher Teil seiner Aufgabe. Soweit er

---

519 *Zimmermann*, in: MüKo, § 2203 Rn. 8.

520 BGH, Urteil vom 04.02.1987 – IVa ZR 229/85, Rn. 14 ff. (WM 1987, 564-565); BGH, Urteil vom 14.04.2010 – IV ZR 135/08, Rn. 15 (FamRZ 2010, 1068-1070); OLG Karlsruhe, Urteil vom 06.08.2004 – 14 U 205/02, Rn. 33 (OLGR Karlsruhe 2005, 129-131); *Zimmermann*, in: MüKo, § 2203 Rn. 8; *Zimmermann*, ZEV 2010, 457, 458; *Kroiß*, in: Kroiß/Ann/Mayer, § 2203 Rn. 11; § 2212 Rn. 13.

521 RG LZ 1922, 198.

522 *Zimmermann*, ZEV 2010, 457, 458.

523 BGH, Urteil vom 04.02.1987 – IVa ZR 229/85, Rn. 15 (WM 1987, 564-565).

524 OLG Karlsruhe, Urteil vom 06.08.2004 – 14 U 205/02, Rn. 33 (OLGR Karlsruhe 2005, 129-131); BGH, Urteil vom 14.04.2010 – IV ZR 135/08, Rn. 15 (FamRZ 2010, 1068-1070).

hierbei auf rechtliche oder tatsächliche Schwierigkeiten in der Auseinandersetzung mit den Erben trifft, muss er die Möglichkeit besitzen, Unklarheiten hinsichtlich des letzten Willens durch gerichtliche Entscheidung nachhaltig beseitigen zu lassen. Nur so kann er seine Aufgabe der Testamentsvollstreckung vollumfänglich und ordnungsgemäß erfüllen. Neben den Erben kann damit auch der Testamentsvollstrecker ein eigenes berechtigtes rechtliches Interesse an der Feststellung der Erbenstellung besitzen.

Insbesondere für den Fall einer noch nicht anerkannten Stiftung von Todes wegen, die sich in einem Konflikt mit weiteren potentiellen Erben befindet, ist für den Testamentsvollstecker erforderlich, dass vor der Schaffung einer juristischen Person die Erbfolge rechtsverbindlich festgestellt wurde. Er muss sich der Erbfolge versichern können, bevor er die Testamentsvollstreckung weiter betreibt. Der Testamentsvollstrecker kann damit Partei einer Erbenfeststellungsklage sein, wobei er ein eigenes Feststellungsinteresse besitzt.

(4) Parteifähigkeit des Nachlasspflegers

Grundsätzlich ist der Nachlasspfleger in Zivilprozessen für die gegen die Erben geltend gemachten Ansprüche aktiv und passiv zur Prozessführung befugt. Diese Befugnis bezieht sich jedoch nur auf prozessuale Rechte, die dem unbekannten Erben zustehen.[525] Über Fragen des Erbrechts als solches darf der Pfleger keinen Rechtsstreit führen, soweit er dadurch als der angebliche Erbe potentiell einen Rechtsstreit gegen sich selbst führen würde.[526]

cc) Zwischenergebnis

Zusammenfassend kann damit die Stiftung weder selbst noch mittels einer Prozessstandschaft Partei einer Erbenfeststellungsklage sein. Auch ein Nachlasspfleger kann keinen Rechtsstreit über das Erbrecht als solches führen, soweit er damit potentiell einen Rechtsstreit gegen sich selbst führen würde. Muss sich der Testamentsvollstrecker der Erben zur Erfüllung seiner Aufgaben versichern, ist alleine er in dieser Zeit aktiv und passiv prozessbefugt.

---

525 Statt aller *Leipold*, in: MüKo, § 1960 Rn. 27 m.w.N.; *Najdecki*, in: Burandt/Rojahn, § 1960 Rn. 27.

526 *Krätzschel*, in: Firsching/Graf, Nachlassrecht, § 41 Rn. 90; *Leipold*, in: MüKo, § 1960 Rn. 27; BGH, Urteil vom 10.05.1951 - IV ZR 12/50 (NJW 1983, 226-227).

2. Folgen eines Konfliktfalls vor Anerkennung

a) Übersicht

Ein Konfliktfall vor Anerkennung der Stiftung kann sich aus verschiedenen Gründen ergeben. Möglich ist, dass die Stiftungsbehörde zwar von einem wirksamen letzten Willen und einer wirksamen Stiftungserrichtung ausgeht, dies aber andere Beteiligte, wie Testamentsvollstrecker, Nachlasspfleger oder andere Erbprätendenten, wie beispielsweise die gesetzlichen Erben, anders sehen. In einem solchen Fall steht die Stiftungsbehörde vor einer signifikanten Herausforderung: Wie die vorangegangenen Ausführungen gezeigt haben, kann weder die noch nicht anerkannte Stiftung noch ihr Nachlasspfleger einen eigenen Erbschein beantragen. Lediglich der Testamentsvollstrecker kann im Rahmen seines eigenen Rechts einen solchen Erbschein beantragen. Die Antragsmöglichkeit einer noch nicht entstandenen Rechtsperson ist mit der gesetzlichen Systematik der §§ 2353 ff. BGB *de lege lata* nicht vereinbar. Wie der Vergleich mit dem *nasciturus* gezeigt hat, sieht der Gesetzgeber weder die Möglichkeit vor, dass eine noch nicht entstandene Rechtsperson einen Antrag stellt, noch ist es möglich, dass ein Erbschein eine noch nicht entstandene Person als Erben ausweist, bevor diese nicht zur Entstehung gelangt ist. Auch eine Erbenfeststellungsklage kann die noch nicht anerkannte Stiftung von Todes wegen weder selbst, noch im Wege der Prozessstandschaft bestreiten, da es ihr auch hier an der dafür erforderlichen Rechtsfähigkeit fehlt. Wohl aber kann der Testamentsvollstrecker eine eigene Erbenfeststellungklage anstrengen und sich so der Wirksamkeit des letzten Willens versichern. An das Ergebnis dieser Feststellungsklage ist die Stiftungsbehörde hinsichtlich der Frage der Wirksamkeit des letzten Willens gebunden.

Wurde keine Testamentsvollstreckung angeordnet, entsteht für die Stiftung von Todes wegen vor ihrer Anerkennung eine erhebliche Schutzlücke. Zwar kann zur Wahrung der Interessen der Stiftung ein Nachlasspfleger gem. § 1960 Abs. 1 BGB bestellt werden.[527] Die Pflegschaft führt jedoch nicht dazu, dass die noch anzuerkennende Stiftung die Möglichkeit erhält, einen Erbschein zu ihren Gunsten zu beantragen oder sie Partei eines Rechtsstreits über ihre Anerkennung und den sie begünstigenden letzten Willen werden kann.

Vertreten Testamentsvollstrecker oder Nachlasspfleger nun die Ansicht, die Voraussetzungen einer wirksamen Stiftungserrichtung liegen nicht vor, kann sich die Stiftung selbst vor ihrer Anerkennung nicht wehren. Auch die

527 S. hierzu Kapitel B.II.4.

Stiftungsbehörde ist in den ihr zur Verfügung stehenden Mitteln sehr beschränkt. Besonders dramatisch für die noch anzuerkennende Stiftung wird es auch dann, wenn Dritte, wie beispielsweise die gesetzlichen Erben, einen Erbschein zu ihren Gunsten beantragen und durch das Nachlassgericht erhalten. In einem solchen Fall kann weder die Stiftung selbst noch die Stiftungsbehörde Beschwerde gegen diese Entscheidung einlegen. Dies führt zu einer erheblichen Gefahr für den Nachlass, der von den aus dem Erbschein Berechtigten im schlimmsten Fall aufgebraucht werden kann.

Im Ergebnis bedeutet dies, dass eine Stiftung von ihrer Anerkennung im Konfliktfall in eine sehr passive Rolle gedrängt wird. Sie hat, anders als viele andere juristische Personen im Anerkennungsverfahren nicht die Möglichkeit, eigene Rechte und Ansprüche ohne weiteres zu verteidigen oder einzuklagen. Dabei ist jedoch gerade die Stiftung von Todes wegen in erhöhtem Maße schutzbedürftig: Der Stifter, der sich unter normalen Umständen auf zahlreichen Wegen für die zu gründende Stiftung einsetzen würde, kann dies nicht mehr gewährleisten. Gleichzeitig befindet sich die Stiftung von Todes wegen nicht selten in einem Konfliktfeld aus konkurrierenden Interessen anderer möglicher Erben.

b) Behandlung der Rechtsschutzlücken vor Anerkennung der Stiftung

Fraglich ist, ob und wie diese Rechtsschutzlücken vor Anerkennung der Stiftung geschlossen werden können.

aa) Antragsrecht der Stiftungsbehörde auf Erteilung eines Erbscheins und Beteiligtenfähigkeit in einem Beschwerdeverfahren

In Anbetracht der Tatsache, dass die noch nicht anerkannte Stiftung *de lege lata* aufgrund ihrer fehlenden Rechtsfähigkeit selbst keinen Erbschein beantragen und sie nur durch Dritte, wie den Testamentsvollstrecker oder andere Miterben, einen sie als Erbin ausweisenden Erbschein erhalten kann, stellt sich die Frage, ob die Stiftungsbehörde ein eigenes Antragsrecht für die Erteilung eines Erbscheins besitzen sollte und ob sie gegen die Erteilung oder Nichterteilung eines Erbscheins eine Beschwerde gem. § 61 FamFG einlegen kann. Ein solches Recht ist derzeit gesetzlich nicht vorgesehen. Die Gewährung eines eigenen Antragsrechts in Rechtsfortbildung *praeter* oder *extra legem*[528] setzt eine Gesetzeslücke

528 Zur sprachlichen Unterscheidung und zu den hierbei fließenden Übergängen *Metzger*, extra legem, intra ius, S. 183, Fn. 104.

voraus.[529] Die genannten und in den vorangegangenen Ausführungen aufgezeigten Rechtsschutzlücken für die noch nicht anerkannte Stiftung in einem Rechtsstreit über ihre Anerkennung und den letzten Willen sind groß. Potentiell ist die noch nicht anerkannte Stiftung in einem Konfliktfall mit gesetzlichen Erben oder anderen Erbprätendenten schutzlos. Auch die Stiftungsbehörde hat nach derzeitigem Recht in einer solchen Situation keine Möglichkeit, sich unkompliziert der Erbfolge und der Wirksamkeit des letzten Willens zu versichern.

Die Stiftungsbehörde besitzt im Ergebnis jedoch weder ein Antragsrecht gem. § 2353 BGB noch eine Beschwerdebefugnis nach § 59 Abs. 1 oder 2 FamFG. Auch im Wege der Rechtsfortbildung ist ein solches Recht nicht anzuerkennen.

Es ist umstritten, in welchen Fällen ein Erbscheinantragsrecht für Dritte anzunehmen ist. Die Antragsberechtigungen ergeben sich aus einer Zusammenschau von Rechtsprechung und Literatur. Die Annahme einer Antragsberechtigung begründet sich je nach Fallgruppe mit praktischen Bedürfnissen, wie der Erfüllung von Aufgaben, der sonstigen besonderen Beziehung zum Nachlass oder der Tatsache, dass die Rechtsstellung der betroffenen Person durch die Entscheidung darüber, wer Erbe wird, unmittelbar berührt wird. Voraussetzung für eine Beschwerdeberechtigung gegen die Erteilung oder Nichterteilung eines Erbscheins ist die Möglichkeit einer Rechtsbeeinträchtigung (vgl. § 59 Abs. 1 FamFG).[530] Eine solche wird angenommen, wenn ein privatrechtliches oder subjektiv öffentlich-rechtliches Recht des Beschwerdeführers durch die angefochtene Entscheidung berührt wird.[531]

Die Stiftungsbehörde ist allerdings durch das Erteilen oder Nichterteilen eines Erbscheins nicht unmittelbar in eigenen Rechten beeinträchtigt. Ihre Rechtsstellung wird durch die Entscheidung, wer Erbe wird, gerade nicht unmittelbar berührt. Aufgabe der Stiftungsbehörde ist die Ausübung ihrer staatlichen Obhuts- und Aufsichtspflicht. Sie soll darüber wachen, dass der Wille des Stifters verwirklicht und in allen Entscheidungen ausreichend berücksichtigt wird. Eine staatliche Obhutspflicht für die noch zu errichtende Stiftung, aus der sich gegebenenfalls eine Antragsbefugnis oder Beschwerdeberechtigung der Stiftungsbehörde ergeben könnte, besteht jedoch nicht. Aufgabe der Stiftungsbehörde im Zeitpunkt vor Anerkennung der Stiftung ist lediglich die Prüfung der

---

529 S. *Metzger*, extra legem, intra ius, S. 183.

530 Ausführlich zu den Voraussetzungen einer Beschwerde im Erbscheinsverfahren *Siegmann/Höger*, in: Bamberger/Roth, § 2353 Rn. 47 ff.

531 *Kroiß*, in: Kroiß/Ann/Mayer, § 2353 Rn. 140 m.w.N.

Anerkennungsvoraussetzungen und – bei Vorliegen der Voraussetzungen – die Erteilung der Anerkennung. Damit die Stiftungsbehörde diese Aufgaben erfüllen kann, ist ihre Beteiligung in einem Erbscheinsverfahren nicht erforderlich. Hält die Stiftungsbehörde, nachdem sie von der potentiellen letztwilligen Stiftungserrichtung erfahren hat, die Voraussetzungen für erfüllt, kann sie die Stiftung von Amts wegen anerkennen. Die so errichtete rechtsfähige Stiftung kann sodann selbst im Erbscheinsverfahren als Erbin Partei werden. Es gibt damit weder Raum noch Grund für die Annahme einer eigenen Antragsbefugnis oder Beschwerdeberechtigung der Stiftungsbehörde.

bb) Verpflichtung zur Anerkennung im Konfliktfall

Kommt die Stiftungsbehörde nach ihrer Prüfung zu dem Ergebnis, dass sie die Stiftung, trotz Bestreitens anderer Erben, für anerkennungsfähig hält, hat sie in diesem Fall die Stiftung anzuerkennen. Der Behörde steht bei der Frage der Anerkennung kein Ermessensspielraum zu (sog. gebundene Entscheidung).[532] Nach dem BVerwG ist die zuständige Behörde nach §§ 80 ff. BGB bei der Stiftungserrichtung zwar nicht berufen, einen Streit oder gar einen Rechtsstreit über die Gültigkeit des Stiftungsgeschäftes zu entscheiden. Soweit das Stiftungsgeschäft einen Mangel habe, müsse die Behörde auf deren Beseitigung hinwirken. Einen Streit der Beteiligten über die Gültigkeit des Stiftungsgeschäfts habe die Behörde aber nicht zu entscheiden, da hierfür das Zivilgericht zuständig sei.[533] Aufgrund der erbrechtlichen Verknüpfung von Stiftungsgeschäft und letztwilliger Verfügung sind die Gründe für einen Streit über die Gültigkeit des Stiftungsgeschäfts noch zahlreicher als bei einer lebzeitigen Stiftungserrichtung. Wie bereits unter C.I. ausgeführt, hat die Stiftungsbehörde neben der Prüfung der stiftungsrechtlichen Voraussetzungen zu bewerten, ob sie die letztwillige Verfügung des Erblassers für wirksam erachtet. Werden durch das Bestreiten Dritter oder anderer Erben Zweifel an der Wirksamkeit der letztwilligen Verfügung oder dem Stiftungsgeschäft selbst aufgeworfen und können diese nicht durch die der Stiftungsbehörde zur Verfügung stehenden Mittel beseitigt werden, darf sie die Stiftung nach den o.g. Grundsätzen nicht anerkennen. Eine „vorsorgliche" Anerkennung unter Zweifeln an der Wirksamkeit der letztwilligen Stiftungserrichtung, nur um der Stiftung zur Rechtsfähigkeit zu verhelfen, ist abzulehnen. § 80 Abs. 2 S. 1 BGB statuiert eindeutig, dass die Stiftung als rechtsfähig anzuerkennen ist, wenn

---

532 S. *Backert*, in: Hüttemann/Richter/Weitemeyer, Kapitel 10 Rn. 10.51; *Hüttemann/ Rawert*, in: Staudinger, § 80 Rn. 2.

533 BVerwG, Urteil vom 26.04.1968 – VII C 103.66, Rn. 41 (BVerwGE 29, 314-317).

das Stiftungsgeschäft den Anforderungen des § 81 Abs. 1 genügt, die dauernde und nachhaltige Erfüllung des Stiftungszwecks gesichert erscheint und der Stiftungszweck das Gemeinwohl nicht gefährdet. Dem Wortlaut folgend ist damit zwingend erforderlich, dass die Stiftungsbehörde von dem Vorliegen sämtlicher für eine wirksame Stiftungserrichtung erforderlichen Voraussetzungen überzeugt ist. Dies umfasst im Falle einer letztwilligen Stiftungserrichtung auch die Erfüllung der erbrechtlichen Voraussetzungen.[534] Für den Fall, dass Zweifel an der Wirksamkeit des letzten Willens oder an der Erbeinsetzung der Stiftung bestehen, liegen die Voraussetzungen des § 81 Abs. 2 S. 1 BGB nicht gesichert vor, sodass die Stiftungsbehörde die Stiftung gerade nicht anerkennen darf. Eine Anerkennung vor vollständiger und positiv beschiedener Prüfung der Voraussetzungen würde eine Rechtspersönlichkeit ohne Daseinsberechtigung schaffen. Jede anerkannte Stiftung genießt einen Vertrauens- und Bestandsschutz, der mit einer vorläufigen Anerkennung – sozusagen einer „Anerkennung auf Probe" – unvereinbar ist. Das in seiner Grundannahme auf Ewigkeit angelegte Wesen der Stiftung widerspricht einer nur kursorischen und unvollständigen Prüfung sowie einer vorsorglichen und potentiell nur vorläufigen Anerkennung. Auch sind die Aufhebungs- und Zweckänderungsgründe für eine anerkannte Stiftung in § 87 BGB grundsätzlich abschließend geregelt und lassen für den Fall einer nachträglich aufzuhebenden, vorsorglichen Anerkennung keinen Raum.

Ist die Behörde aber nach vollständiger Prüfung der Ansicht, dass sie die Stiftung für anerkennungsfähig hält, ist sie nicht nur berechtigt, sondern sogar verpflichtet, die Stiftung trotz des Bestreitens anderer Erben oder Dritter anzuerkennen. Dies gilt auch dann, wenn das Stiftungsgeschäft zwar lücken- oder fehlerhaft war, diese Lücken oder Fehler jedoch durch die erbrechtliche oder behördliche Auslegung oder Ergänzung geschlossen werden konnten.[535] Bereits aus der Tatsache, dass der Behörde bei der Frage der Anerkennung gerade kein Ermessensspielraum zukommt, folgt die Pflicht zur Anerkennung in einem solchen Fall. Dies stellt auch keinen Verstoß gegen den Grundsatz dar, dass Streitigkeiten der Beteiligten über die Gültigkeit des Stiftungsgeschäfts nicht die Behörde, sondern das Zivilgericht zu entscheiden hat.[536] Dieser Grundsatz kann nur bei der lebzeitigen Stiftungserrichtung und in vergleichbaren Fällen Anwendung finden, da hier sämtliche beteiligte Parteien rechts- und parteifähig sind

---

534 Zu den formellen und materiellen Anforderungen an eine wirksame letztwillige Stiftungserrichtung s. C.II.1 und 2.

535 S. hierzu Kapitel C.III.

536 BVerwG, Urteil vom 26.04.1968 – VII C 103.66, Rn. 41 (BVerwGE 29, 314-317).

und ihnen damit der Rechtsweg offen steht. Richtigerweise darf die Behörde daher in einem solchen Fall einen Streit der Beteiligten über die Gültigkeit des Stiftungsgeschäfts nicht entscheiden. Bei der noch nicht anerkannten Stiftung von Todes wegen ist dies jedoch gerade nicht der Fall: Die Stiftung kann einen Streit über die Gültigkeit des Stiftungsgeschäfts oder den zugrundeliegenden letzten Willen mangels Rechtsfähigkeit nicht selbst führen. Außerdem kann – soweit kein Testamentsvollstrecker eingesetzt ist – in einem Konfliktfall mit den gesetzlichen Erben oder anderen Erbprätendenten auch sonst kein Dritter für die Stiftung bzw. den Nachlass Kläger oder Beklagter vor Gericht sein. Mithin wird durch die behördliche Anerkennung der Stiftung keine zivilrechtliche Zuständigkeit für einen Rechtsstreit verletzt, da die noch nicht anerkannte Stiftung in einem solchen Fall nie Partei eines zivilrechtlichen Rechtsstreits sein könnte. Darüber hinaus gebietet auch das Grundrecht des Erblassers aus Art. 14 Abs. 1 S. 1 Var. 2 GG einen besonderen Schutz seines letzten Willens. Der speziellen Situation einer letztwilligen Stiftungserrichtung, bei der erbrechtliche Verfügung und stiftungsrechtliche Errichtung untrennbar verknüpft sind, muss auch für die Frage der Anerkennung in einem erbrechtlichen Konfliktfall entsprechend Rechnung getragen werden. Dürfte die Stiftungsbehörde in einem Fall, in dem sie die Anerkennungsvoraussetzungen für gegeben hält, nur aufgrund der Tatsache, dass Dritte Zweifel an der Wirksamkeit der Verfügung geltend machen, die Stiftung nicht anerkennen, würde das die letztwillige Stiftungserrichtung und ihre Anforderungen *ad absurdum* führen. In diesem Fall könnten Dritte die letztwillige Stiftungserrichtung sabotieren, ohne dass sich das angegriffene Rechtssubjekt selbst wehren könnte. Dies ist mit der grundrechtlich geschützten Position des Erblassers und der Rolle der Stiftungsbehörde im Anerkennungsverfahren unvereinbar.

Im Ergebnis ist damit festzuhalten, dass die Stiftungsbehörde die Stiftung bei Zweifeln an der Wirksamkeit des Stiftungsgeschäfts oder des letzten Willens unter keinen Umständen anerkennen darf. Kommt sie nach vollständiger Prüfung jedoch zu dem Ergebnis, dass die Stiftung – gegebenenfalls auch nach Auslegung oder Ergänzung des Stiftungsgeschäfts – anerkennungsfähig ist, so ist sie, trotz eines etwaigen Bestreitens der Wirksamkeit durch Dritte, jederzeit dazu verpflichtet, die Stiftung anzuerkennen.

II. Streitigkeiten nach Anerkennung der Stiftung

Auch nach der Anerkennung der Stiftung kann es zu (fortgesetzten) Streitigkeiten zwischen der Stiftung und anderen Erbprätendenten kommen. Solche Streitigkeiten über die Rechtmäßigkeit der Anerkennung durch die Stiftungsbehörde und die Wirksamkeit des letzten Willens können auf unterschiedlichen Rechtswegen bestritten werden: Da die Anerkennung einen privatrechtsgestaltenden Verwaltungsakt darstellt, kommt ein Beschreiten des Verwaltungsrechtswegs in Betracht. Darüber hinaus besteht jedoch auch die Möglichkeit, den der Stiftungsanerkennung zugrundeliegenden letzten Willen auf dem Zivilrechtsweg zu bestreiten. Da die Stiftung nach ihrer Anerkennung die volle Rechtsfähigkeit besitzt, ist sie damit nun selbst partei- und prozessfähig.

1. Verwaltungsrechtsweg

Wollen gesetzliche Erben oder andere Dritte gegen die Anerkennung der Stiftung vorgehen, kommen im Verwaltungsrecht ein Widerspruch gegen die Anerkennung (vgl. §§ 68 ff. VwGO) und die Anfechtung des anerkennenden Verwaltungsakts (vgl. § 42 Abs. 1 Var. 1 VwGO) sowie eine Feststellungsklage (vgl. § 43 Abs. 1 VwGO) in Betracht. Möglich ist auch die Verpflichtungsklage mit dem Ziel des Erlasses eines abgelehnten oder unterlassenen Verwaltungsaktes (vgl. § § 42 I Alt. 2 und 3 VwGO).

a) Klagebefugnis der gesetzlichen Erben und anderer Dritter

Die vier Möglichkeiten haben gemein, dass sie alle nach der Rechtsprechung eine Klagebefugnis gem. § 42 Abs. 2 VwGO bzw. eine Widerspruchsbefugnis gem. § 42 Abs. 2 VwGO analog erfordern. Fraglich ist, ob den gesetzlichen Erben oder anderen „erbinteressierten" Dritten eine solche Befugnis zukommen kann. Diese Frage ist in der Literatur und Rechtsprechung bisher nur wenig behandelt. Eine Klagebefugnis gem. § 42 Abs. 2 VwGO liegt vor, wenn der Kläger möglicherweise in seinen eigenen Rechten verletzt ist. Nach Ansicht vom *Jakob*[537]gilt es Folgendes zu unterscheiden:

> „Wird die Stiftung anerkannt, können sich benachteiligte Erben oder Pflichtteilsberechtigte gegen die für die Stiftung positive Anerkennungsentscheidung wehren wollen. In diesem Fall haben sie wohl auch nicht selbst den Anerkennungsantrag nach § 83 S. 1 BGB gestellt, so dass der Verwaltungsakt nicht ihnen gegenüber als Adressaten

---

537 *Jakob*, Schutz der Stiftung, S. 295 ff.

ergangen ist. Um dennoch zu einer Klagemöglichkeit zu gelangen, müsste die dem Antragssteller (und der Stiftung) gegenüber positive Entscheidung den Erben gegenüber eine Art Doppelwirkung entfalten und geeignet sein, sie in ihrer erbrechtlichen Stellung und damit in einem subjektiv-öffentlichen Recht (Art. 14 Abs. 1 GG) zu verletzen. Denkbar wäre dies, wenn der anerkannten Stiftung ein materiell unwirksames Stiftungsgeschäft (etwa in Form eines unwirksamen Testaments) zugrunde liegt. Zwar werden die Mängel des Zuwendungsversprechens durch die Anerkennung nicht geheilt, so dass auch die Erfüllung der Stiftungsforderung verweigert werden könnte. Dennoch können die Erben durch die *Erschaffung der Stiftung* in einer eigenen Rechtsposition betroffen sein, da sie geeignet ist, die Erben- bzw. Pflichtteilsstellung der Antragssteller *dem Grunde nach* zu verändern und ihr eine neue Qualität zu geben. Denn der „privatrechtsgestaltende" Anerkennungsakt ruft die konkurrierende Rechtsperson materiell ins Leben, auch wenn deren Erbanspruch zivilrechtlich (möglicherweise) nicht besteht. Umgekehrt würde durch die Aufhebung der Entscheidung die Rechtsposition der Erben positiv verändert, sei es durch den *Wegfall eines potenziellen Miterben* (und die Erhöhung ihrer Erbquote), sei es durch den *Wegfall des Alleinerben* (und die Erlangung der Erbenstellung). Bereits diese Rechtswirkung muss eine Klagebefugnis begründen können. Daneben kommt eine Klagebefugnis bei einer im Fall der Nichtanerkennung möglichen Auslegung des Testaments als Auflagenbestimmung zur Stiftungs*errichtung* in Betracht.

Ferner können die Erben eingreifen wollen, wenn die Anerkennung der Stiftung *versagt* wird. Die Versagung ist als *actus contrarius* ebenfalls ein Verwaltungsakt, so dass im Wege einer Verpflichtungsklage (§ 42 Abs. 1 Alt. 2 VwGO) in Form der Versagungsgegenklage auf Erlass einer positiven Anerkennungsentscheidung geklagt werden könnte. Den Erben steht die Klagebefugnis i.S.d. § 42 Abs. 2 VwGO zu, wenn sie den Antrag auf Anerkennung nach § 83 S. 1 BGB selbst gestellt und als Adressaten eine ablehnende Entscheidung erhalten haben. [...]"

Auch *Hof* vertritt, dass den gesetzlichen Erben eine Klagebefugnis hinsichtlich der Anerkennung der Stiftung zustehe.[538]

Nach anderer Ansicht ist eine Klagebefugnis bzw. ein Rechtsschutzinteresse der gesetzlichen Erben hinsichtlich der Anerkennung der Stiftung abzulehnen.[539] *Schwarz van Berk* vertritt hierzu, dass Dritten, die von der Anerkennung der Stiftung in sonstiger Weise nachteilig betroffen seien, regelmäßig die Klagebefugnis fehle, weil sie durch die Anerkennung nicht in eigenen subjektiv-öffentlichen Rechten verletzt werden. Zu erwägen sei aber, ob bei Errichtung

538 S. *Hof*, in: v. Campenhausen/Richter, Stiftungsrechts-Handbuch, 4. Auflage, § 6 Rn. 359.

539 *Schwarz van Berk*, in: Münchener Handbuch des Gesellschaftsrechts Band 5, § 101 Rn. 28.

einer Stiftung von Todes wegen die Erben des Stifters eine zu Unrecht erfolgte Anerkennung anfechten könnten, weil sie durch die Anerkennung in ihrer erbrechtlichen Stellung betroffen seien. Dies sei im Ergebnis jedoch zu verneinen, weil jedenfalls ein entsprechendes Rechtsschutzinteresse der Erben fehle.[540] Auch *Reuter* vertrat hierzu, dass die Erben und der Testamentsvollstrecker keine Anfechtungsklage mit der Begründung, sie würden durch die Anerkennung in ihren Rechten verletzt, erheben könnten. Sei das Zuwendungsversprechen unwirksam, könnten Stifter, Erben oder Testamentsvollstrecker ungeachtet der Anerkennung die Erfüllung verweigern. Würden sie trotzdem leisten, so sei dies nicht Folge der Anerkennung, sondern Folge ihres Irrtums über die Verbindlichkeit des Zuwendungsversprechens.[541]

Im Ergebnis verdienen die eine Klagebefugnis ablehnenden Stimmen Zustimmung. Da die gesetzlichen Erben und andere „erbinteressierte" Dritte nicht Adressaten des Anerkennungsbescheids sind, scheidet eine mögliche Rechtsverletzung des Art. 2 Abs. 1 GG aus. Für eine Klagebefugnis gem. § 42 Abs. 2 VwGO ist in einem solchen Fall daher nach der sog. Möglichkeitstheorie erforderlich, dass der Kläger ein Recht geltend macht, das auch ihn schützt und dessen Verletzung durch den Verwaltungsakt möglich erscheint.[542] An einer Klagebefugnis fehlt es, wenn eine Verletzung subjektiver Rechte des Klägers unter Zugrundelegung des Klagevorbringens offensichtlich nicht in Betracht kommt. Entscheidende Frage ist dabei, ob die Norm, auf die die Rechtsverletzung gestützt wird, drittschützenden Charakter hat und ob der Kläger zur durch die Norm geschützten Gruppe gehören soll.[543] Bei der Frage, ob die Anfechtung der Stiftungsanerkennung durch die Erben erfolgen kann, ist daher zu prüfen, ob die Anerkennungsnormen der §§ 80 ff. BGB drittschützenden Charakter besitzen. Dies ist im Ergebnis zu verneinen: Zwar ist *Jakob* zuzugeben, dass der „privatrechtsgestaltende" Anerkennungsakt die konkurrierende Rechtsperson materiell ins Leben ruft, auch wenn deren Erbanspruch zivilrechtlich (möglicherweise) nicht besteht und durch die Aufhebung der Entscheidung die Rechtsposition der Erben positiv verändert werden würde. Hieraus kann jedoch kein Drittschutz der Anerkennungsnormen abgeleitet werden. Die Anerkennungsnormen des BGB sollen allein den Stifter und die anzuerkennende Stiftung schützen.

540 *Schwarz van Berk*, in: Münchener Handbuch des Gesellschaftsrechts Band 5, § 101 Rn. 28.

541 *Reuter*, in: MüKo 6. Aufl., § 81 Rn. 69.

542 Statt aller *Sennekamp*, in: Fehling/Kastner/Störmer, Verwaltungsrecht, § 42 Rn. 54.

543 *Sennekamp*, in: Fehling/Kastner/Störmer, Verwaltungsrecht, § 42 Rn. 54.

Für einen weiteren Schutzbereich finden sich weder in der Gesetzesbegründung noch in der Systematik der §§ 80 ff. BGB Anhaltspunkte. Durch die Schaffung einer neuen Rechtsperson werden keine subjektiv-öffentlichen Rechte der gesetzlichen Erben verletzt. Darüber hinaus vertritt *Schwarz van Berk* zu Recht die Auffassung, dass es den gesetzlichen Erben an einem Rechtsschutzbedürfnis fehle. Die Frage, ob die gesetzlichen Erben anstelle der Stiftung Erben sein sollten, ist eine rein erbrechtliche Frage, die vor den Zivilgerichten zu bestreiten ist. Hier ist sich vor Augen zu führen, dass der Theorie der Zweiaktigkeit folgend sowohl das lebzeitige als auch das letztwillige Stiftungsgeschäft in einen organisationsrechtlichen und einen vermögensrechtlichen Teil zerfallen.[544] Der vermögensrechtliche Teil stellt hierbei die sachliche Ausstattung der Stiftung mit Mitteln des Stifters oder Dritter sicher, während der organisationsrechtliche Teil auf die Schaffung einer juristischen Person als solcher gerichtet ist.[545] Da die Stiftungserrichtung von Todes wegen durch eine letztwillige Verfügung erfolgt, finden nach dieser Ansicht die erbrechtlichen Vorschriften nicht nur auf den vermögensrechtlichen Teil Anwendung. Die Frage, ob die gesetzlichen Erben durch die Anerkennung der Stiftung in ihrer erbrechtlichen Position beeinträchtigt werden, resultiert einzig aus dem vermögensrechtlichen Teil des Stiftungsgeschäfts. Diese Frage kann unter Beachtung der Theorie der Zweiaktigkeit jedoch ausschließlich vor den ordentlichen Gerichten entschieden werden, da sie eine Frage des Erbrechts ist.

Anderes gilt jedoch auch hier für den Testamentsvollstrecker.[546] Dieser ist im Verwaltungsrecht widerspruchs- und klagebefugt i. S. d. § 42 Abs. 2 VwGO (analog), da er im Rahmen seines Amtes eigene Rechte und Pflichten wahrnimmt. Die Verwaltung des Nachlasses umfasst dabei nicht nur die Geltendmachung von Forderungen, sondern im Rahmen der letztwilligen Stiftungserrichtung vor allem auch das Hinwirken auf die Anerkennung der Stiftung. Dies muss der Testamentsvollstrecker auch gerichtlich verfolgen können, da er nur so seinen Pflichten vollumfänglich nachkommen kann.[547]

---

544 So *Hüttemann/Rawert*, in: Staudinger, § 81 Rn. 18 f., § 83 Rn. 3; *Weitemeyer*, in: MüKo, § 83 Rn. 1 ff., § 81 Rn. 3; *Ebersbach*, Handbuch des Deutschen Stiftungsrecht, S. 44 f.; *Wiese*, in: Erman, § 80 Rn. 3; *Schwake*, in: Münchener Handbuch des Gesellschaftsrechts Band 5, § 79 Rn. 141.

545 Hierzu statt aller *Hüttemann/Rawert*, in: Staudinger, § 81 Rn. 18 f.

546 Zur Klagebefugnis des Testamentsvollstreckers im Zivilprozess s. E.I.1.b)bb)(3).

547 VG Gießen, Urteil vom 25.11.2009 – 8 K 341/09.GI, Rn. 23 (BeckRS 2011, 45208).

b) Folgen der Einlegung von Rechtsmitteln – Aufschiebende Wirkung und Sofortvollzug

Geht man – wie hier vertreten – davon aus, dass die gesetzlichen Erben und andere Dritte nicht widerspruchs- und klagebefugt sind, stellt sich die Frage, welche Auswirkung die Einlegung von unzulässigen Rechtsmitteln durch diese Personen auf die Anerkennung der Stiftung hat. Ob die aufschiebende Wirkung auch bei unzulässigen Rechtsbehelfen eintritt, ist umstritten.[548]

Nach einer Ansicht ist die aufschiebende Wirkung von der Zulässigkeit des Rechtsbehelfs abhängig.[549] Die Gegenansicht vertritt unter Hinweis auf den Wortlaut des § 80 Abs. 1 VwGO, dass der Eintritt der aufschiebenden Wirkung unabhängig von der Zulässigkeit des Rechtsbehelfs ist.[550] Nach einer dritten, vermittelnden Ansicht soll grundsätzlich jedem Rechtsbehelf aufschiebende Wirkung zukommen, es sei denn, es handelt sich um evident unzulässige Rechtsbehelfe.[551] Eine weitere vermittelnde Ansicht differenziert nach Maßgabe der einzelnen Zulässigkeitsvoraussetzungen; im Falle einer fehlenden Klagebefugnis tritt nach dieser Ansicht keine aufschiebende Wirkung ein.[552]

Jedenfalls die zweite und potentiell auch die dritte Ansicht kommen damit auch bei einer fehlenden Widerspruchs- bzw. Klagebefugnis unter Umständen zu einer aufschiebenden Wirkung. Dies hätte zur Folge, dass die Stiftung aufgrund des Suspensiveffekts ihre Rechtsfähigkeit und damit auch ihre Beteiligten- und Prozessfähigkeit im Verwaltungs- und im Zivilprozess verliert. Hierdurch

---

548 Für eine vollständige Übersicht s. *Gersdorf*, in: BeckOK VwGO [01.10.2020], § 80 Rn. 18 ff. m.w.N.

549 Hessischer Verwaltungsgerichtshof, Beschluss vom 27.08.1982 – II TH 34/82 (NVwZ 1982, 689-692); OVG Nordrhein-Westfalen, Beschluss vom 18.07.1974 – XII B 422/74 (NJW 1975, 794-796).

550 OVG Berlin, Urteil vom 01.12.1970 – IV B 2.70; BVerwG, Urteil vom 21.06.1961 – VIII C 398.59, Rn. 31 (BVerwGE 13, 1-9).

551 Verwaltungsgerichtshof Baden-Württemberg, Urteil vom 01.02.1996 – 8 S 1961/95, 1. Ls (NVwZ 1997, 594-598); Bayerischer Verwaltungsgerichtshof, Beschluss vom 26.04.2007 – 4 CE 07.266, Rn. 10 (BeckRS 2008, 32267); *Stollmann*, NVwZ 2006, 425, 426.

552 BVerwG, Urteil vom 30.10.1992 – 7 C 24/92, 2. Ls. (NJW 1993, 1610-1611); Verwaltungsgerichtshof Baden-Württemberg, Beschluss vom 20.08.1987 – 8 S 1001/87, 2. Ls.; Oberverwaltungsgericht Berlin, Beschluss vom 01.02.1994 – 1 S 118.93, 1. Ls. (LKV 1994, 298); *Bostedt*, in: Fehling/Kastner/Störmer, Verwaltungsrecht, § 80 Rn. 29 ff. m.w.N.; *Gersdorf*, in: BeckOK VwGO [01.10.2020], § 80 Rn. 21.

kann die Stiftung sich erneut in einem Rechtsstreit nicht selbst verteidigen und für ihre Anerkennung und die Wirksamkeit des letzten Willens streiten. In der Folge wird sie faktisch in die Position vor Anerkennung zurückgeworfen.

Um eine solche Situation zu verhindern, hat die zuständige Behörde die sofortige Vollziehung des Anerkennungsbescheids gem. § 80 Abs. 2 Nr. 4 VwGO anzuordnen. Hiernach kann die Behörde, die den Verwaltungsakt erlassen oder über den Widerspruch zu entscheiden hat, im öffentlichen Interesse oder im überwiegenden Interesse eines Beteiligten die sofortige Vollziehung des Verwaltungsakts besonders anordnen. Für die im öffentlichen Interesse erfolgende Vollziehbarkeitsanordnung muss ein besonderes öffentliches Interesse vorliegen, das über das Interesse hinaus geht, das den Erlass des Verwaltungsakts rechtfertigt. Vorliegen muss damit ein besonderes Interesse gerade an der sofortigen Vollziehung des Verwaltungsakts, d.h. ein über das Erlassinteresse hinausgehendes, qualitativ anderes Interesse. Außerdem hat eine Eilbedürftigkeit, also eine besondere Dringlichkeit für die sofortige Verwirklichung des Verwaltungsaktes, vorzuliegen.[553]

Insbesondere die Tatsache, dass die Stiftung durch den Verlust ihrer Rechtsfähigkeit weder eine Erbenfeststellungsklage noch ihre sonstigen Rechte im Erbscheinsverfahren verfolgen kann, spricht für ein solches besonderes, über das Erlassinteresse hinausgehendes Bedürfnis. Durch die entfallende Rechtsfähigkeit erhöht sich das Risiko, dass insbesondere die gesetzlichen Erben Erbscheine erhalten können und in der Folge der Nachlass an die gesetzlichen Erben ausgekehrt wird. Die Schäden, die hierbei drohen werden, können sich häufig im Millionenbereich bewegen. Demgegenüber stellt die sofortige Vollziehung der Anerkennung für die gesetzlichen Erben und andere Erbprätendenten ein nur sehr geringes Risiko dar, da die Stiftung aufgrund des Gebots der Vermögenserhaltung und der darüber wachenden staatlichen Aufsicht das zugewendete Vermögen ohnehin erhalten muss.

Hiergegen ließe sich einwenden, dass diese Situation eine übliche ist, bei der das Interesse am sofortigen Vollzug nicht über das bloße Erlassinteresse hinausgeht. Man könnte daher anführen, dass aus den genannten Gründen zwar ein grundsätzliches öffentliches Interesse, nicht aber ein besonderes öffentliches Interesse besteht. Dies ist jedoch nach Ansicht der Verfasserin nicht zutreffend. Die Gefahrensituation für eine nicht rechtsfähige Stiftung, die sich in einem

553 Statt aller *Gersdorf*, in: BeckOK VwGO [01.10.2020], § 80 Rn. 99 m.w.N.

Konfliktfall über ihre Anerkennung befindet, und die daraus resultierende Schutzbedürftigkeit führt zu einem besonderen öffentlichen Interesse. Zu beachten ist auch, dass bei der Interessenabwägung eine gewisse Parallelität zwischen der vorliegenden Situation und sogenannten Drittanfechtungsfällen besteht. Zwar handelt es sich hier nicht um einen Fall des § 80a VwGO, weil die Anerkennung der Stiftung keine Drittwirkung im Sinne der Norm entfaltet. Dennoch ist eine ähnliche Lagerung der Fälle nicht von der Hand zu weisen, da in beiden Fällen ein Dritter geltend macht, durch den Verwaltungsakt belastet zu sein und aus diesem Grund Rechtsmittel dagegen einlegt. Bei der Entscheidung über die Anordnung der sofortigen Vollziehung gem. § 80a Abs. 1 Nr. 1 VwGO i.V.m. § 80 Abs. 2 1 Nr. 4 VwGO ist die Behörde verpflichtet, die privaten Interessen des Begünstigten sowie gegebenenfalls die bestehenden öffentlichen Interessen an der sofortigen Vollziehung einerseits mit dem privaten Interesse des Belasteten an der gesetzlich bestimmten aufschiebenden Wirkung andererseits abzuwägen.[554] Bei einer solchen Drittanfechtungskonstellation i.S.d. § 80a VwGO stehen sich gegenläufige Bürgerinteressen gegenüber, da eine Partei den Verwaltungsakt sofort vollziehen möchte, während die andere Partei die aufschiebende Wirkung herbeiführen oder erhalten will. In einem solchen Fall wird eine Abwägung des Einzelfalls zwischen diesen beiden Interessen vorgenommen. Da sich zwei gleichgeordnete Bürger und nicht Bürger und Staat gegenüberstehen, ist ein über das allgemeine öffentliche Vollzugsinteresse hinausgehende Interesse nicht erforderlich. Dies kann allerdings, so es vorliegt, ergänzend zu dem privaten Vollzugsinteresse des Begünstigten hinzutreten.[555] In Anbetracht dieser Parallele ließe sich daher auch vertreten, dass ein besonderes öffentliches Interesse überhaupt nicht bestehen muss. Nach Ansicht der Verfasserin liegt es dennoch vor, da die Suspensivwirkung durch Einlegung von Rechtsmitteln der Stiftung ihre Rechtsfähigkeit nimmt und in der Folge der Nachlass – ausschließlich im Falle eines gerichtlichen Konflikts mit gesetzlichen Erben oder anderen Erbprätendenten – insbesondere im Erbscheinsverfahren schutzlos wäre. In einem solchen Konfliktfall besteht die besondere Gefahr, dass der Nachlass an Dritte ausgekehrt wird, ohne dass die Stiftung sich dagegen wehren kann. Darüber hinaus ist – wie bereits ausgeführt – das Risiko für die gesetzlichen Erben gering, da die Stiftung zur Vermögenserhaltung ohnehin verpflichtet ist. Anders könnte dies theoretisch bei der letztwilligen Errichtung einer Verbrauchsstiftung bewertet werden – aber auch hier kann die Stiftungsbehörde Aufsichtsmaßnahmen zum

554 *Bostedt*, in: Fehling/Kastner/Störmer, Verwaltungsrecht, § 80a Rn. 5.
555 *Bostedt*, in: Fehling/Kastner/Störmer, Verwaltungsrecht, § 80a Rn. 5.

vorläufigen Erhalt des Grundstockvermögens anordnen. Jedenfalls bei gemeinnützigen Stiftungserrichtungen, die in der Praxis die weit überwiegende Anzahl darstellen dürften, kann zusätzlich von einem öffentlichen Interesse am Erhalt der Stiftung und des Stiftungsvermögens ausgegangen werden. Auch das besondere Dringlichkeitsinteresse lässt sich mit den drohenden Vermögensschäden durch Verfügungen der gesetzlichen Erben begründen.

Im Ergebnis hat die zuständige Behörde damit im Konfliktfall zwischen der Stiftung und den gesetzlichen Erben oder anderen Erbprätendenten im Zweifel die sofortige Vollziehung anzuordnen, soweit gegen die Anerkennung (unzulässigerweise) Widerspruch eingelegt oder Anfechtungsklage bzw. Feststellungsklage erhoben wird.

2. Zivilrechtsweg

Zusätzlich zu den verwaltungsrechtlichen Möglichkeiten kann, wie auch schon vor Anerkennung der Stiftung, der letzte Wille gerichtlich durch Dritte bestritten werden. Dies kann zum einen durch ein Erbscheinsverfahren[556] und eine Beschwerde gegen diese Entscheidung erfolgen[557]. Zum anderen kann die Frage der Wirksamkeit des letzten Willens, welcher der Stiftungsanerkennung zugrunde liegt, durch das Zivilgericht im Wege der Erbenfeststellungsklage untersucht werden.[558] Hierbei ist die von Todes wegen errichtete Stiftung nun selbst Beteiligte eines Erbscheins- oder Beschwerdeverfahrens sowie Partei einer Erbenfeststellungsklage, da sie mit ihrer Anerkennung die volle Rechtsfähigkeit erhalten hat. Auch andere Erben, Erbprätendenten oder der Testamentsvollstrecker können – unter den speziellen Voraussetzungen der Rechtsmittel – einen Antrag auf Erteilung eines Erbscheins stellen, ein Beschwerdeverfahren bemühen und Kläger oder Beklagter einer Erbenfeststellungsklage sein.

Eine bereits anerkannte Stiftung kann in solchen Rechtsstreitigkeiten einerseits Klägerin sein. Dies wird regelmäßig dann der Fall sein, wenn sie der Meinung ist, dass ihr aufgrund des letzten Willens zu wenig oder etwas Falsches zugewendet wurde und sie Herausgabeansprüche geltend machen möchte. Auch kann sie zur Absicherung ihrer erbrechtlichen Position einen Erbschein beantragen oder Erbenfeststellungsklage erheben wollen.

556 E.I.1.a).
557 E.I.1.a)dd).
558 E.I.1.b).

Beispiel 13:
Der Erblasser hat letztwillig eine Stiftung mit dem Zweck „Förderung des UKE Hamburg Eppendorf" errichtet. Er hat keine Kinder und keinen Ehepartner. Die Stiftung wird durch die zuständige Stiftungsbehörde anerkannt. Seine Nichte macht nach dem Anerkennungsverfahren gegenüber der Stiftung Ansprüche aus dem Nachlass geltend, weil sie der Meinung ist, der Erblasser hätte ihr 100.000 € vererbt. Hier kann die Stiftung nach ihrer Anerkennung selbst einen Erbschein beantragen oder Erbenfeststellungsklage erheben, um den Nachlass vor Angriffen durch die Nichte zu sichern.

Andererseits kann die Stiftung auch Beklagte sein, soweit Dritte eine Erbenstellung geltend machen und der Meinung sind, die Stiftung habe zu Unrecht Zuwendungen aus dem Nachlass erhalten oder sei überhaupt keine Erbin geworden.

Beispiel 14:
Der Erblasser hat im Jahr 2006 und 2010 jeweils einen letzten Willen errichtet. Im ersten Testament setzte er seine Nichte als Erbin ein, während er 2010 letztwillig eine Stiftung mit dem Zweck „Förderung des UKE Hamburg Eppendorf" errichtete. Er hat keine Kinder und keinen Ehepartner. Die Stiftung wird durch die zuständige Stiftungsbehörde anerkannt. Seine Nichte macht nach dem Anerkennungsverfahren gegenüber der Stiftung Ansprüche aus dem Nachlass geltend, weil sie der Meinung ist, der Erblasser sei bei Errichtung des zweiten Testaments im Jahr 2010 nicht mehr testierfähig gewesen. Um ihren Anspruch gerichtlich durchsetzen zu können, erhebt sie Erbenfeststellungsklage, die Stiftung ist hierbei Beklagte.

Zusätzlich kann in Folge einer Anfechtung des letzten Willens gem. §§ 2078 ff. BGB im streitigen Verfahren über die Wirksamkeit des letzten Willens gestritten werden. Eine Anfechtung der letztwilligen Verfügung ist gem. § 2078 Abs. 1 BGB möglich, soweit der Erblasser über den Inhalt seiner Erklärung im Irrtum war oder eine Erklärung dieses Inhalts überhaupt nicht abgeben wollte und anzunehmen ist, dass er die Erklärung bei Kenntnis der Sachlage nicht abgegeben haben würde. Das Gleiche gilt gem. § 2078 Abs. 2 BGB, soweit der Erblasser zu der Verfügung durch die irrige Annahme oder Erwartung des Eintritts oder Nichteintritts eines Umstands oder widerrechtlich durch Drohung bestimmt worden ist. Zur Anfechtung ist nach § 2080 Abs. 1 BGB grundsätzlich derjenige berechtigt, welchem die Aufhebung der letztwilligen Verfügung unmittelbar zustattenkommen würde.

Besonders relevant kann die gerichtliche Geltendmachung von Ansprüchen gegen den Nachlass insbesondere auch dann sein, wenn potentielle Pflichtteilsberechtigte Klage erheben.

Beispiel 15:
Der Erblasser hat letztwillig eine Stiftung mit dem Zweck „Förderung des UKE Hamburg Eppendorf“ errichtet. Er hat einen Sohn und keinen Ehepartner. In seinem Testament bestimmte der Erblasser die Stiftung zur Alleinerbin. Die Stiftung wird durch die zuständige Stiftungsbehörde anerkannt. Sein Sohn macht sodann Pflichtteilsansprüche aus dem Nachlass geltend. Hier kann der Sohn neben einem Erbscheinsverfahren und einer Erbenfeststellungsklage auch Leistungsklage auf Herausgabe seines Pflichtteils gegenüber der Stiftung erheben.

Hatte der Erblasser keine Kenntnis von der Existenz eines Pflichtteilsberechtigten, kommt zusätzlich auch eine Anfechtung des letzten Willens gem. § 2079 BGB durch den Pflichtteilsberechtigten selbst in Betracht.

Beispiel 16:
Der Erblasser hat letztwillig eine Stiftung mit dem Zweck „Förderung des UKE Hamburg Eppendorf“ errichtet. Er hat einen Sohn, von dessen Existenz er jedoch lebzeitig nicht wusste und keinen Ehepartner. In seinem Testament bestimmte der Erblasser die Stiftung zur Alleinerbin. Die Stiftung wird durch die zuständige Stiftungsbehörde anerkannt. Gem. § 2079 Abs. 1 BGB kann eine letztwillige Verfügung hier angefochten werden, wenn der Erblasser einen zur Zeit des Erbfalls vorhandenen Pflichtteilsberechtigten übergangen hat, dessen Vorhandensein ihm bei der Errichtung der Verfügung nicht bekannt war oder der erst nach der Errichtung geboren oder pflichtteilsberechtigt geworden ist. Die Anfechtung ist jedoch ausgeschlossen, soweit anzunehmen ist, dass der Erblasser auch bei Kenntnis der Sachlage die Verfügung getroffen haben würde.

Im Falle einer sich an eine Feststellungsklage gegebenenfalls anschließende gerichtliche Geltendmachung des Herausgabeanspruchs ist das Prozessgericht an die rechtskräftige Feststellung der Erbfolge gebunden, da es sich hierbei um eine Vorfrage für den geltend gemachten materiell-rechtlichen Herausgabeanspruch handelt.[559]

3. Verhältnis von Zivil- und Verwaltungsrechtsweg

Problematisch gestaltet sich jedoch das Verhältnis von zivil- und verwaltungsgerichtlichen Streitigkeiten zueinander. In den hier beschriebenen Situationen, in denen eine Stiftung bereits durch die Stiftungsbehörde anerkannt wurde, kann die Anerkennung als solche auf dem Verwaltungsrechtsweg überprüft werden. Zugleich kann jedoch auch der dem Stiftungsgeschäft zugrundeliegende letzte Wille vor dem Zivilgericht angegriffen werden, wodurch bei entsprechender Entscheidung auch das wirksame Stiftungsgeschäft entfallen kann. Werden beide

559 Vgl. *Gottwald*, in: MüKo ZPO, § 322 Rn. 52 f.

Rechtswege gleichzeitig beschritten, befindet sich die Stiftung in einer potentiellen Konfliktsituation, in der die Gerichte unterschiedlicher Rechtswege zu divergierenden Auffassungen hinsichtlich der Stiftungserrichtung und -anerkennung gelangen können. Fraglich ist, welchem Gericht in einem solchen Fall die Sach- und damit auch die endgültige Entscheidungskompetenz zukommt.

a) Überblick: Aussetzung im zivil- und verwaltungsgerichtlichen Verfahren

Sowohl das zivilrechtliche als auch das verwaltungsrechtliche Verfahren kennen die Möglichkeit der Verfahrensaussetzung, wenn für den entsprechenden Prozess zunächst eine Vorfrage, die sachlich von einem anderen Gericht entschieden werden muss, zu klären ist. Gem. § 148 ZPO und gem. § 94 VwGO kann das Gericht, wenn die Entscheidung des Rechtsstreits ganz oder zum Teil von dem Bestehen oder Nichtbestehen eines Rechtsverhältnisses abhängt, das den Gegenstand eines anderen anhängigen Rechtsstreits bildet oder von einer Verwaltungsbehörde festzustellen ist, anordnen, dass die Verhandlung bis zur Erledigung des anderen Rechtsstreits oder bis zur Entscheidung der Verwaltungsbehörde auszusetzen ist. Durch die Aussetzung soll die Einheitlichkeit von Entscheidungen sichergestellt werden und einer doppelten Befassung mit unterschiedlichen Ergebnissen entgegengewirkt werden.[560]

Eine Vorgreiflichkeit i.S.d. der §§ 94 VwGO und 148 ZPO liegt dann vor, wenn die Entscheidung in einem Verfahren nicht ergehen kann, ohne dass über eine in einem anderen Verfahren anhängige Vorfrage entschieden wird, d.h. wenn in einem anderen Verfahren über ein Rechtsverhältnis entschieden wird, dessen Bestehen für den auszusetzenden Rechtsstreit präjudizielle Bedeutung hat.[561] Kein Fall der Aussetzung kann hingegen vorliegen, wenn der Streitgegenstand beider Prozesse identisch ist. Hier wäre die Klage aufgrund eines Verstoßes gegen § 17 Abs. 1 S. 2 GVG vielmehr abzuweisen.[562] Weitere Voraussetzung einer Aussetzung ist, dass die Vorfrage in einem anderen Rechtsstreit bereits

560 Zu § 148 ZPO: OLG Dresden, Beschluss vom 02.06.1993 – 5 W 243/93, Rn. 3 (NJW 1994, 139-140); *Stadler*, in: Musielak/Voit ZPO, § 148 Rn. 1; *Wöstmann*, in: Saenger ZPO, § 148 Rn. 1; zu § 94 VwGO: *Garloff*, in: BeckOK VwGO [01.04.2020], § 94 Vorbem.; *Peters/Schwarzburg*, in: Sodan/Ziekow, VwGO, § 94 Rn. 2.

561 S. Verwaltungsgerichtshof Baden-Württemberg, Beschluss vom 07.01.2013 – 2 S 2189/12, Rn. 4 (NVwZ-RR 2013, 622); *Garloff*, in: BeckOK VwGO [01.04.2020], § 94 Rn. 1.

562 S. *Fritsche*, in: MüKo ZPO, § 148 Rn. 5.

anhängig ist.[563] Nach überzeugender Ansicht ist eine Aussetzung gem. § 94 VwGO auch dann möglich, wenn das Verfahren noch nicht rechtshängig ist, das Gericht aber eine angemessene Frist bestimmt, innerhalb derer das Verfahren vor dem anderen Gericht anhängig zu machen ist.[564] Auch im Zivilverfahren ist nach Ansicht der herrschenden Meinung eine Aussetzung möglich, wenn die in Rede stehende Entscheidung der Verwaltungsbehörde erst noch zu veranlassen ist.[565] Die Entscheidung über die Aussetzung ergeht von Amts wegen.[566] Dem Gericht kommt grundsätzlich ein Ermessen hinsichtlich der Aussetzungsentscheidung zu.[567] Auch wenn die Parteien selbst grundsätzlich keine Entscheidungskompetenz hinsichtlich der Aussetzung des Verfahrens haben, kann der Wille der Beteiligten im Rahmen dieses Ermessens durch das Gericht berücksichtigt werden.[568] Bei der Ausübung des Ermessens sind die Erfolgsaussichten des anderen Verfahrens und die Verfahrensverzögerung gegenüberzustellen und abzuwägen.[569] Eine Ermessensreduzierung auf Null ist dann anzunehmen, wenn im vorliegenden Rechtstreit eine Entscheidung ohne Klärung des anderen Rechtsverhältnisses nicht vorgenommen werden kann.[570]

b) Die Aussetzung bei Streitigkeiten im Stiftungskontext

Die für eine Aussetzung sowohl im zivil- als auch im verwaltungsgerichtlichen Verfahren entscheidende Frage, ob eine Vorgreiflichkeit zu einem anderen Verfahren tatsächlich vorliegt, ist nach materiellem Recht zu bewerten.[571] Bei der letztwilligen Stiftungserrichtung treffen erbrechtliche Fragestellungen mit der Bewertung des Vorliegens von Stiftungsvoraussetzungen durch eine

563 OLG Karlsruhe, Urteil vom 09.12.1993 – 11 U 50/91, Rn. 14 (NJW 1995, 1296-1297); LAG München, Beschluss vom 10.03.1998 – 4 Ta 339/97, Rn. 13 (MDR 1998, 783).

564 BVerwG, Urteil vom 12.02.1987 – 3 C 22/86, Rn. 40 (BVerwGE 77, 19-29) m.w.N.

565 Ausführlich hierzu *Wendtland*, in: BeckOK ZPO [01.12.2020], § 148 Rn. 11; *Fritsche*, in: MüKo ZPO, § 148 Rn. 12; *Stadler*, in: Musielak/Voit ZPO, § 148 Rn. 7.

566 Statt aller *Fritsche*, in: MüKo ZPO, § 148 Rn. 14; *Porz*, in: Fehling/Kastner/Störmer, Verwaltungsrecht, § 94 Rn. 9.

567 Statt aller *Wendtland*, in: BeckOK ZPO [01.12.2020], § 148 Rn. 13; *Porz*, in: Fehling/Kastner/Störmer, Verwaltungsrecht, § 94 Rn. 7 f.

568 S. *Porz*, in: Fehling/Kastner/Störmer, Verwaltungsrecht, § 94 Rn. 7.

569 S. BGH, Beschluss vom 07.05.1992 – V ZR 192/91, Rn. 6 (WM 1992, 1422-1423); *Wendtland*, in: BeckOK ZPO [01.12.2020], § 148 Rn. 13.

570 BVerwG, Beschluss vom 17.12.1992 – 4 B 247/92, Rn. 4 (Buchholz 310 § 94 VwGO Nr. 6); *Porz*, in: Fehling/Kastner/Störmer, Verwaltungsrecht, § 94 Rn. 8.

571 S. *Garloff*, in: BeckOK VwGO [01.04.2020], § 94 Rn. 2.

Verwaltungsbehörde aufeinander. Die Stiftungsbehörde und das Verwaltungsgericht haben hierbei die Sachkompetenz hinsichtlich der Frage des Vorliegens der Voraussetzungen der Stiftungsanerkennung. Dies umfasst die Prüfung, ob der Stiftungszweck hinreichend konkret vorgegeben ist, ob das Stiftungsvermögen zur Erreichung des angegebenen Zwecks ausreicht und ob die Satzung den Vorgaben des § 81 Abs. 1 S. 3 BGB genügt. Das Zivilgericht hat hingegen die Sachkompetenz hinsichtlich der Frage, ob der letzte Wille als solcher wirksam durch den Erblasser errichtet wurde. Diese Prüfungskompetenz umfasst unter anderem die Untersuchung, ob der Erblasser mit Testierwillen gehandelt hat, testierfähig war, ob der letzte Wille durch Dritte verändert wurde und ob der letzte Wille den sonstigen Formanforderungen genügt.

Bei der letztwilligen Stiftungserrichtung sind diese Fragestellungen unter Umständen miteinander verwoben und können daher, wie bereits ausgeführt, gegebenenfalls auf zwei unterschiedlichen Rechtswegen angegriffen werden. Befindet sich die Stiftung von Todes wegen in einem solchen erbrechtlichen Konfliktfall, können Dritte, die sich selbst und nicht die anerkannte Stiftung für rechtmäßige Erben halten, einerseits vor dem Zivilgericht eine entsprechende Klage erheben. Andererseits können sie – zwar nicht nach der von der Verfasserin vertretenen Ansicht, wohl aber nach Ansicht anderer Autoren – auch die Anerkennung der Stiftung vor dem Verwaltungsgericht angreifen und so faktisch die Stiftung als Erbin versuchen zu beseitigen. In einem solchen Fall von zwei parallelen Verfahren auf unterschiedlichen Rechtswegen stellt sich die Frage, ob ein Gericht das Verfahren bis zur Entscheidung des anderen Gerichts auszusetzen hat.

Wie bereits ausgeführt, hat das Gericht das Verfahren auszusetzen, wenn im vorliegenden Rechtsstreit eine Entscheidung ohne Klärung des anderen Rechtsverhältnisses nicht vorgenommen werden kann.[572] Je nachdem, welche Rechtsfrage zu klären ist, führt dies im hier vorliegenden Fall zu unterschiedlichen Ergebnissen: Soweit für das Verwaltungsgericht entscheidend ist, ob der letzte Wille als solcher wirksam errichtet wurde, hat das Verwaltungsgericht das Verfahren nach § 94 VwGO auszusetzen, wenn zugleich vor dem Zivilgericht ein entsprechendes Verfahren anhängig ist.

---

572 BVerwG, Beschluss vom 17.12.1992 – 4 B 247/92, Rn. 4 (Buchholz 310 § 94 VwGO Nr. 6); *Porz*, in: Fehling/Kastner/Störmer, Verwaltungsrecht, § 94 Rn. 3.

Beispiel 17:
Der Erblasser hatte Alzheimer in einem sehr frühen Stadium und war zwar die meiste Zeit, nicht aber immer im vollen Besitz seiner geistigen Kräfte. Er hat eine Tochter. In seinem letzten Willen bestimmt er:

[…] Unter Aufhebung meiner vorherigen letztwilligen Verfügungen bestimmte ich: Mein gesamtes Vermögen vererbe ich an eine gemeinnützige, noch zu errichtende Stiftung. Zweck der Stiftung soll der Bau und Erhalt eines neuen Gebäudes für das UKE Hamburg Eppendorf sowie die fortlaufende Modernisierung der medizinischen Geräte dieser Station sein. […] Die Entscheidung, welcher Station die Förderung zukommen soll, trifft der Stiftungsvorstand. Bei der Auswahl der Station soll darauf geachtet werden, dass besonders alte Gebäude und Stationen bevorzugt gefördert werden, um die generelle Modernisierung des UKE voranzutreiben. Darüber hinaus wäre eine besondere Förderung der Kinderstationen des UKE wünschenswert, aber nicht zwingend erforderlich. […]

Nach dem Tod des Erblassers trägt die Tochter gegenüber der Stiftungsbehörde vor, ihr Vater sei im Zeitpunkt der Testamentserrichtung nicht mehr testierfähig gewesen. Dennoch erkennt die Stiftungsbehörde die Stiftung an. Hiergegen legt die Tochter (nach Ansicht der Verfasserin unzulässigerweise) Widerspruch ein und erhebt später auch Anfechtungsklage. Parallel erhebt sie vor dem Zivilgericht Erbenfeststellungsklage. Da es sich bei der Frage der Testierfähigkeit, die für die wirksame letztwillige Stiftungserrichtung unabdingbare Voraussetzung ist, um eine erbrechtliche Frage handelt, hat das Verwaltungsgericht, sofern es die Klage nicht bereits als unzulässig abweist, das Verfahren gem. § 94 VwGO auszusetzen, bis das Zivilgericht die Frage der Testierfähigkeit des Erblassers entschieden hat.

Sollte für das Zivilgericht jedoch fraglich sein, ob die letztwillige Stiftungserrichtung stiftungsrechtlich wirksam erfolgt ist und insoweit ein Verfahren vor dem Verwaltungsgericht anhängig sein, hat das Zivilgericht das Verfahren gem. § 148 ZPO auszusetzen. Darüber hinaus ist das Verfahren auch dann auszusetzen, wenn die Frage, ob die stiftungsrechtlichen Voraussetzungen einer Stiftungserrichtung erfüllt sind und die Stiftung anzuerkennen ist, für die Erbfolge relevant ist und diese Frage von der Verwaltungsbehörde noch zu beantworten ist. Dies gilt auch dann, wenn das Verwaltungsverfahren selbst noch nicht eingeleitet wurde.[573]

Beispiel 18:
Der Erblasser ist ein Ingenieur, der bis zu seinem Tod immer gesund war. Auch in seiner Familie gibt es keinerlei Bezüge zu Krankheiten. In seiner Freizeit beschäftigte er sich gerne mit Modelleisenbahnen. Er hat keine Kinder und keinen Ehepartner. Seine einzige Verwandte ist seine Nichte. In seinem Testament bestimmt er:

573 So allgemein für noch nicht eingeleitete Verwaltungsverfahren *Wendtland*, in: BeckOK ZPO [01.12.2020], § 148 Rn. 11; *Fritsche*, in: MüKo ZPO, § 148 Rn. 12.

[...] Mein gesamtes Vermögen soll an eine noch zu gründende Stiftung mit dem Zweck „Förderung der Medizin" fließen. [...]

In der Vergangenheit hat sich der Erblasser mehrfach bei der Stiftungsbehörde und einer Bank zum Thema Stiftungserrichtung beraten lassen. Hierbei hat er immer davon gesprochen, dass die Stiftung den Zweck Förderung des öffentlichen Gesundheitswesens haben solle und das Vermögen möglichst steuerbefreit genutzt werden soll. Die Stiftungsbehörde hat von der potentiellen Stiftungserrichtung erfahren und prüft diese. Erhebt die Nichte zeitgleich eine Erbenfeststellungsklage vor dem Zivilgericht, hat dieses das Verfahren gem. § 148 ZPO auszusetzen, bis die Stiftungsbehörde eine Entscheidung über das Vorliegen der Anerkennungsvoraussetzungen für die Stiftungserrichtung getroffen hat.

Im besonderen Fall der letztwilligen Stiftungserrichtung ist mit Blick auf die Aussetzung in beiden Fällen eine Ermessensreduzierung auf Null anzunehmen, da im vorliegenden Rechtstreit eine Entscheidung ohne Klärung des anderen Rechtsverhältnisses nicht getroffen werden kann.[574] Aufgrund der Verknüpfung von erbrechtlichem letzten Willen und stiftungsrechtlicher Stiftungserrichtung und -anerkennung kann das Gericht bei letztwilligen Stiftungserrichtungen im Zweifel nicht ohne eine Aussetzung zur Klärung des anderen Rechtsverhältnisses entscheiden. Zu fordern ist bei der Aussetzung von zivilrechtlichen Verfahren jedoch, dass mit einer baldigen Entscheidung der Verwaltungsbehörde zu rechnen sein muss. Dies dürfte bei Stiftungsbehörden regelmäßig der Fall sein. Wie bereits unter B.II. ausgeführt wurde, muss bei einem Stiftungsgeschäft von Todes wegen das Nachlassgericht gem. § 83 S. 1 BGB der zuständigen Behörde von diesem mitteilen, sofern die Anerkennung nicht von dem Erben oder dem Testamentsvollstrecker beantragt wird. Teilen damit nicht Dritte der Stiftungsbehörde das Vorliegen eines Stiftungsgeschäfts mit, hat das Zivilgericht seiner Amtspflicht nachzukommen und die im Nachlassverfahren zum Stiftungsgeschäft von Todes wegen gewonnenen Informationen an die zuständige Stiftungsbehörde heranzutragen.[575] Diese muss sodann ihrerseits von Amts wegen und ohne gesonderten Antrag das Anerkennungsverfahren einleiten.[576] Mithin wird in einem solchen Fall von einer zeitnahen Entscheidung durch die Verwaltungsbehörde

574 Generell zur Ermessensreduzierung auf Null BVerwG, Beschluss vom 17.12.1992 – 4 B 247/92, Rn. 4 (Buchholz 310 § 94 VwGO Nr. 6); *Porz*, in: Fehling/Kastner/Störmer, Verwaltungsrecht, § 94 Rn. 8.

575 S. *Backert*, in: Hüttemann/Richter/Weitemeyer, Kapitel 10 Rn. 10.11.

576 S. *Hof*, in: v. Campenhausen/Richter, Stiftungsrechts-Handbuch, 4. Auflage, § 6 Rn. 284; *Backert*, in: Hüttemann/Richter/Weitemeyer, Kapitel 10 Rn. 10.11.

auszugehen sein, sodass das Zivilgericht sein Verfahren gem. § 148 ZPO auszusetzen und die Entscheidung der Verwaltungsbehörde abzuwarten hat.

c) *Rechtsmittel*

Im Zivilverfahren kann gegen den Beschluss über Anordnung oder Ablehnung der Aussetzung gem. § 252 ZPO sofortige Beschwerde nach §§ 567 ff. ZPO erhoben werden. Hierbei prüft das Rechtsmittelgericht, ob ein Aussetzungsgrund vorlag und – sofern dies durch das Gericht angenommen wird – ob etwaige Ermessensfehler bei der Entscheidung des Ausgangsgerichts vorliegen.[577] Im Verwaltungsverfahren ist die Ablehnung einer Aussetzung mittels einer Beschwerde gem. § 146 Abs. 1 VwGO anfechtbar. Auch hier wird geprüft, ob ein Aussetzungsgrund und Ermessensfehler ersichtlich sind.[578]

d) *Sich widersprechende Urteile*

Problematisch kann es sich gestalten, wenn eines oder beide Gerichte das Verfahren nicht aussetzen, sondern stattdessen durch sich widersprechende Urteile entscheiden. Dies kann insbesondere dann eintreten, wenn ein Gericht sein Ermessen nicht auf Null reduziert sieht und die Ansicht vertritt, dass eine Aussetzung nicht erforderlich sei. In einem solchen Fall stellt sich die Frage, wieweit die verwaltungsprozessuale und die zivilrechtliche Rechtskraft der entsprechenden Entscheidung reicht.

Fortführung Beispiel 18:
Der Erblasser ist ein Ingenieur, der bis zu seinem Tod immer gesund war. Auch in seiner Familie gibt es keinerlei Bezüge zu Krankheiten. In seiner Freizeit beschäftigte er sich gerne mit Modelleisenbahnen. Er hat keine Kinder und keinen Ehepartner. Seine einzige Verwandte ist seine Nichte. In seinem Testament bestimmt er:

[...] Mein gesamtes Vermögen soll an eine noch zu gründende Stiftung mit dem Zweck „Förderung der Medizin" fließen. [...]

In der Vergangenheit hat sich der Erblasser mehrfach bei der Stiftungsbehörde und einer Bank zum Thema Stiftungserrichtung beraten lassen. Hierbei hat er immer davon gesprochen, dass die Stiftung den Zweck Förderung des öffentlichen Gesundheitswesens haben solle und das Vermögen möglichst steuerbefreit genutzt werden soll. Die Stiftungsbehörde hat von der potentiellen Stiftungserrichtung erfahren und prüft diese.

---

577 S. *Fritsche*, in: MüKo ZPO, § 148 Rn. 17; *Wöstmann*, in: Saenger ZPO, § 148 Rn. 9.
578 S. *Rudisile*, in: Schoch/Schneider/Bier, Verwaltungsrecht, § 94 Rn. 39; *Peters/Schwarzburg*, in: Sodan/Ziekow, VwGO, § 94 Rn. 26.

Zeitgleich hat die Nichte Erbenfeststellungsklage vor dem Zivilgericht erhoben, wobei dieses das Verfahren jedoch nicht gem. § 148 ZPO ausgesetzt hat.

Wie bereits in Kapitel D. dieser Arbeit ausgeführt, ist der Stiftungszweck hier weit gehalten und auch im letzten Willen nicht näher bestimmt. Die zusätzliche Information zu vorherigen Beratungen konnte die Behörde im Rahmen der erbrechtlichen Auslegung nicht verwenden, da der Wunsch einer Gemeinnützigkeit im letzten Willen des Erblassers nicht einmal angedeutet war. Da die behördliche Ergänzung aber auch den Rückgriff auf Umstände, die vollständig außerhalb des letzten Willens liegen, erlaubt, kann die Behörde hier entsprechend dieser Informationen die Satzung mit Blick auf die Art und Weise der Zweckverwirklichung und die gewünschte Steuerbegünstigung gem. §§ 51 ff. AO konkretisieren und ergänzen.

Würde in diesem Fall die Nichte einerseits gegen die Anerkennung der Stiftung vorgehen und (nach Ansicht der Verfasserin in unzulässiger Weise) Widerspruch einlegen oder Anfechtungsklage gegen den anerkennenden Verwaltungsakt erheben und andererseits beispielsweise eine Erbenfeststellungsklage bemühen, kann es zu folgender Situation kommen: Nimmt die Stiftungsbehörde an, dass die Stiftung wirksam letztwillig errichtet wurde und sie das Stiftungsgeschäft gem. § 83 S. 2 BGB wirksam ergänzen konnte, erkennt sie die Stiftung an. Gegen die Anerkennung legt die Nichte einen potentiell unzulässigen Widerspruch ein, da sie der Meinung ist, die Anerkennungsvoraussetzungen würden nicht vorliegen. Dies kann – nach Ansicht einiger Autoren – zu einer aufschiebenden Wirkung des Verwaltungsakts führen, mit der Folge, dass die Stiftung ihre Rechtsfähigkeit verlieren würde. Durch eine Anordnung der sofortigen Vollziehung des anerkennenden Verwaltungsakts erhält die Stiftung ihre Rechtsfähigkeit jedoch zurück. Im Anschluss versucht die Nichte mittels einer Anfechtungsklage vor dem Verwaltungsgericht gegen die Anerkennung der Stiftung vorzugehen. Parallel erhebt die Nichte auch Erbenfeststellungsklage. Ist das Zivilgericht hierbei der Ansicht, dass die letztwillige Stiftungserrichtung unwirksam ist, würde es unter normalen Umständen feststellen, dass die Nichte einzige Erbin des Erblassers geworden ist. Allerdings hätte das Zivilgericht nach den vorstehend genannten Grundsätzen das Verfahren aussetzen müssen, da die Frage des Vorliegens der Anerkennungsvoraussetzungen für eine letztwillige Stiftungserrichtung in die Sachkompetenz des Verwaltungsgerichts fällt. Beachtet die Zivilgericht diese Pflicht nicht, kann es zu sich widersprechenden Urteilen kommen.

Auch der umgekehrte Fall kann eintreten, in dem das Verwaltungsgericht das Verfahren bis zur Entscheidung des Zivilgerichts, trotz einer Pflicht gem. § 94 VwGO, nicht aussetzt.

Fortführung Beispiel 17:
Der Erblasser hatte Alzheimer in einem sehr frühen Stadium und war zwar die meiste Zeit, nicht aber immer im vollen Besitz seiner geistigen Kräfte. Er hat eine Tochter. In seinem letzten Willen bestimmt er die Errichtung einer Stiftung von Todes wegen mit dem Zweck „Bau und Erhalt eines neuen Gebäudes für das UKE Hamburg Eppendorf sowie die fortlaufende Modernisierung der medizinischen Geräte dieser Station".

Nach dem Tod des Erblassers erhebt die Tochter vor dem Zivilgericht Erbenfeststellungsklage mit dem Ziel, die Testierunfähigkeit ihres Vaters feststellen und sie als gesetzliche Erbin feststellen zu lassen. Außerdem trägt sie gegenüber der Stiftungsbehörde vor, ihr Vater sei im Zeitpunkt der Testamentserrichtung nicht mehr testierfähig gewesen. Sie weist die Behörde auch auf die anhängige Erbenfeststellungsklage hin. Die Stiftungsbehörde setzt das Anerkennungsverfahren nicht gem. § 94 VwGO aus und erkennt die Stiftung an.

Da es sich bei der Frage der Testierfähigkeit, die für die wirksame letztwillige Stiftungserrichtung unabdingbare Voraussetzung ist, um eine erbrechtliche Frage handelt, hätte die Stiftungsbehörde das Verfahren gem. § 94 VwGO aussetzen müssen, bis das Zivilgericht die Frage der Testierfähigkeit des Erblassers entschieden hat. In einem solchen Fall wäre, nach den vorgenannten Grundsätzen und mit Blick auf den besonderen Fall der letztwilligen Stiftungserrichtung, eine Ermessensreduzierung auf Null anzunehmen, da im Anerkennungsverfahren eine Entscheidung ohne Klärung der zivilrechtlichen Frage der Testierfähigkeit nicht getroffen werden kann.[579] Setzt die Behörde das Verfahren jedoch nicht aus und erkennt die Stiftung stattdessen unmittelbar an, während das Zivilgericht die Erbenstellung der Tochter – und nicht der Stiftung – feststellt, kommt es zu einer sich widersprechenden Situation.

Gleiches würde passieren, wenn im genannten Beispiel die Tochter eine Erbenfeststellungsklage bemüht und zugleich (nach Ansicht der Verfasserin in unzulässiger Weise) Widerspruch einlegt oder Anfechtungsklage gegen den anerkennenden Verwaltungsakt erhebt. Setzt das Verwaltungsgericht, obwohl es um die Frage der Testierfähigkeit geht, das Verfahren bis zur Entscheidung des Zivilgerichts nicht aus, kann es auch zu sich widersprechenden Urteilen

579 Allgemein zur Ermessensreduzierung auf Null BVerwG, Beschluss vom 17.12.1992 – 4 B 247/92, Rn. 4 (Buchholz 310 § 94 VwGO Nr. 6); *Porz*, in: Fehling/Kastner/Störmer, Verwaltungsrecht, § 94 Rn. 8.

kommen, bei denen beispielsweise das Verwaltungsgericht die Stiftungsanerkennung bestätigt, während das Zivilgericht aufgrund der fehlenden Testierfähigkeit des Erblassers feststellt, dass die Tochter als einzige gesetzliche Erbin Alleinerbin des Nachlasses geworden ist.

Fraglich ist, wieweit die jeweilige Rechtskraft solcher sich widersprechender Urteile reicht. Dies ist eine Frage der materiellen Rechtskraft. § 322 ZPO normiert hierzu, dass Urteile der Rechtskraft nur insoweit fähig sind, als über den durch die Klage oder durch die Widerklage erhobenen Anspruch entschieden ist. Gem. § 121 VwGO binden rechtskräftige Urteile, soweit über den Streitgegenstand entschieden worden ist, die Beteiligten und ihre Rechtsnachfolger und im Fall des § 65 Abs. 3 VwGO die Personen, die einen Antrag auf Beiladung nicht oder nicht fristgemäß gestellt haben. Für den Eintritt der materiellen Bindungswirkung ist die formelle Rechtskraft Voraussetzung.[580] Die materielle Rechtskraft regelt die Frage der inhaltlichen Bindungswirkung der formell rechtskräftigen Urteile. Ziel ist es, den Rechtsfrieden und das Vertrauen in die Beständigkeit gerichtlicher Entscheidungen zu schützen. Durch die materielle Rechtskraft wird der Inhalt der Entscheidung, unabhängig von dessen Richtigkeit, für die Parteien, deren Rechtsnachfolger und ein neu angerufenes Gericht verbindlich.[581] Dies gilt auch für andere Organe, wenn die festgestellte Rechtsfolge für sie in einem anderen Verfahren entscheidend ist, da die Gerichtszweige insoweit eine einheitliche rechtsprechende Gewalt darstellen. Das bedeutet, dass im Ergebnis die materielle Rechtskraft über die einzelnen Rechtswege hinaus Bindungswirkung entfaltet. Hiervon sind auch die Verwaltungsbehörden umfasst. [582] Beispiele für präjudizielle Rechtsverhältnisse, bei denen die ordentlichen Gerichte im Verhältnis zu den Verwaltungsgerichten oder umgekehrt gebunden sein können, sind zahlreich: Kommt etwa das Sozialgericht zu dem Ergebnis, dass ein Versicherungsfall vorliegt und bestimmt, welche Leistungen durch den Unfallversicherungsträger zu erbringen sind, sind die ordentlichen Gerichte bei der Entscheidung über Ersatzansprüche hieran gebunden.[583] Gleiches gilt, wenn ein Verwaltungsgericht einen Verwaltungsakt aufhebt oder seine Rechtmäßigkeit bestätigt. Insoweit ist das Zivilgericht an die Entscheidung des

580 *Gruber*, in: BeckOK ZPO [01.12.2020], § 322 Rn. 1; *Unruh*, in: Fehling/Kastner/Störmer, Verwaltungsrecht, § 121 Rn. 3.

581 Statt aller *Gottwald*, in: MüKo ZPO, § 322 Rn. 1; *Lindner*, in: BeckOK VwGO [01.01.2020], § 121 Rn. 9.

582 Statt aller *Saenger*, in: Saenger ZPO, § 322 Rn. 18.

583 *Gottwald*, in: MüKo ZPO, § 322 Rn. 76.

Verwaltungsgerichts gebunden.[584] Umgekehrt binden die Feststellungen eines Zivilgerichts, soweit sie in Rechtskraft erwachsen, auch die Verwaltungsgerichte; im hier zu behandelnden Fall der Stiftung von Todes wegen etwa die Feststellungsklage, die über eine bestrittene Testierfähigkeit des Erblassers entscheidet.

Für den Fall, dass die Gerichte ihre Verfahren nicht ordnungsgemäß aussetzen oder die Rechtskraft eines anderen Urteils missachten, kann es zu zwei sich widersprechenden, rechtskräftigen Urteilen kommen.[585] Gegen ein zweites, fehlerhaftes Urteil sind grundsätzlich Rechtsmittel einzulegen. Werden diese jedoch nicht eingelegt, wird ein jüngeres (auch ein fehlerhaftes) Urteil rechtskräftig. Hiergegen kann die beschwerte Partei wiederum Restitutionsklage gem. § 580 Nr. 7a ZPO erheben.[586] Im Falle eines verwaltungsgerichtlichen Urteils gilt § 153 Abs. 1 VwGO i. V. m. § 580 Nr. 7a ZPO.[587] Umstritten ist, welches Urteil in einem solchen Fall dem anderen vorgeht. Nach herrschender Meinung geht die Rechtskraft des älteren Urteils auch dann vor, wenn keine Restitutionsklage eingelegt wurde.[588] Nach anderer Ansicht besäße das jüngere Urteil volle Rechtskraft (jedenfalls soweit der Mangel nicht durch Rechtsmittel geltend gemacht wurde) und habe daher Vorrang vor dem älteren Urteil.[589] Nach überzeugender Ansicht geht jedoch die Rechtskraft des älteren Urteils vor: Das jüngere Urteil ist unter Verstoß gegen die geltenden Normen zur materiellen Rechtskraft zustande gekommen. Ein solcher Verstoß kann in Anbetracht der Bindung der Gerichte nicht zu einer übertrumpfenden Rechtskraft führen.[590] Die Ansicht, nach der das jüngere Urteil die volle Rechtskraft besitzen soll, würde zu der absurden Situation führen, dass die endgültige Entscheidung in einem solchen Rechtsstreit ausschließlich vom Zufall und der Geschwindigkeit der Gerichte oder der Parteien abhängen würde, obwohl das spätere Urteil unter Verstoß gegen das geltende

---

584 BGH, Urteil vom 26.01.1984 – III ZR 179/82, Rn. 19 (BGHZ 90, 4-17); *Gottwald*, in: MüKo ZPO, § 322 Rn. 76 m.w.N.

585 BAG, Urteil vom 12.09.1985 – 2 AZR 324/84, Rn. 31 (NJW 1986, 1831-1833).

586 S. *Gottwald*, in: MüKo ZPO, § 322 Rn. 65.

587 Statt aller *Clausing*, in: Schoch/Schneider/Bier, Verwaltungsrecht, § 121 Rn. 30 m.w.N.

588 BGH, Urteil vom 13.03.1981 – V ZR 115/80, Rn. 10 (NJW 1981, 1517-1518); Bayerischer Verwaltungsgerichtshof, Beschluss vom 16.01.1995 – 8 C 94.3672, Rn. 15 (NVwZ-RR 1995, 362-363); *Saenger*, in: Saenger ZPO, § 322 Rn. 21; *Musielak*, in: Musielak/Voit ZPO, § 322 Rn. 15; *Clausing*, in: Schoch/Schneider/Bier, Verwaltungsrecht, § 121 Rn. 30.

589 *Mädrich*, MDR 1982, 455, 456; *Althammer*, in: Stein/Jonas, Zivilprozessordnung, § 322 Rn. 215.

590 *Musielak*, in: Musielak/Voit ZPO, § 322 Rn. 15.

Prozessrecht zustande gekommen ist. Eine solche Systemwidrigkeit kann nicht zugelassen werden.

Für die genannten Beispiele sich widersprechender Urteile im Rahmen einer letztwilligen Stiftungserrichtung bedeutet dies, dass grundsätzlich entscheidend ist, welches Urteil zuerst ergangen ist. Ist die beschwerte Partei der Ansicht, dass bereits das erste Urteil fehlerhaft ist, hat sie hiergegen die ihr zur Verfügung stehenden Rechtsmittel einzulegen. Widerspricht jedoch ein zweites Urteil des anderen Rechtswegs einem – aus Sicht der Partei richtigen – ersten Urteil, ist hiergegen durch die beschwerte Partei Restitutionsklage zu erheben.

Beispiel 19:
Der ledige und kinderlose Erblasser errichtet mit letztwilliger Verfügung eine Stiftung von Todes wegen, die den Zweck „Förderung von Kunst und Kultur in Hamburg" besitzen soll. Als Testamentsvollstrecker bestimmt er Y. Er gibt der Stiftung in seinem letzten Willen keine Satzung. Nach seinem Tod erkennt die zuständige Stiftungsbehörde die Stiftung an und gibt ihr zuvor eine Satzung (§ 83 S. 2 BGB). Der Testamentsvollstrecker ist jedoch der Ansicht, die Stiftungsanerkennungsvoraussetzungen seien nicht gegeben, die Stiftung hätte daher aus seiner Sicht nicht anerkannt werden dürfen und stattdessen sei die einzige Verwandte des Erblassers, die Nichte Z, Erbin geworden. Der Testamentsvollstrecker erhebt daher Anfechtungsklage gegen die Anerkennung vor dem Verwaltungsgericht. Das Verwaltungsgericht entscheidet, dass die Anerkennung der Stiftung und die Ergänzung der Stiftungssatzung durch die Behörde rechtmäßig waren. Die Klage des Testamentsvollstreckers hat damit keinen Erfolg.
Zu einem späteren Zeitpunkt erhebt die Nichte Erbenfeststellungsklage vor dem Zivilgericht. Das Gericht entscheidet unter Missachtung des früheren, verwaltungsgerichtlichen Urteils, dass die Satzungsergänzung und Stiftungsanerkennung nicht rechtmäßig gewesen seien und daher die Nichte Erbin geworden sei. Gegen diese Entscheidung kann die Stiftung als beschwerte Partei Restitutionsklage gem. § 580 Nr. 7a ZPO erheben. Nach herrschender Meinung geht die Rechtskraft des älteren Urteils sogar dann vor, wenn keine Restitutionsklage eingelegt wurde, sodass im Ergebnis die Rechtskraft des verwaltungsgerichtlichen Urteils dem zivilgerichtlichen Urteil vorgeht.

4. Zusammenfassung

Zusammenfassend kommen der Stiftungsbehörde und dem Verwaltungsgericht damit eine Sachkompetenz hinsichtlich der Frage des Vorliegens der Voraussetzungen der Stiftungsanerkennung zu, während das Zivilgericht die Sachkompetenz hinsichtlich der Frage, ob der letzte Wille als solcher wirksam durch den Erblasser errichtet wurde, besitzt. Soweit die Frage der wirksamen Errichtung der Stiftung und des letzten Willens sowohl auf dem Verwaltungsrechtswegs als auch vor dem Zivilgericht bestritten werden kann, entscheidet sich die Pflicht zur Verfahrensaussetzung danach, in wessen Sachkompetenz die zur Entscheidung stehende Frage fällt. Ist für das Verwaltungsgericht entscheidend, ob der letzte Wille des Erblassers wirksam errichtet wurde, hat das Verwaltungsgericht das Verfahren nach § 94 VwGO auszusetzen und die entsprechende Entscheidung des Zivilgerichts abzuwarten. Sollte für das Zivilgericht entscheidend sein, ob die letztwillige Stiftungserrichtung stiftungsrechtlich wirksam erfolgt ist, hat dieses das Verfahren bis zur Entscheidung der Stiftungsbehörde oder des Verwaltungsgerichts gem. § 148 ZPO auszusetzen. Auch sofern noch kein Verfahren vor dem Verwaltungsgericht anhängig sein sollte und die Frage der Wirksamkeit der Stiftungserrichtung für eine Entscheidung durch das Zivilgericht erforderlich ist, wird dieses die Entscheidung der Verwaltungsbehörde regelmäßig abzuwarten haben. Kommt es aufgrund der zeitlichen Abfolge oder der Nichtaussetzung eines Gerichts zu sich widersprechenden Urteilen ist – sofern keine Rechtsmittel eingelegt oder Restitutionsklage erhoben wurde – entscheidend, welches Urteil zuerst ergangen ist.

F. Sonderkonstellation – Fund eines anderslautenden letzten Willens

Die vorangegangenen Ausführungen haben sich ausschließlich mit Fallkonstellationen beschäftigt, in denen ein oder mehrere letzte Willen vor der Anerkennung der Stiftung vorliegen und diese zu prüfen, auszulegen und zu ergänzen sind. Eine besondere rechtliche Herausforderung stellt jedoch die Konstellation dar, dass nach Anerkennung der Stiftung eine neue, anderslautende letztwillige Verfügung aufgefunden wird. Eine solche Situation kann beispielsweise dadurch entstehen, dass der tatsächlich aktuelle letzte Wille des Erblassers oder ein Widerruf erst bei einer späteren Auflösung des Haushalts gefunden wird. Auch ist möglich, dass ein oder alle letzten Willen aufgrund mangelnder Testierfähigkeit unwirksam durch den Erblasser erklärt worden sind und diese Tatsache erst später zutage tritt. In solchen Fällen kommt in Betracht, dass der Erblasser in seinem neuen letzten Willen eine andere Stiftung errichten will, er die Stiftungserrichtung aus dem „alten" letzten Willen lediglich modifiziert hat oder er darin gar keine Stiftungserrichtung mehr vorsieht. Zum besseren sprachlichen Verständnis wird die ursprünglich anerkannte, auf dem veralteten letzten Willen beruhende Stiftung im Folgenden als „alte" Stiftung bezeichnet, während die auf der Grundlage des tatsächlich gewollten, späteren letzten Willens des Erblassers anerkannte Stiftung „neue" Stiftung genannt wird. Ist die im Rahmen eines zuvor gefundenen letzten Willens errichtete Stiftung bereits anerkannt, stellt sich die Frage, welche rechtlichen Schritte erforderlich und zulässig sind, um dem tatsächlichen Willen des Erblassers zur Umsetzung zu verhelfen.

I. Neue letztwillige Verfügung sieht keine Stiftungserrichtung mehr vor

In Betracht kommt zunächst, dass der Erblasser sich in seinem späteren letzten Willen schlussendlich gänzlich gegen die Errichtung einer selbstständigen Stiftung und für eine Zuwendung an andere Erben oder an eine bestehende Stiftung entschieden hat. Hierbei stellt sich die Frage, wie mit der fälschlicherweise anerkannten Stiftung zu verfahren ist und wie das Vermögen an die tatsächlichen Erben übertragen wird.

1. Änderungs- und Aufhebungskompetenzen der Stiftungsbehörde

Im Stiftungsrecht finden sich verschiedene Regelungen, die die Änderung einer bestehenden Stiftung erlauben. In Betracht kommen hier zunächst eine Zweckänderung oder Auflösung der Stiftung durch die Stiftungsbehörde.

a) Überblick: Gesetzliche Änderungs- und Aufhebungskompetenzen der Stiftungsbehörde gem. § 87 Abs. 1 BGB

Eine Zweckänderung oder Aufhebung der Stiftung durch die Stiftungsbehörde ist nur unter den engen Bedingungen des § 87 BGB zulässig.[591] Gem. § 87 Abs. 1 BGB kann die zuständige Behörde der Stiftung eine andere Zweckbestimmung geben oder sie aufheben, wenn die Erfüllung des Stiftungszwecks unmöglich geworden ist oder sie das Gemeinwohl gefährdet. Die Ermächtigung der Stiftungsbehörde aus § 87 BGB begründet sich mit dem öffentlichen Interesse. Die Teilnahme von Stiftungen am Rechtsverkehr, deren Stiftungszweck unmöglich oder unzulässig ist oder geworden ist, soll hierdurch verhindert werden.[592] Bei der Umwandlung des Zwecks soll gem. § 87 Abs. 2 BGB der Wille des Stifters berücksichtigt werden, insbesondere soll dafür gesorgt werden, dass die Erträge des Stiftungsvermögens dem Personenkreis, dem sie zugutekommen sollten, im Sinne des Stifters erhalten bleiben. Die Behörde kann die Verfassung der Stiftung ändern, soweit die Umwandlung des Zwecks es erfordert.

Mögliche Rechtsfolgen des § 87 BGB sind Zweckänderung oder Aufhebung der Stiftung. Anders als der Wortlaut des § 87 BGB vermuten lässt, kommt der Behörde nach herrschender Meinung kein Ermessen zu, soweit die Voraussetzungen des § 87 Abs. 1 BGB vorliegen.[593] Dies begründet sich zum einen mit dem Gleichlauf im Vergleich zur Anerkennung, da weder die Anerkennung noch die Zweckänderung oder Auflösung im Ermessen der Stiftungsbehörde stehen darf.[594] Zum anderen muss die Stiftungsbehörde beim Vorliegen der Voraussetzungen des § 87 BGB zum Eingreifen verpflichtet sein, da eine handlungsunfähige oder gemeinwohlgefährdende Stiftung nicht weiter in dieser

---

591 Vgl. *Dutta*, in: Handbuch Stiftungsrecht, § 5 Rn. 58 ff.

592 Vgl. *Weitemeyer*, in: MüKo, § 87 Rn. 1.

593 S. *Hüttemann/Rawert* in: Staudinger, § 87 Rn. 2; *Weitemeyer*, in: MüKo, § 87 Rn. 4; *Backert*, in: Bamberger/Roth, § 87 Rn. 4; *Richter/Gummert*, in: Münchener Handbuch des Gesellschaftsrechts Band 5, § 117 Rn. 35; a.A. *Neuhoff*, in: Soergel, § 87 Rn. 4.

594 *Weitemeyer*, in: MüKo, § 87 Rn. 4.

Form existieren darf und kein öffentliches Interesse am privilegierten Bestand einer solchen Stiftung besteht.[595] Die Aufhebung der Stiftung wird durch Erlass eines Verwaltungsakts herbeigeführt.[596] Sobald der aufhebende Verwaltungsakt in Bestandskraft erwächst, ist die Stiftung wirksam aufgelöst.[597] Bei der Zweckänderung gem. § 87 BGB bleibt die Stiftung in ihrer Existenz bestehen, der Stiftungszweck wird jedoch durch die Stiftungsbehörde geändert.[598] Zusätzlich zu den gesetzlich normierten Alternativen der Zweckänderung oder Auflösung besteht nach herrschender Ansicht auch die Möglichkeit, dass die bestehende Stiftung gem. § 87 BGB aufgehoben, ihr Vermögen jedoch mit dem einer anderen Stiftung zusammengeführt wird.[599]

Maßnahmen nach § 87 BGB kann die Stiftungsbehörde erst dann anordnen, wenn die Stiftungsorgane die ihnen zur Verfügung stehenden Mittel vollständig ausgeschöpft haben oder diese Mittel pflichtwidrig nicht nutzen.[600] Dies begründet sich damit, dass die Maßnahmen des § 87 BGB *ultima ratio* sind und nur unter Berücksichtigung des Verhältnismäßigkeitsgrundsatzes angewendet werden dürfen.[601] Sowohl der Stiftungsvorstand als auch ein im Falle der lebzeitigen Stiftungserrichtung noch lebender Stifter sind nach herrschender Meinung vor dem Ergreifen sämtlicher behördlicher Maßnahmen anzuhören.[602]

b) Nachträglicher Änderungsbedarf als Unterfall des § 87 Abs. 1 Var. 1 BGB?

Im Falle eines nachträglich aufgefundenen letzten Willens ist zunächst zu prüfen, ob der aktuelle letzte Wille den oder die vorangegangenen letzten Willen ersetzen oder nur ergänzen sollte. Soweit der Erblasser in seinem neuen letzten Willen Dritte – und keine Stiftung – zu seinen Erben eingesetzt hat und zuvor bereits eine Stiftung auf Grundlage des „falschen" letzten Willens anerkannt wurde, stellt sich die Frage, in wieweit sich dies auf die Existenz der Stiftung

595 Ähnlich auch *Weitemeyer*, in: MüKo, § 87 Rn. 4.
596 S. *Hüttemann/Rawert* in: Staudinger, § 87 Rn. 10.
597 S. *Hüttemann/Rawert* in: Staudinger, § 87 Rn. 11.
598 Statt aller *Hüttemann/Rawert* in: Staudinger, § 87 Rn. 19.
599 Vgl. *Hüttemann/Rawert* in: Staudinger, § 87 Rn. 12 m.V.a. *Schauer*, Die Zusammenführung rechtsfähiger Stiftungen, S. 6 ff.
600 S. *Hüttemann/Rawert* in: Staudinger, § 87 Rn. 21 m.w.N.
601 *Weitemeyer*, in: MüKo, § 87 Rn. 16.
602 Vgl. *Dutta*, in: Handbuch Stiftungsrecht, § 4 Rn. 63; *Weitemeyer*, in: MüKo, § 87 Rn. 18; *Hüttemann/Rawert* in: Staudinger, § 87 Rn. 21 f.; *Wiese*, in: Erman, § 87 Rn. 3.

auswirkt und ob dieser Fall einen Unterfall des § 87 Abs. 1 Var. 1 BGB darstellt und damit eine Unmöglichkeit der Erfüllung des Stiftungszwecks vorliegt.

Die Erfüllung eines Stiftungszwecks ist nach herrschender Meinung unmöglich i.S.d. § 87 Abs. 1 BGB, wenn er rechtlich oder tatsächlich unmöglich ist. Der Begriff der Unmöglichkeit wird im zivilrechtlichen Sinne verstanden, sodass er grundsätzlich im Gleichlauf zu § 275 Abs. 1 und 2 BGB zu bewerten ist.[603] Eine rechtliche Unmöglichkeit liegt damit vor, wenn die Verfolgung des Zwecks nicht erlaubt ist.[604] Eine tatsächliche Unmöglichkeit wird angenommen, wenn eine dauerhafte Erfüllung des Stiftungszwecks aufgrund der tatsächlichen Gegebenheiten und Hürden nicht oder nur mit unzumutbar hohem Aufwand möglich ist.[605] Beispiele für eine solche tatsächliche Unmöglichkeit sind der Wegfall der Destinatäre, der Verlust des Stiftungsvermögens oder die Erreichung des festgelegten Stiftungszwecks.[606] Nach herrschender Meinung stellen sowohl die anfängliche als auch die nachträgliche Unmöglichkeit einen Fall des § 87 Abs. 1 BGB dar.[607] Auch wenn eine anfängliche Unmöglichkeit der Erreichung des Stiftungszwecks eigentlich bereits die Anerkennung der Stiftung ausschließt, kann dieser Fall dennoch in der Praxis aufgrund eines (im Falle eines unbekannten Testaments nicht unbedingt verwertbaren) „Fehlers" der Stiftungsbehörde vorkommen.

In Betracht käme im vorliegenden Fall die Annahme einer Unmöglichkeit, wenn die Existenz der bereits anerkannten Stiftung durch den späteren letzten Willen berührt würde. Die vormals herrschende Meinung vertrat hierzu, dass eine Stiftung nicht allein durch die Anerkennung entstehe, wenn das Stiftungsgeschäft im Ergebnis zivilrechtlich unwirksam gewesen sei.[608] Dies ist so jedoch

---

603 Statt aller *Weitemeyer*, in: MüKo, § 87 Rn. 8; a.A. *Backert*, in: Bamberger/Roth, § 87 Rn. 3.

604 S. *Hüttemann/Rawert* in: Staudinger, § 87 Rn. 5; *Happ*, Stifterwille und Zweckänderung, S. 80.

605 Vgl. *Weitemeyer*, in: MüKo, § 87 Rn. 8; *Dutta*, in: Handbuch Stiftungsrecht, § 5 Rn. 37 ff.

606 *Weitemeyer*, in: MüKo, § 87 Rn. 8; *Hüttemann/Rawert* in: Staudinger, § 87 Rn. 5; *Hof*, in: v. Campenhausen/Richter, Stiftungsrechts-Handbuch, 4. Auflage, § 7 Rn. 145.

607 Zur anfänglichen Unmöglichkeit *Weitemeyer*, in: MüKo, § 87 Rn. 9; *Hüttemann/Rawert* in: Staudinger, § 87 Rn. 7; *Backert*, in: Bamberger/Roth, § 87 Rn. 2; *Andrick*, ZSt 2006, 41, 42; *Schreiber*, Die Unwirksamkeit des Stiftungsgeschäfts, S. 189; *Gantenbrink*, Die hoheitliche Beendigung der Stiftung, S. 331 f.

608 Vgl. RG, Urteil vom 09.09.1942 – VIII 67/42 (RGZ 170, 22, 24); *Coing*, in: Staudinger 12. Aufl., § 80 Rn. 18.

nicht überzeugend, da in der Anerkennung der Stiftung keine Genehmigung des Stiftungsgeschäfts liegt, sondern eine Rechtsperson geschaffen wird, innerhalb derer das Stiftungsgeschäft aufgenommen wird.[609] Nach heute herrschender Ansicht führt die Anerkennung daher – wie bei zahlreichen anderen juristischen Personen auch – zur uneingeschränkten Rechtsfähigkeit.[610] Ein anderes Ergebnis ist mit dem systematischen Verständnis der Anerkennung im Stiftungsrecht nicht vereinbar. Die Anerkennung durch die Stiftungsbehörde heilt zwar keine Mängel des Stiftungsgeschäfts. Trotzdem bleibt auch bei einem zivilrechtlich unwirksamen Rechtsgeschäft die Stiftung in ihrer Existenz zunächst unverändert bestehen.[611] Im Ergebnis wird die Erfüllung des Stiftungszwecks damit nicht dadurch unmöglich i.S.d. § 87 Abs. 1 BGB, dass ein neuer letzter Wille mit einer anderen letztwilligen Anordnung gefunden wird.

c) Rücknahme gem. § 48 VwVfG

Auch eine Rücknahme des Verwaltungsakts nach § 48 VwVfG im Falle eines unwirksamen Stiftungsgeschäfts scheidet aus, da § 87 BGB insoweit eine abschließende Regelung darstellt.[612]

Die Frage, ob eine spezielle Vorschrift den Rückgriff auf § 48 VwVfG sperrt, ist daher unter Berücksichtigung des Grundsatzes der Subsidiarität nach § 1 Abs. 1 VwVfG, auf Grundlage der Systematik sowie nach dem Sinn und Zweck der Norm zu beantworten.[613] Bei den Regelungen des VwVfG handelt es sich um *leges generales*, die nach dem Grundsatz *lex specialis derogat legi generali* hinter

---

609 So *Hof*, in: v. Campenhausen/Richter, Stiftungsrechts-Handbuch, 4. Auflage, § 6 Rn. 264.

610 Vgl. BVerwG, Urteil vom 26.04.1968 – VII C 103.66, Rn. 41 ff. (BVerwGE 29, 314-317); *Weitemeyer*, in: MüKo, § 80 Rn. 107; *Hüttemann/Rawert* in: Staudinger, § 80 Rn. 6; *Ellenberger*, in: Beck'sche Kurzkommentare BGB, § 80 Rn. 2; *K. Schmidt*, Stiftungswesen, S. 12 ff.; *Stumpf*, in: Handbuch Stiftungsrecht, § 4 Rn. 124; *Roth*, in: BeckOGK [01.09.2020], § 80 Rn. 285 f.; *Wiese*, in: Erman, § 80 Rn. 5.

611 Vgl. BVerwG, Urteil vom 26.04.1968 – VII C 103.66, Rn. 41 (BVerwGE 29, 314-317); *Weitemeyer*, in: MüKo, § 80 Rn. 108; *Hüttemann/Rawert* in: Staudinger, § 80 Rn. 6.

612 S. *Hüttemann/Rawert* in: Staudinger, § 80 Rn. 6; *Andrick*, in: Andrick/Suerbaum, StiftG NRW, § 2 Rn. 50 ff.; *Schreiber*, Die Unwirksamkeit des Stiftungsgeschäfts, S. 187 ff.; a.A. BayVGH, Urteil vom 12.10.2005 – 5 BV 03.2841, Rn. 21 ff. (BayVBl 2006, 149-151); *Schwarz van Berk*, in: Münchener Handbuch des Gesellschaftsrechts Band 5, § 101 Rn. 7.

613 S. *Müller*, in: BeckOK VwVfG, § 48 Rn. 10.

spezielleren Bundesrecht zurücktreten.[614] § 1 Abs. 1 und 2 VwVfG statuieren hierzu, dass die Regelungen des VwVfG nur gelten, soweit nicht Rechtsvorschriften des Bundes inhaltsgleiche oder entgegengesetzte Bestimmungen enthalten. Schon die entstehungshistorische Betrachtung zeigt, dass der Gesetzgeber § 87 BGB bereits in seiner ursprünglichen Fassung als abschließende bundesgesetzliche Regelung zur Änderungs- und Auflösungskompetenz der Stiftungsbehörde erlassen hat.[615] In der Beratung zum BGB war zum damaligen Zeitpunkt angedacht, eine Norm zu schaffen, nach der die landesgesetzlichen Vorschriften über das Erlöschen oder die Umwandlung von Stiftungen unberührt bleiben sollten.[616] Dieser Vorbehalt wurde in der Abstimmung jedoch gestrichen, da davon ausgegangen wurde, dass die Bestimmungen über das Erlöschen und die Umwandlung von Stiftungen bundeseinheitlich geregelt werden könnten.[617] Im Ergebnis verblieb so nach dem Willen des Gesetzgebers bereits bei Inkrafttreten des BGB am 01.01.1900 kein Anwendungsbereich für landesgesetzliche Regelungen zur Aufhebung und Umwandlung von Stiftungen.[618] Von diesem Grundsatz wurde auch bei darauffolgenden Gesetzesänderungen nicht abgewichen. Es muss daher davon ausgegangen werden, dass es bis heute dem Willen des Gesetzgebers entspricht, § 87 BGB als abschließende bundesrechtliche Norm zu verstehen.[619] Überdies erscheint die Anwendung des § 87 BGB für die Frage der Aufhebung oder Zweckänderung einer Stiftung auch sachgerechter: Die Voraussetzungen des § 87 BGB sind der Bedeutung der Grundrechte im Stiftungsrecht[620] entsprechend restriktiv ausgestaltet, während die Anwendung des § 48 VwVfG deutlich niedrigere Voraussetzungen hat und darüber hinaus alleine die einschneidende Rechtsfolge der Rücknahme des Verwaltungsakts mit der Folge der Auflösung der Stiftung vorsieht.[621] Durch die Anwendung des § 48 VwVfG würden damit Vorschriften, die eigens zum Schutz der Stiftung und des

---

614 *Ronellenfitsch*, in: BeckOK VwVfG, § 1 Rn. 56.

615 S. *Mugdan*, I. Band, S. 962 f.; ausführlich hierzu auch *Backert*, in: Bamberger/Roth, § 87 Rn. 2.

616 *Mugdan*, I. Band, S. 962.

617 *Mugdan*, I. Band, S. 962.

618 Vgl. *Backert*, in: Bamberger/Roth, § 87 Rn. 2.

619 So auch *Andrick*, in: Andrick/Suerbaum, NRW StiftG, § 2 Rn. 50 ff.; *Schreiber*, Die Unwirksamkeit des Stiftungsgeschäfts, S. 187 ff.

620 *Rawert*, Vom Umgang des öffentlichen Rechts mit der Stiftung des BGB, in: Jahrbuch des öffentlichen Rechts der Gegenwart, NF/Bd. 65, S. 179, 200 ff.

621 Ähnlich auch *Schreiber*, Die Unwirksamkeit des Stiftungsgeschäfts, S. 189; *Gantenbrink*, Die hoheitliche Beendigung der Stiftung, S. 329 f.

Stifterwillens implementiert wurden, konterkariert. Dies ist mit der verfassungsrechtlichen Position des Stifters und der Stiftung nicht vereinbar, sodass ein Rückgriff auf § 48 VwVfG im Falle einer fehlerhaften Anerkennung der Stiftung ausscheiden muss.

§ 48 VwVfG kann auch dann keine Anwendung finden, wenn es sich um einen Fall der anfänglichen Unmöglichkeit handelt, die jedoch erst später zu Tage getreten ist. Nach herrschender Meinung ist § 87 BGB im Falle einer solchen anfänglichen Unmöglichkeit teleologisch zu erweitern, da auch hier die Stiftung durch ihre Anerkennung bereits vollwirksam entstanden ist.[622] Dies wird sowohl mit der größeren Sachnähe des § 87 BGB als auch mit der Tatsache begründet, dass – wie bereits ausgeführt – § 87 BGB eine abschließende bundesgesetzliche Regelung darstellt, die keinen Raum für eine Anwendung allgemeiner Vorschriften lässt.[623]

Im Ergebnis finden daher weder landesgesetzliche noch verwaltungsrechtliche[624] Vorschriften zur Zweckänderung oder Aufhebung neben der Regelung des § 87 Abs. 1 BGB Anwendung, da diese insoweit *lex specialis* ist.[625]

Von diesem Grundsatz ist nur dann eine Ausnahme zu machen, wenn der Verwaltungsakt in Form der Anerkennung nichtig i.S.d. § 44 VwVfG ist. In diesem Fall besteht die Stiftung *ex tunc* nicht. Dies setzt jedoch voraus, dass ein Mangel i.S.d. § 44 VwVfG vorliegt, was bei einem Stiftungsgeschäft nur sehr selten auftreten dürfte. Auch der Fall, dass der Stifter überhaupt kein Stiftungsgeschäft vorgenommen hat, wird von § 44 VwVfG erfasst, da die Stiftungsbehörde hier mangels Stiftungsgeschäft ein „Nichts" anerkannt hat.[626] § 44 VwVfG ist

622 Vgl. BVerwG, Urteil vom 26.04.1968 – VII C 103.66 (BVerwGE 29, 314-317); *Weitemeyer*, in: MüKo, § 87 Rn. 9; *Hüttemann/Rawert* in: Staudinger, § 87 Rn. 7; *Backert*, in: Bamberger/Roth, § 87 Rn. 2; *Schreiber*, Die Unwirksamkeit des Stiftungsgeschäfts, S. 189; *Gantenbrink*, Die hoheitliche Beendigung der Stiftung, S. 331 f.

623 Vgl. BVerwG, Urteil vom 26.04.1968 – VII C 103.66 (BVerwGE 29, 314-317); *Weitemeyer*, in: MüKo, § 87 Rn. 9; *Hüttemann/Rawert* in: Staudinger, § 87 Rn. 7; *Backert*, in: Bamberger/Roth, § 87 Rn. 2; *Schreiber*, Die Unwirksamkeit des Stiftungsgeschäfts, S. 189; *Gantenbrink*, Die hoheitliche Beendigung der Stiftung, S. 331 f.

624 A.A. BayVGH, Urteil vom 12.10.2005 – 5 BV 03.2841, Rn. 23 (BayVBl 2006, 149-151).

625 Vgl. *Hüttemann/Rawert* in: Staudinger, § 87 Rn. 3 f., 7; *Weitemeyer*, in: MüKo, § 87 Rn. 5, 7; *Hof*, in: v. Campenhausen/Richter, Stiftungsrechts-Handbuch, 4. Auflage, § 11 Rn. 73; *Backert*, in: Bamberger/Roth, § 87 Rn. 2; *Muscheler*, Stiftungsrecht – Gesammelte Beiträge, S. 299., jew. m.w.N.

626 Ähnlich auch *Hüttemann/Rawert* in: Staudinger, § 80 Rn. 6.

jedoch nicht anwendbar, wenn sich die Anerkennung im Nachhinein als fehlerhaft erweist. Gem. § 44 Abs. 1 VwVfG ist ein Verwaltungsakt nur dann nichtig, soweit er an einem besonders schwerwiegenden Fehler leidet und dies bei verständiger Würdigung aller in Betracht kommenden Umstände offensichtlich ist. Neben dem schwerwiegenden materiellen oder formellen Fehler ist damit auch erforderlich, dass unter keinen Umständen von einer Rechtmäßigkeit des Verwaltungsaktes ausgegangen werden konnte.[627] Beispiele für die Annahme einer Nichtigkeit des Verwaltungsakts nach § 44 VwVfG sind etwa Prüfungsentscheidungen, denen keine sachlich relevanten Leistungen zugrunde liegen, völlig unbestimmte oder unverständliche behördliche Entscheidungen oder wenn die ausstellende Behörde unter keinen Umständen zuständig war (z.B. Stiftungsanerkennung durch Wasserschutzpolizei).[628] Mit diesen Fällen ist die Anerkennung einer Stiftung durch die zuständige Stiftungsbehörde aufgrund eines fälschlicherweise als richtig angesehenen letzten Willens nicht vergleichbar. Vielmehr wurde in diesem Fall die Stiftung ja aufgrund eines vorliegenden letzten Willens anerkannt. Lediglich im Nachhinein hat sich dieser letzte Wille als unwirksam erwiesen. Eine solche Situation unterscheidet sich maßgeblich von der zuvor genannten Fallgruppe des § 44 VwVfG. Ohnehin fehlt es in einer solchen Situation an der erforderlichen Offenkundigkeit des Fehlers im Verwaltungsakt, sodass dieser Fall im Ergebnis nicht § 44 VwVfG unterfällt.

d) Zwischenergebnis

Zusammenfassend wird die Existenz der Stiftung nicht dadurch berührt, dass die Stiftungsanerkennung nicht hätte erteilt werden dürfen. Die rechtliche Konstruktion einer „fehlerhaften Stiftung“ oder die Anwendung einer Fiktion ist hierbei indes nicht erforderlich.[629] Dies beruht auf der Rechtsnatur der Stiftungsanerkennung, durch die eine eigenständige juristische Person geschaffen wird. Anders als bei Kapitalgesellschaften, an die man sich bei dem Gedanken an eine „fehlerhafte Stiftung“ womöglich anlehnt, kann die Stiftung vor ihrer Anerkennung durch staatliche Mitwirkung nicht in Vollzug gesetzt werden.[630] Die

---

627 Statt aller *Schwarz*, in: Fehling/Kastner/Störmer, Verwaltungsrecht, § 44 Rn. 7, 9 m.w.N.

628 Mit zahlreichen weiteren Beispielen *Schwarz*, in: Fehling/Kastner/Störmer, Verwaltungsrecht, § 44 Rn. 11; *Sachs*, in: Stelkens/Bonk/Sachs, Verwaltungsverfahrensgesetz, § 44 Rn. 111 ff.

629 Ausführlich hierzu *Schreiber*, Die Unwirksamkeit des Stiftungsgeschäfts, S. 116 ff.; a.A. *Roth*, in: Münchener Handbuch des Gesellschaftsrechts Band 7, § 97 Rn. 5.

630 *Schreiber*, Die Unwirksamkeit des Stiftungsgeschäfts, S. 117.

Parallele zum Kapitalgesellschaftsrecht ist daher insoweit nicht überzeugend. Auch eine Fiktion ist nicht erforderlich, da die Stiftung durch die Anerkennung vollumfänglich entsteht. Die Anwendung verwaltungsrechtlicher Vorschriften scheidet darüber hinaus aufgrund der Spezialität des § 87 BGB aus. Eine zivilrechtliche Unwirksamkeit führt somit lediglich dazu, dass die Stiftung aufgrund der Nichtigkeit des Zuwendungsversprechens durch die zugewendeten Mittel ungerechtfertigt bereichert wurde und gegen sie ein entsprechender Herausgabeanspruch des tatsächlich Berechtigten geltend gemacht werden kann. Die Existenz bzw. die Beendigung derselben richtet sich ausschließlich nach § 87 BGB.

Für die Stiftung, die fälschlicherweise von Todes wegen anerkannt wurde, bedeutet dies, dass der Fund eines neuen, anderslautenden letzten Willens die Existenz der Stiftung zunächst unberührt lässt. Auch wenn die alte Stiftung erbrechtlich nicht hätte anerkannt werden dürfen, da der Wille nicht der aktuellste und vom Erblasser gewollte Wille war, bleibt die anerkannte Stiftung bestehen. Wie ausgeführt, liegt weder ein Fall des § 44 VwVfG noch des § 48 VwVfG vor. Da die Stiftung die unrechtmäßig erhaltenen Mittel noch besitzt, kann sie faktisch ihren Stiftungsaufgaben weiter nachkommen. Im Ergebnis bedeutet dies, dass aus dem Fund eines anderslautenden letzten Willens nicht ohne Weiteres ein unmittelbarer Fall der rechtlichen oder tatsächlichen Unmöglichkeit i.S.d. § 87 Abs. 1 Var. 1 BGB folgt.

e) § 87 Abs. 1 Var. 1 BGB analog als Rechtsgrundlage einer Änderungs- und Aufhebungskompetenz der Stiftungsbehörde

Fraglich ist, ob § 87 Abs. 1 Var. 1 BGB analog auf diesen Fall anzuwenden ist, in dem ein nach der Stiftungserrichtung, hinsichtlich des Stiftungsgeschäfts anderslautender letzter Wille gefunden wird. Da, wie bereits ausgeführt, weder eine direkte Anwendung des § 87 Abs. 1 Var. 1 BGB noch die Anwendung von verwaltungsrechtlichen Vorschriften in Betracht kommen, ist zu untersuchen, ob § 87 BGB unter Umständen analog auf den vorliegenden Fall angewendet werden kann. Eine analoge Anwendung würde eine planwidrige Regelungslücke und eine vergleichbare Interessenlage voraussetzen.

aa) Planwidrige Regelungslücke

Eine gesetzliche Regelung für den Fall des Fundes eines abweichenden letzten Willens nach der Anerkennung einer Stiftung aufgrund eines „falschen" letzten Willens findet sich in den §§ 80 ff. BGB nicht. Wie bereits ausgeführt, ist die Regelung des § 87 BGB zur Auflösung und Zweckänderung einer Stiftung abschließend. Weder landesgesetzliche noch verwaltungsrechtliche[631] Rechtsgrundlagen zur Zweckänderung oder Aufhebung finden neben § 87 Abs. 1 BGB Anwendung.[632] Auch eine direkte Anwendung des § 87 BGB auf den hier vorliegenden Fall scheidet, wie bereits geprüft, aus. Eine entsprechende Regelungslücke liegt daher insoweit vor.

Fraglich ist jedoch, ob es sich hierbei auch um eine planwidrige Regelungslücke handelt. Dies setzt voraus, dass der Gesetzgeber den Fall unabsichtlich nicht gesetzlich geregelt hat. Hier lässt sich anhand der existierenden Gesetzgebungsmaterie keine eindeutige Antwort finden: In der Beratung zum BGB wurden zum damaligen Zeitpunkt keine Ausführungen dazu gemacht, welche Fallgruppen durch die bundesgesetzliche Ermächtigung zur Auflösung und Zweckänderung (damals § 83a BGB) abgedeckt werden sollten.[633] Der in der heutigen Fassung bestehende § 87 BGB erfuhr durch die Modernisierung des Stiftungsrechts im Jahre 2002 lediglich eine redaktionelle Überarbeitung im Vergleich zur ursprünglichen Fassung des § 83a BGB aus dem Jahre 1896.[634] In den Gesetzesbegründungen und Diskussionen zur Modernisierung des Stiftungsrechts wurde die Frage, ob der Fall eines nachträglich gefundenen anderslautenden letzten Willens zur Zweckänderung gem. § 87 BGB ermächtigen soll, nicht behandelt. Eine Planwidrigkeit der Regelungslücke scheint damit jedenfalls nicht von vorneherein ausgeschlossen.

bb) Vergleichbare Interessenlage

Im Ergebnis scheidet eine analoge Anwendung jedoch angesichts einer fehlenden Vergleichbarkeit der Interessenlage aus: § 87 BGB regelt die Auflösungs- und Zweckänderungskompetenz der Stiftungsbehörde ausschließlich für den Fall der Unmöglichkeit und der, für den Fall der Unmöglichkeit und der durch den Wegfall ihrer zivilrechtlichen Grundlage keineswegs je eintretenden Gemeinwohlgefährdung.

---

631 A.A. BayVGH, Urteil vom 12.10.2005 – 5 BV 03.2841, Rn. 23 (BayVBl 2006, 149-151).

632 Vgl. *Hüttemann/Rawert* in: Staudinger, § 87 Rn. 3 f., 7; *Weitemeyer*, in: MüKo, § 87 Rn. 5, 7; *Hof*, in: v. Campenhausen/Richter, Stiftungsrechts-Handbuch, 4. Auflage, § 11 Rn. 73; *Backert*, in: Bamberger/Roth, § 87 Rn. 2; *Muscheler*, Stiftungsrecht – Gesammelte Beiträge, S. 299. jew. m.w.N.

633 S. *Mugdan*, I. Band, S. 962 f.

634 Vgl. BT-Drucks 14/8765, S. 12: „Durch die vorgeschlagene Änderung soll der Gesetzestext sprachlich zeitgemäßer gefasst werden".

Die Regelung des § 87 Abs. 1 Var. 1 BGB soll zwar verhindern, dass Stiftungen, die aufgrund einer tatsächlichen oder rechtlichen Unmöglichkeit handlungsunfähig geworden sind, weiter als Stiftung existieren. Auch hier es das Ziel, die Stiftung als Rechtspersönlichkeit und gesellschaftliches Instrument nicht zu einer Farce verkommen zu lassen, weshalb nur handlungsfähigen Stiftungen das Privileg einer Existenz in der bestehenden Form zugesprochen wird. Das bloße Auffinden einer späteren letztwilligen Verfügung führt jedoch nicht zur Funktionslosigkeit der bereits bestehenden Stiftung, da aufgrund der bloßen Existenz eines anderslautenden letzten Willens die Vermögenszuordnung zur ursprünglichen Stiftung nicht verändert wird. Die Existenz der „alten" Stiftung wird nur dann berührt, wenn Erben nach Auffinden einer späteren letztwilligen Verfügung Ansprüche geltend machen und diese zu einer Vermögenslosigkeit der „alten" Stiftung führen.

Unter Berücksichtigung dieser teleologischen und systematischen Erwägungen lässt sich damit festhalten, dass im Fall eines nach Stiftungserrichtung gefundenen, hinsichtlich des Stiftungsgeschäfts anderslautenden letzten Willens keine mit den Varianten des § 87 Abs. 1 BGB vergleichbare Interessenlage vorliegt. Eine analoge Anwendung des § 87 Abs. 1 BGB scheidet daher aus.

2. Behandlung der „falschen" Stiftung – Verfahrensablauf

Da die „falsche" Stiftung nicht über stiftungs- oder verwaltungsrechtliche Normen bereits wegen des Funds eines neuen letzten Willens aufgehoben werden kann, stellt sich nunmehr die Frage, wie in einem solchen Fall die „falsche" Stiftung aus der Welt geschaffen werden kann und der ordnungsgemäße Erbe den Nachlass erhält.

a) Erbscheinsverfahren

Soweit im Rahmen der ersten Stiftungserrichtung ein Erbscheinsverfahren durchlaufen wurde und ein auf dem „falschen" letzten Willen basierender Erbschein existiert, hat das Nachlassgericht gem. § 2361 Abs. 1 S. 1 BGB diesen Erbschein zunächst von Amts wegen einzuziehen oder kraftlos zu erklären, da er unrichtig ist. Für die Einleitung des Einziehungsverfahrens ist dabei grundsätzlich kein Antrag erforderlich.[635] Gem. § 26 FamFG hat das Nachlassgericht von Amts wegen zu ermitteln, sobald ihm ein Hinweis zugetragen wird, der auf die

635 Vgl. statt aller *Grziwotz*, in: MüKo, § 2361 Rn. 24.

Unrichtigkeit des Erbscheins hindeutet.[636] Insbesondere, wenn dem Nachlassgericht im Rahmen seiner Amtsausübung eine andere Verfügung von Todes wegen vorgelegt wird oder es auf anderem Wege hiervon erfährt, trifft das Nachlassgericht eine Amtsermittlungspflicht.[637] Auch die Stiftungsbehörde muss einen entsprechenden Hinweis an das Nachlassgericht richten, soweit sie Kenntnis von einem „neuen“ letzten Willen erlangt hat. Bei der Durchführung des Einziehungsverfahrens ist den nach § 7 FamFG Beteiligten mit Blick auf Art. 103 Abs. 1 GG i.V.m. § 24 FamFG rechtliches Gehör zu gewähren.[638] Eine Einziehung des Erbscheins ist dann zwingend geboten, wenn die zur Begründung des Erbscheinsantrags erforderlichen Tatsachen nicht mehr als festgestellt zu erachten sind.[639] Im Gleichlauf zu § 352e Abs. 1 S. 1 FamFG hat das Gericht den Erbschein dann einzuziehen, wenn die Überzeugung des Nachlassgerichts von der Richtigkeit des Erbscheins über bloße Zweifel hinaus erschüttert ist.[640]

Da eine „einstweilige“ Einziehung oder Kraftloserklärung gesetzlich nicht vorgesehen ist, kann das Nachlassgericht beim Bedarf einer vorläufigen Maßnahme zur Sicherung des Nachlasses gem. § 49 FamFG lediglich eine vorläufige Hinterlegung des Erbscheins beim Nachlassgericht anordnen oder die Verfügung über Nachlassgegenstände verbieten.[641] Soweit bei der „alten“ Stiftung insoweit ein Anlass zur Sorge bestehen sollte, kann das Nachlassgericht bereits vor der Einziehung des Erbscheins eine solche vorläufige Maßnahme zur Sicherung der Erbmasse anordnen.

Gem. § 2362 Abs. 1 BGB kann der wirkliche Erbe von dem Besitzer eines unrichtigen Erbscheins die Herausgabe an das Nachlassgericht verlangen. § 2362 Abs. 2 BGB legt darüber hinaus fest, dass derjenige, welchem ein unrichtiger Erbschein erteilt worden ist, dem wirklichen Erben über den Bestand der

636 Vgl. KG, Beschluss vom 03.01.1963 – 1 W 2345/62 (NJW 1963, 766-769); BayObLG, Beschluss vom 12.04.1990 – BReg 1 a Z 22/90. Ls. 1 (FamRZ 1990, 1037-1038); *Herzog*, in: Staudinger, § 2361 Rn. 14; *Grziwotz*, in: MüKo, § 2361 Rn. 24.

637 S. *Grziwotz*, in: MüKo, § 2361 Rn. 25 f.

638 Vgl. *Herzog*, in: Staudinger, § 2361 Rn. 12; *Grziwotz*, in: MüKo, § 2361 Rn. 28.

639 Vgl. BGH, Beschluss vom 05.07.1963 – V ZB 7/63, Rn. 11 (BGHZ 40, 54-60); BayObLG, Beschluss vom 04.02.1982 – BReg 1 Z 109/81, Rn. 28 (BayObLGZ 1982, 59-69); statt aller auch *Grziwotz*, in: MüKo, § 2361 Rn. 30.

640 Statt aller *Herzog*, in: Staudinger, § 2361 Rn. 22.

641 Vgl. *Zimmermann*, ZEV 2009, 53, 58; *Klumpp*, BWNotZ 2014, 145, 147; zur vorläufigen Hinterlegung OLG Saarbrücken, Beschluss vom 07.11.2011 – 5 W 239/11, Rn. 19 ff. (FamRZ 2012, 1334-1336).

Erbschaft und über den Verbleib der Erbschaftsgegenstände Auskunft zu erteilen hat. Hiernach könnten etwaige „neue" Erben den Erbschein der „alten Stiftung" herausverlangen und entsprechende Auskünfte einholen. Dem Testamentsvollstrecker stehen gem. § 2363 Var. 2 BGB entsprechende Rechte zu.

b) Zivilrechtliche Ansprüche

Auch wenn unter normalen Umständen keine vertragliche Beziehung zwischen der „alten" Stiftung und den tatsächlichen Erben besteht, kommen verschiedene andere, auf die Herausgabe des Vermögens gerichtete Ansprüche gegen die „alte" Stiftung in Betracht. Im vorliegenden Fall sind Dritte aufgrund des späteren letzten Willens rechtmäßige Erben des Erblassers geworden. Gleichwohl besitzt die „alte" Stiftung, die aufgrund des früheren letzten Willens anerkannt wurde, noch das Erbe des Erblassers. Als Anspruchsgrundlagen zur Herausgabe des Erbes an die tatsächlichen Erben kommen die §§ 2018 ff., 985 ff., 894, 861 ff., 1007 Abs. 1, 812 ff. sowie §§ 823 ff. BGB in Betracht.[642]

aa) § 2018 BGB

Gem. § 2018 BGB kann der rechtmäßige Erbe von jedem, der aufgrund eines ihm in Wirklichkeit nicht zustehenden Erbrechts etwas aus der Erbschaft erlangt hat (Erbschaftsbesitzer), die Herausgabe des Erlangten verlangen. § 2018 BGB dient sowohl dem Schutz der Erben als auch des gutgläubigen Erbschaftsbesitzers.[643] Bei § 2018 BGB handelt es sich nach herrschender Meinung um einen erbrechtlichen Gesamtanspruch.[644]

Inhaber des Anspruchs aus § 2018 BGB ist der rechtmäßige Erbe.[645] Auch im Falle einer Erbengemeinschaft kann jeder Miterbe gem. § 2039 S. 1 BGB, auch vor Auseinandersetzung der Erbengemeinschaft, Herausgabe an alle Erben verlangen. Darüber hinaus kann § 2018 BGB auch dann Anwendung finden, wenn

---

642 Für eine vollständige Übersicht über sämtliche in einem erbrechtlichen Kontext in Betracht kommende Ansprüche s. *Keim*, in: Münchener Anwaltshandbuch Erbrecht, § 27 Rn. 1.

643 S. *Müller-Christmann*, in: Bamberger/Roth, § 2018 Rn. 1.

644 S. BGH, Urteil vom 12.12.2003 – V ZR 158/03, Rn. 10 (FamRZ 2004, 537-539); *Weidlich*, in: Beck'sche Kurzkommentare BGB, § 2018 Rn. 1; *Dieckmann*, in: Soergel, Vor § 2018 Rn. 2; *Müller-Christmann*, in: Bamberger/Roth, § 2018 Rn. 6; ausführlich zu den hierzu vertretenen Ansichten *Raff*, in: Staudinger, Vor § 2018 Rn. 24 ff.; a.A. *Muscheler*, ErbR 2009, 38, 46 ff.

645 Allgemein zu den Gläubigern des § 2018 vgl. *Helms*, in: MüKo, § 2018 Rn. 11 f.

ein Miterbe das gesamte Erbe oder einen zu großen Erbteil für sich beansprucht und in diesem Rahmen Alleinbesitz an Gegenständen des Nachlasses begründet.[646] Im Rahmen der gesetzlichen Prozessstandschaft besteht die Möglichkeit, dass anstelle der Erben gem. der §§ 2211, 2212 BGB der verwaltende Testamentsvollstrecker, gem. § 1984 BGB der Nachlassverwalter und gem. § 80 Abs. 1 InsO der Nachlassinsolvenzverwalter den Anspruch aus § 2018 BGB geltend machen.[647] Gegner des Erbschaftsanspruchs ist der Erbschaftsbesitzer, der etwas aus dem Nachlass erlangt hat und sich zu Unrecht eine Erbenstellung anmaßt.[648] Die erforderliche subjektive Anmaßung kann sich sowohl in Form einer ausdrücklichen Erklärung als auch in konkludentem Verhalten manifestieren.[649] Im vorliegenden Fall ist die „alte" Stiftung damit Erbschaftsbesitzer, solange sie das ihr zugekommene Vermögen noch besitzt.[650] Die „alte" Stiftung hat in diesem Fall die Gesamtheit aller Vorteile, die sie aus dem Nachlass erlangt hat, an die tatsächlichen Erben herauszugeben. Die Herausgabepflicht von Surrogaten und Nutzungen richtet sich dabei nach den §§ 2019 ff. BGB, eventuelle Wertersatz- und Schadensersatzpflichten nach den §§ 2021, 2023 ff. BGB.

bb) §§ 985 ff., 894, 861 ff., 1007 Abs. 1, 812 ff., 823 ff. BGB

Neben dem Erbschaftsanspruch aus § 2018 BGB können im Einzelfall Ansprüche aus §§ 985 ff., 894, 861 ff., 1007 Abs. 1, 812 ff. sowie §§ 823 ff. BGB für die Herausgabe von Nachlassgegenstände und Surrogaten sowie für die Gewährung von Sekundäransprüchen in Betracht kommen.[651] Dies ist jedoch eine individuelle Sachverhaltsfrage und soll hier daher nicht weiter problematisiert werden.

---

646 S. *Helms*, in: MüKo, § 2018 Rn. 11, 19 m.w.N.

647 S. *Müller-Christmann*, in: Bamberger/Roth, § 2018 Rn. 9; *Helms*, in: MüKo, § 2018 Rn. 13.

648 S. *Müller-Christmann*, in: Bamberger/Roth, § 2018 Rn. 10.

649 S. *Müller-Christmann*, in: Bamberger/Roth, § 2018 Rn. 13.

650 Vgl. zum Erbschaftsbesitzer im Fall der Anfechtung einer Verfügung von Todes wegen BGH, Urteil vom 05.06.1985 – IVa ZR 257/83 (NJW 1985, 3068-3070); *Müller-Christmann*, in: Bamberger/Roth, § 2018 Rn. 14.

651 Für eine ausführliche Übersicht der Vor- und Nachteile der einzelnen Anspruchsgrundlagen im Vergleich zu § 2018 BGB s. *Keim*, in: Münchener Anwaltshandbuch Erbrecht, § 27 Rn. 1, 2 ff.

c) *Auflösung der Stiftung gem. § 87 Abs. 1 BGB*

Nachdem die Stiftung das Erbe an die tatsächlichen Erben herausgegeben hat und kein Vermögen bei ihr verbleibt, ist sie im Regelfall gem. § 87 Abs. 1 BGB wegen Vermögenslosigkeit aufzulösen.

II. Neue letztwillige Verfügung entspricht hinsichtlich des Stiftungsgeschäfts nicht oder nicht vollständig der ersten letztwilligen Verfügung

Entspricht die neue letztwillige Verfügung hinsichtlich des Stiftungsgeschäfts nicht oder nicht vollständig der ursprünglichen letztwilligen Verfügung, wird in beiden letzten Willen jedoch eine letztwillige Stiftungserrichtung angeordnet, stellt sich auch hier die Frage nach dem Verfahrensablauf. Zunächst hat die Stiftungsbehörde den neu gefundenen letzten Willen ausführlich auf seine Wirksamkeit zu prüfen. Im Anschluss ist entsprechend der unter C. und D. niedergelegten Grundsätze der Stifterwille zu ermitteln und – vorbehaltlich der Erfüllung aller stiftungs- und erbrechtlichen Vorschriften – eine neue Stiftung auf Grundlage des Stiftungsgeschäfts aus dem späteren letzten Willen anzuerkennen. Diese „neue" Stiftung kann dann das Erbe von der „alten" Stiftung auf Grundlage der zuvor genannten Herausgabeansprüche verlangen. Sie kann die Herausgabe des Erbes an sich als tatsächliche Erbin auf die §§ 2018 ff. und im Einzelfall auf die §§ 985 ff., 894, 861 ff., 1007 Abs. 1, 812 ff. sowie §§ 823 ff. BGB stützen.[652] Nachdem die „neue" Stiftung anerkannt und das Vermögen der „alten" Stiftung an die rechtmäßigen Erben herausgegeben wurde, ist diese im Regelfall wegen Vermögenslosigkeit gem. § 87 BGB aufzulösen.[653] Nach Abschluss der entsprechenden Auflösung ist damit der tatsächliche letzte Wille des Erblassers vollständig verwirklicht und die „neue" Stiftung besteht in der vom Erblasser beabsichtigten Form.

652 Für eine vollständige Übersicht über sämtliche in einem erbrechtlichen Kontext in Betracht kommenden Ansprüche s. *Keim*, in: Münchener Anwaltshandbuch Erbrecht, § 27 Rn. 1.

653 Generell zur Aufhebung wegen Vermögenslosigkeit *Hüttemann/Rawert*, in: Staudinger, § 87 Rn. 5 ff.; *Schlüter/Stolte*, in: Stiftungsrecht, Kap. 3 Rn. 40.

1. Signifikante und nicht signifikante Änderungen – Kriterien

Das Verfahren der neuen Anerkennung und der Herausgabe erfordert die Mitwirkung von zahlreichen Dritten und zwingt zu umfangreichen Vermögensverschiebungen zwischen der „alten" und der „neuen" Stiftung. Hier stellt sich die Frage, ob der genannte Ablauf einer Anerkennung der „neuen" Stiftung, der Geltendmachung von Herausgabeansprüchen gegen die „alte" Stiftung und die spätere Auflösung der „alten" Stiftung gem. § 87 Abs. 1 BGB, nicht ein unnötig aufwendiges und förmelndes Verfahren ist, insbesondere in Fällen, in denen die „alte" und die „neue" Stiftung sehr ähnlich sein werden.

Die Abweichungen, die der Erblasser in der „neuen" Verfügung in einem solchen Fall getroffen haben kann, sind zahlreich. Es ist beispielsweise möglich, dass der Stifter in seinem „neuen" letzten Willen einen ganz anderen Stiftungszweck angeordnet hat. Auch kann er sich dazu entschieden haben, den Stiftungszweck weiter, enger oder mit einer anderen Schwerpunktsetzung festzulegen. Denkbar ist auch, dass sich das vererbte Vermögen bzw. die Vermögensverteilung zwischen der Stiftung und anderen Erben geändert hat. Darüber hinaus kann sich auch die Vermögensausstattung in Kombination mit der Art und Weise der Zweckverwirklichung geändert haben, was für die Frage einer signifikanten Abweichung von großer Bedeutung sein kann. Die typischerweise in Betracht kommenden Abweichungen und Änderungen sollen im Folgenden exemplarisch gruppiert und sich so der Frage, wann eine Abweichung der Stiftungsgeschäfte signifikant ist, mittels praxisnaher Fallgruppen genähert werden. Das Ziel ist, Kriterien für eine wesentliche und eine unwesentliche Abweichung der Stiftungsgeschäfte zu definieren, um diese in der Folge unter Umständen rechtlich anders behandeln zu können.

Die in einem Stiftungsgeschäft änderbaren Faktoren sind vor allem Name, Vermögensausstattung, Stiftungszweck sowie Art und Weise der Zweckverwirklichung, Organisation und Sitz. Darüber hinaus kann auch die Frage einer steuerlichen Privilegierung als gemeinnützige, mildtätige oder kirchliche Stiftung von großer Bedeutung sein. Ähnliche Kriterien für eine wesentliche Änderung von identitätsbestimmenden Merkmalen werden auch im Rahmen des Professorenentwurfs zur Stiftungsrechtsreform 2020 im Rahmen der Grundlagenänderungen i.S.d. § 87 Abs. 7 BGB vorgeschlagen. Zwar geht es hier um die Änderung im Falle einer wesentlichen Veränderung der Verhältnisse und nicht um den in dieser Arbeit behandelten Fall eines später gefundenen, vom ursprünglichen Stiftungsgeschäft abweichenden letzten Willens. Dennoch zeigt der Professorenentwurf, dass auch in der Literatur insbesondere Name, Sitz, Stiftungszweck und die in der Satzung festgelegte Art und Weise der Zweckerfüllung als identitätsbestimmend eingeordnet werden.[654]

Entscheidendes Kriterium einer Stiftung – von *Liermann* treffend als Seele der Stiftung bezeichnet[655] – ist der Stiftungszweck. Dieser gibt der Stiftung ihre Identität und ihren Handlungsrahmen und ist daher auch für die Frage, ob es sich um eine signifikante Abweichung handelt, der wichtigste Faktor. Im Kern ist in jedem Fall einer Abweichung zu entscheiden, ob der Stifter die gleiche Stiftung mit Modifikationen wollte oder sein Ziel des späteren letzten Willens die Errichtung einer ganz anderen Stiftung war. Hat der Stifter der Stiftung in seinem „neuen" letzten Willen einen vollkommen anderen Zweck gegeben, handelt es sich damit in jeden Fall um eine andere Stiftung und damit um eine signifikante Abweichung.

Beispiel 20:
In seinem ersten Testament bestimmt der Erblasser:

[...] Mein gesamtes Vermögen vererbe ich an eine noch zu gründende Stiftung. Stiftungszweck ist die Förderung von Kunst und Kultur. Die Stiftung soll den Namen „Kunst- und Kulturstiftung von Max Mustermann" führen. [...]

Zehn Jahre später bestimmt der Erblasser in seinem späteren Testament Folgendes:

[...] Mein gesamtes Vermögen vererbe ich an eine noch zu gründende Stiftung. Stiftungszweck ist Förderung des Naturschutzes und der Landschaftspflege im Sinne des Bundesnaturschutzgesetzes und der Naturschutzgesetze der Länder, des Umweltschutzes, des Küstenschutzes und des Hochwasserschutzes. Die Stiftung soll den Namen „Naturschutzstiftung Max Mustermann" führen. [...]

In diesem Beispiel hat der Zweck von der „Förderung von Kunst und Kultur" zur „Förderung des Naturschutzes und der Landschaftspflege" gewechselt. In der Folge hat die Stiftung vollkommen andere Aufgaben. Zu beachten ist auch, dass zwischen den beiden letztwilligen Stiftungserrichtungen zehn Jahre vergangen sind. In einem solchen Fall liegt eine signifikante Abweichung zwischen den beiden Stiftungsgeschäften vor, sodass nicht mehr von einer bloßen Modifikation gesprochen werden kann.

---

654 Professorenentwurf zur Stiftungsrechtsreform 2020, ZIP 2020, Beilage zu Heft 10, S. 3, 10, 13.

655 *Liermann*, in: Deutsches Stiftungswesen 1948-1966, S. 153, 154.

Erweitert oder beschränkt der Stifter in seinem neuen Testament hingegen die Zwecke oder die Art und Weise der Zweckverwirklichung nur, kommt die Annahme einer nicht signifikanten Änderung in Betracht.

Beispiel 21:
In seinem ersten Testament bestimmt der Erblasser:

[…] Mein gesamtes Vermögen vererbe ich an eine noch zu gründende Stiftung. Stiftungszweck ist die Förderung von Kunst und Kultur. Die Stiftung soll den Namen „Kunst- und Kulturstiftung von Max Mustermann“ führen. […]

Ein Jahr später bestimmt der Erblasser in seinem späteren Testament Folgendes:

[…] Mein gesamtes Vermögen vererbe ich an eine noch zu gründende Stiftung. Stiftungszweck ist die Förderung von Kunst und Kultur sowie die Förderung der Erziehung. Die Stiftung soll den Namen „Kunst- und Kulturstiftung von Max Mustermann“ führen. […]

In diesem Fall besteht die Abweichung nur in einer geringen inhaltlichen Ergänzung des Stiftungszwecks. Diese Ergänzung lässt sich auch ohne Weiteres mit dem Zweck der Förderung von Kunst und Kultur verbinden, sodass man eher von einer Modifikation des Zwecks als einer Änderung im engeren Sinne auszugehen hat. Auch die Tatsache, dass zwischen den beiden Testamenten ein Zeitraum von nur einem Jahr liegt und sich der Name der Stiftung nicht geändert hat, spricht dafür, dass der Erblasser hier lediglich eine Modifikation des ursprünglichen Stiftungsgeschäfts vornehmen wollte.

Treten zu dieser Modifikation jedoch weitere Änderungen hinzu, wie beispielsweise die Vermögenszuwendung, die Besetzung des Vorstands und der Name der Stiftung, sind diese wichtige Indikatoren für eine signifikante Abweichung.

Beispiel 22:
In seinem ersten Testament bestimmt der Erblasser:

[…] Mein gesamtes Vermögen vererbe ich an eine noch zu gründende Stiftung. Stiftungszweck ist die Förderung von Kunst und Kultur. Die Stiftung soll einen Stiftungsvorstand bestehend aus fünf Vorstandsmitgliedern besitzen. Die Stiftung soll den Namen „Kunst- und Kulturstiftung von Max Mustermann“ führen. […]

Ein Jahr später bestimmt der Erblasser in seinem späteren Testament Folgendes:

[…] Mein gesamtes Vermögen vererbe ich an eine noch zu gründende Stiftung. Stiftungszweck ist die Förderung der Erziehung und nachrangig die Förderung von Kunst und Kultur. Die Stiftung soll einen Stiftungsvorstand bestehend aus drei Vorstandsmitgliedern besitzen, von denen ein Mitglied ein Jurist und ein Mitglied ein Erzieher sein soll. Die

Stiftung soll den Namen „Erziehungsstiftung von Max Mustermann" führen. Die Stiftung ist eine Verbrauchsstiftung. […]

Hier besteht die Abweichung zwar zunächst nur in einer geringen inhaltlichen Erweiterung des Stiftungszwecks. Diese Ergänzung lässt sich auch ohne Weiteres mit dem Zweck der Förderung von Kunst und Kultur verbinden, sodass man insoweit eher von einer Modifikation des Zwecks als einer Änderung im engeren Sinne sprechen kann. Allerdings hat der Erblasser die Förderung von Kunst und Kultur nur noch als nachrangigen Stiftungszweck ausgestaltet, was zu einer größeren Änderung der Stiftungsarbeit führen kann. Darüber hinaus haben sich der Name der Stiftung und die Besetzung des Vorstands geändert, was wichtige Indikatoren gegen eine Modifikation und für eine signifikante Abweichung sind. Insbesondere die Tatsache, dass der Erblasser nunmehr eine Verbrauchsstiftung errichten wollte, spricht in Zusammenschau mit der Summe der anderen Änderungen eher für eine signifikante Änderung zwischen den Stiftungsgeschäften.

Zu beachten ist jedoch, dass nicht jede kumulative Änderung bzw. Abweichung zwischen den Stiftungsgeschäften zu einem signifikanten Unterschied führen muss.

Beispiel 23:
In seinem ersten Testament bestimmt der Erblasser:

[…] 10 Millionen Euro vererbe ich an eine noch zu gründende Stiftung. Stiftungszweck ist die Förderung des UKE Hamburg-Eppendorf. Der Stiftungsvorstand soll insgesamt mit fünf Mitgliedern besetzt werden. Hiervon sollen drei Mitglieder Mediziner sein. Die Stiftung soll den Namen „Max Mustermann medizinische Stiftung" führen. […]

Drei Jahre später bestimmt der Erblasser in seinem späteren Testament Folgendes:

[…] 10 Millionen Euro vererbe ich an eine noch zu gründende Stiftung. Stiftungszweck ist die Förderung der Neurologie des UKE Hamburg-Eppendorf. Der Stiftungsvorstand soll insgesamt mit fünf Mitgliedern besetzt werden. Hiervon sollen drei Mitglieder Neurologen sein. Die Stiftung soll den Namen „Max Mustermann medizinische Stiftung" führen. […]

Hier wurde der Stiftungszweck von einer allgemeinen Förderung des UKE Hamburg-Eppendorf auf die Förderung der Neurologie des UKE konkretisiert. Darüber hinaus wurde die medizinische Ausbildung der drei Vorstandsmitglieder von der allgemeinen Anforderung „Mediziner" auf die Anforderung „Neurologe" geändert. Erneut stellt sich die Frage, ob es sich noch um eine nicht signifikante Änderung des Stiftungsgeschäfts handelt. Dafür spricht, dass sich der Name der Stiftung, ihre Vermögensausstattung und der übergeordnet Bedachte der Stiftung nicht geändert haben. Insbesondere die Tatsache, dass der Erblasser sowohl hinsichtlich des Stiftungszwecks als auch hinsichtlich der Qualifikation der Vorstandsmitglieder die gleiche Konkretisierung vorgenommen hat, spricht dafür, dass – obwohl er mehr als eine Änderung vorgenommen hat – noch keine signifikante Abweichung des Stiftungsgeschäfts, sondern vielmehr eine Modifikation des ersten Testaments vorliegt.

Bei einer Änderung der Stiftungsorganisation ist zu unterscheiden, wie groß die erforderlichen Veränderungen sind, um die Anforderungen des „neuen" letzten Willens zu erfüllen. Kommt beispielsweise nur ein weiteres Gremium dazu, wird regelmäßig nicht von einer signifikanten Abweichung zwischen den beiden Stiftungsgeschäften gesprochen werden können.

Beispiel 24:
In seinem ersten Testament bestimmt der Erblasser:

[…] 10 Millionen Euro vererbe ich an eine noch zu gründende Stiftung. Stiftungszweck ist die Förderung des UKE Hamburg-Eppendorf. Der Stiftungsvorstand soll insgesamt mit fünf Mitgliedern besetzt werden. Hiervon sollen drei Mitglieder Mediziner sein. Die Stiftung soll den Namen „Max Mustermann medizinische Stiftung" führen. […]

Drei Jahre später bestimmt der Erblasser in seinem späteren Testament Folgendes:

[…] 10 Millionen Euro vererbe ich an eine noch zu gründende Stiftung. Stiftungszweck ist die Förderung des UKE Hamburg-Eppendorf. Der Stiftungsvorstand soll insgesamt mit fünf Mitgliedern besetzt werden. Hiervon sollen drei Mitglieder Mediziner sein. Zusätzlich soll die Stiftung ein Kuratorium erhalten, das mit einem Mediziner, einem Betriebswirt und einem Juristen besetzt sein soll. Die Stiftung soll den Namen „Max Mustermann medizinische Stiftung" führen. […]

In diesem Fall ist zur bestehenden Organisationsstruktur nach dem „neuen" Testament lediglich ein Kuratorium hinzugekommen. Eine solche Veränderung lässt sich ohne großen Aufwand zur bestehenden „alten" Stiftung hinzufügen, sodass in diesem Fall nicht von einer signifikanten Abweichung gesprochen werden kann. Anders stellt sich dies im folgenden Fall dar:

Beispiel 25:
In seinem ersten Testament bestimmt der Erblasser:

[…] Mein gesamtes Vermögen vererbe ich an eine noch zu gründende Stiftung. Stiftungszweck ist die Förderung von Kunst und Kultur. Die Stiftung soll einen Stiftungsvorstand bestehend aus zwei Vorstandsmitgliedern besitzen. Die Stiftung soll den Namen „Kunst- und Kulturstiftung von Max Mustermann" führen. […]

Zehn Jahre später bestimmt der Erblasser in seinem späteren Testament Folgendes:

[…] Mein gesamtes Vermögen vererbe ich an eine noch zu gründende Stiftung. Stiftungszweck ist Förderung des Naturschutzes und der Landschaftspflege im Sinne des

Bundesnaturschutzgesetzes und der Naturschutzgesetze der Länder, des Umweltschutzes, des Küstenschutzes und des Hochwasserschutzes. Die Stiftung soll einen Stiftungsvorstand bestehend aus drei Vorstandsmitgliedern besitzen. Das Stiftungskuratorium soll mit fünf Mitgliedern besetzt werden, wobei drei der Mitglieder Ökologen sein sollen. Die restlichen Kuratoriumsmitglieder sollen nach Möglichkeit Juristen, Betriebs- oder Volkswirte sein. Die Stiftung soll den Namen „Naturschutzstiftung Max Mustermann" führen. [...]

In diesem Fall hat sich das Stiftungsgeschäft in jeder Hinsicht geändert. Zwischen den Testamenten liegen zehn Jahre, der Stiftungszweck ist vollkommen unterschiedlich und die Anzahl der Stiftungsvorstandsmitglieder wurde erhöht. Zusätzlich hat die Stiftung ein Kuratorium erhalten und soll unter einem gänzlich anderen Namen geführt werden. In einem solchen Fall ist von einer signifikanten Abweichung des Stiftungsgeschäfts zwischen den beiden Testamenten auszugehen. Es wird deutlich, dass sich der Stifter in seinem zweiten Testament für die Errichtung einer vollkommen anderen Stiftung entschieden hat.

Wie die vorangegangenen Beispiele gezeigt haben, sind die Entscheidungen über die Signifikanz der Abweichungen und Änderungen auf Einzelfallbasis zu treffen. Es ist nicht möglich, in einem solchen Fall pauschale Kriterien für eine signifikante Abweichung aufzustellen. Dies ist aber auch nicht notwendig. Im Ergebnis wird man der Stiftungsbehörde die finale Entscheidung über die Klassifizierung der Änderung zubilligen können. Ihre Erfahrung und ihre hohe Sachkompetenz ermöglichen ihr, auf einer individuellen Basis die Signifikanz der Abweichungen zwischen der „alten" und der „neuen" letztwilligen Stiftungserrichtung zu erkennen und herauszuarbeiten, ob die vom Erblasser gewollte, „neue" Stiftung der „alten" unter Umständen in ausreichendem Maße ähnelt.

2. Stiftungsgeschäfte weichen nicht signifikant voneinander ab – Verfahrensablauf

Kommt die Stiftungsbehörde zu dem Ergebnis, dass die Abweichungen der Stiftungsgeschäfte in den letzten Willen nicht signifikant sind, sondern der „neue" letzte Wille mit seiner Stiftungserrichtung vielmehr eine bloße Modifikation der bereits anerkannten „alten" Stiftung darstellt, ist zu untersuchen, in welchem Verfahren auf die geänderten Wünsche des Erblassers eingegangen werden kann.

Wie bereits ausgeführt, umfasst das „reguläre" Verfahren die Anerkennung der „neuen" Stiftung, die Vermögensherausgabe und die anschließende Auflösung der „alten" Stiftung. Während sich dieser Ablauf in einem Satz beschreiben lässt, erfordert er in der Praxis die Mitwirkung zahlreicher Stellen, den Austausch von erheblichen Vermögenswerten sowie die Änderung von Registern und wird regelmäßig mehrere Monate in Anspruch nehmen. Es stellt sich dabei die Frage, ob die Auflösung der „alten“ Stiftung in einem Fall, in dem die Abweichungen nicht signifikant sind, nicht ein unnötig aufwendiges Verfahren ist und ob durch eine direkte oder analoge Anwendung von § 87 Abs. 1 BGB in diesem Fall die „alte“ Stiftung entsprechend der späteren letztwilligen Verfügung geändert werden kann.

a) Übersicht Unmöglichkeit i.S.d. § 87 Abs. 1 BGB

Die Erfüllung eines Stiftungszwecks ist grundsätzlich unmöglich i.S.d. § 87 Abs. 1 BGB, wenn sie rechtlich oder tatsächlich unmöglich ist. In Betracht kommt im vorliegenden Fall nur die tatsächliche Unmöglichkeit. Eine solche liegt vor, wenn eine dauerhafte Erfüllung des Stiftungszwecks aufgrund der tatsächlichen Gegebenheiten und Hürden nicht oder nur mit unzumutbar hohem Aufwand möglich ist.[656] Wie bereits ausgeführt, wird durch das reine Auffinden einer neueren letztwilligen Verfügung die Verfolgung des Stiftungszwecks der „alten“ Stiftung noch nicht unmöglich. Problematisch wird die dauerhafte Erfüllung des Stiftungszwecks jedoch ab dem Moment, in dem Erbenrechte aus dieser neuen Verfügung geltend gemacht werden. Spätestens mit gerichtlicher Durchsetzung dieser Ansprüche fehlt es der „alten“ Stiftung an ihrem Vermögen, sodass sie ihren Zweck nicht mehr verfolgen kann. Es stellt sich daher die Frage, ob bereits die drohende Unfähigkeit der Zweckverfolgung für die Anwendbarkeit der Änderungskompetenz gem. § 87 Abs. 1 BGB genügt und die Stiftungsbehörde hierüber den Zweck, die Organisation oder das Vermögen der „alten“ Stiftung entsprechend der Bestimmungen der neuen letztwilligen Verfügung ändern kann.

b) Unmöglichkeit bei Scheitern der Lebensfähigkeitsprognose

Eine Parallele lässt sich zu einer von *Hüttemann* und *Rawert* vertretenen Ansicht ziehen: Hiernach sei der Begriff der Unmöglichkeit i.S.d. § 87 Abs. 1 BGB nicht länger im allgemeinen zivilrechtlichen Sinne (§ 275 BGB) zu verstehen, sondern im Wege einer teleologischen und systematischen Auslegung mit der Lebensfähigkeitsprognose des § 80 Abs. 2 BGB zu verschränken. Unmöglichkeit bedeute danach, dass das ursprüngliche Lebensfähigkeitskonzept des Stifters (endgültig) gescheitert sei. Durch dieses Verständnis ließe sich verhindern, dass auch

---

656 Ähnlich auch *Weitemeyer*, in: MüKo, § 87 Rn. 8; *Hof*, in: v. Campenhausen/Richter, Stiftungsrechts-Handbuch, 4. Auflage, § 7 Rn. 145.

Stiftungen, deren Vermögen auf absehbare Zeit nur noch symbolische Erträge abwerfen, weiterhin als „lebensfähig" behandelt werden müssten, obwohl sie nicht mehr leistungsfähig seien. So könne ein in der Stiftung noch vorhandenes Vermögen rechtzeitig erhalten und über eine behördliche Maßnahme einer sinnvollen Verwendung zugeführt werden.[657]

Gegen diese Ansicht wendet *Weitemeyer* ein, dass der Wortlaut „Unmöglichkeit" in eine andere Richtung weise. Außerdem bestehe durch die Öffnung des § 87 BGB die Gefahr, dass die mangels Mitgliederinteressen schutzbedürftige Stiftung durch ein Zusammenwirken von Organen und Stiftungsbehörde aufgelöst oder einer anderen Stiftung zugeschlagen werde, nur weil die Fortführung des Stiftungszwecks mühevoll geworden sei. Hiervor würde die bewusst hohe Hürde des § 87 BGB den Stifter genau schützen. Dem Stifter bliebe es darüber hinaus unbenommen, eine Zu- oder Zusammenlegung oder die Umwandlung in eine Verbrauchsstiftung unter bestimmten Voraussetzungen in der Satzung vorzusehen.[658]

Hiergegen machen *Hüttemann* und *Rawert* jedoch geltend, dass die Vorstellung, jede existierende Stiftung sei als Wert an sich „schutzbedürftig", zu wenig berücksichtige, dass juristischen Personen die Rechtsfähigkeit nur zu einem bestimmten Zweck verliehen werde. Sei die Voraussetzung einer „dauernden und nachhaltigen Zweckerfüllung" nicht mehr gegeben, habe die Stiftung ihre rechtliche Existenzberechtigung verloren. Auch die Tatsache, dass die Bund-Länder-Arbeitsgruppe Stiftungsrecht eine entsprechende Änderung des § 87 BGB vorgeschlagen habe, um behördliche Maßnahmen bei „notleidenden" Stiftungen zu erleichtern, spreche für diese Ansicht.[659]

Die von *Hüttemann* und *Rawert* vertretene Ansicht überzeugt. Tatsächlich ist der § 87 Abs. 1 BGB in seiner derzeitigen Ausgestaltung deutlich zu eng gefasst. Der Ansatz, dass eine tatsächliche Unmöglichkeit nur vorliegt, wenn eine dauerhafte Erfüllung des Stiftungszwecks aufgrund der tatsächlichen Gegebenheiten und Hürden nicht oder nur mit unzumutbar hohem Aufwand möglich ist[660], führt zu unbilligen Ergebnissen. Die Verschränkung der Lebensfähigkeitsprognose des § 80 Abs. 2 BGB mit § 87 Abs. 1 BGB im Wege einer teleologischen

657 *Hüttemann/Rawert* in: Staudinger, § 87 Rn. 6.

658 *Weitemeyer*, in: MüKo, § 87 Rn. 10.

659 *Hüttemann/Rawert* in: Staudinger, § 87 Rn. 6.

660 Ähnlich auch *Weitemeyer*, in: MüKo, § 87 Rn. 8; *Hof*, in: v. Campenhausen/Richter, Stiftungsrechts-Handbuch, 4. Auflage, § 7 Rn. 145.

und systematischen Auslegung würdigt die stiftungsrechtlich dienende Stellung des Stiftungsvermögens in ihrem Verhältnis zum Stiftungszweck. Es kann für die Frage, ob eine dauerhafte und nachhaltige Erfüllung des Stiftungszwecks möglich ist, nicht darauf gewartet werden, dass die Stiftung gar keine Erträge mehr generiert und in der Folge überhaupt nicht mehr wirksam ihren Aufgaben nachkommen kann, wenn bereits in einem vorherigen Stadium das Vermögen für eine wirksame dauerhafte und nachhaltige Erfüllung nicht mehr genügt. Ein anderes Verständnis ist mit der besonderen Rolle, die die Stiftung im Zivilrecht einnimmt, nicht vereinbar. Insoweit ist daher über den Wortlaut der „Unmöglichkeit" hinaus zu gehen. Das von *Weitemeyer* gesehene Risiko, dass durch die Öffnung des § 87 BGB die schutzbedürftige Stiftung durch ein Zusammenwirken von Organen und Stiftungsbehörde aufgelöst oder einer anderen Stiftung zugeschlagen wird, nur weil die Fortführung des Stiftungszwecks mühevoll geworden ist, ist dennoch ein gewichtiges Argument, welches nicht übersehen werden darf. Wie *Weitemeyer* jedoch selbst feststellt, bleibt es dem Stifter hierfür unbenommen, eine Zu- oder Zusammenlegung oder die Umwandlung in eine Verbrauchsstiftung unter bestimmten Voraussetzungen in der Satzung vorzusehen. Hierdurch wird eine „böswillige" Stiftungsauflösung verhindert, da die Stiftungsbehörden erst eingreifen dürfen, wenn die Stiftungsorgane selbst keine Abhilfe schaffen können.[661] Auch die Tatsache, dass im Vorschlag der Bund-Länder-Arbeitsgruppe Stiftungsrecht eine entsprechende Änderung des § 87 BGB enthalten ist, spricht für das Erfordernis eines weiter gefassten Verständnisses des Unmöglichkeitsbegriffs. Im Entwurf wird hierzu ausgeführt[662]:

> „Eine Stiftung kann nach § 87 Absatz 1 Satz 1 BGB-neu durch Beschluss aufgelöst werden, wenn die dauernde und nachhaltige Erfüllung des Stiftungszwecks unmöglich geworden ist und dies durch die Änderung der Satzung nicht beseitigt werden kann. § 87 Absatz 1 Satz 1 BGB-neu knüpft damit an die Aufhebungsvoraussetzung im bisherigen § 87 Absatz 1 BGB an, verlangt für die Auflösung der Stiftung aber nicht mehr, dass die Erfüllung des Stiftungszwecks gänzlich unmöglich geworden sein muss. Die dauernde und nachhaltige Erfüllung des Stiftungszwecks ist unmöglich geworden, wenn die Stiftung ihren Zweck nicht mehr wirksam erfüllen kann und auch nicht damit zu rechnen ist, dass dies von der Stiftung wieder in absehbarer Zeit geändert werden kann. Dies ist insbesondere der Fall, wenn die Stiftung nicht mehr über ein dafür ausreichendes Vermögen verfügt, und auch nicht zu erwarten ist, dass die Stiftung durch Zuwendungen neues Vermögen in ausreichender Höhe erlangen kann. Die Voraussetzungen für die

661 Statt aller *Hüttemann/Rawert* in: Staudinger, § 87 Rn. 21.
662 Diskussionsentwurf der Bund-Länder-Arbeitsgruppe „Stiftungsrecht" für ein Gesetz zur Vereinheitlichung des Stiftungsrechts, S. 89 f.

> Aufhebung nach dem bisherigen § 87 Absatz 1 BGB haben sich als zu eng erwiesen. Stiftungen können nach dem bisherigen § 87 Absatz 1 BGB auch dann noch nicht aufgehoben werden, wenn sie schon lange Zeit ihren Zweck nicht mehr wirksam erfüllen können und absehbar ist, dass ihnen eine wirksame Zweckerfüllung auch künftig nicht mehr möglich werden wird. Das führt dazu, dass Stiftungen ohne Zukunftsperspektive weiter verwaltet und beaufsichtigt werden müssen, bei denen dem Aufwand für die Verwaltung und Stiftungsaufsicht kaum noch ein Nutzen gegenübersteht. Solche Stiftungen sollen künftig aufgelöst werden können. Eine Stiftung, die ihren Zweck nicht mehr dauernd und nachhaltig erfüllen kann, darf nach § 87 Absatz 1 Satz 1 BGB-neu nicht aufgelöst werden, wenn eine dauernde und nachhaltige Zweckerfüllung durch eine Satzungsänderung, insbesondere auch eine Zweckänderung nach § 85 Absatz 1 bis 3 BGB-neu oder aufgrund von Satzungsregelungen nach § 85 Absatz 4 BGB-neu wieder ermöglicht werden kann. Mögliche Zweckänderungen und andere Satzungsänderung aufgrund des § 85 Absatz 1 bis 3 BGB-neu oder aufgrund von Satzungsregelungen nach § 85 Absatz 4 BGB-neu haben Vorrang vor der Auflösung."

Die Erläuterungen machen deutlich, dass auch in der aktuellen Diskussion zur Reform des Stiftungsrechts ein Bedürfnis zur Änderungs- und Auflösungskompetenz für notleidende Stiftungen gesehen wird. Eine Übernahme der vorgeschlagenen Regelungen wäre wünschenswert. Bereits zum jetzigen Zeitpunkt lässt sich eine solche Kompetenz jedoch unter den Unmöglichkeitsbegriff des § 87 Abs. 1 BGB subsumieren. Das von *Hüttemann* und *Rawert* vertretene Verständnis, Unmöglichkeit bedeute, dass das ursprüngliche Lebensfähigkeitskonzept des Stifters (endgültig) gescheitert sei, ist damit sachgerecht und überzeugend.

c) Änderungskompetenz bei nicht signifikanten Abweichungen zwischen den letzten Willen

Fraglich ist, ob diese Argumentation auch auf den Sonderfall übertragen werden kann, bei dem basierend auf einem „falschen" letzten Willen eine Stiftung anerkannt und zu einem späteren Zeitpunkt ein davon abweichender letzter Willen gefunden wurde, der hinsichtlich der Stiftungsgeschäfts aber keine signifikante Änderung aufweist. Auch in diesem Fall könnte man vertreten, dass das ursprüngliche Lebenskonzept der „alten" Stiftung gescheitert ist.

Zur Anerkennung ging die Stiftungsbehörde basierend auf den ihr vorliegenden Informationen davon aus, dass die „alte" Stiftung Erbin des Nachlasses geworden sei und die Errichtung dieser Stiftung durch den Erblasser gewollt war. Erst nach dem Fund eines anderslautenden, aktuelleren letzten Willens wird für die Beteiligten ersichtlich, dass diese Stiftung nicht bzw. nicht in dieser Form Erbin werden sollte.

In diesem Fall ist – nach Prüfung der „neuen“ letztwilligen Stiftungserrichtung durch die Stiftungsbehörde – absehbar, dass die „alte“ Stiftung – würde man eine „neue“ Stiftung anerkennen – zur Herausgabe des Vermögens verpflichtet wäre und wegen Vermögenslosigkeit aufgelöst werden müsste. Insoweit besteht eine Vergleichbarkeit zur soeben dargestellten Konstellation der notleidenden Stiftung. In beiden Fällen ist die vollkommene Unmöglichkeit der Zweckverwirklichung noch nicht eingetreten; sie ist aber immanent. Überdies ist beim hier vorliegenden Fall aufgrund der Zuständigkeit der Stiftungsbehörde für alle erforderlichen Schritte auch sicher absehbar, dass die Unmöglichkeit nach § 87 Abs. 1 BGB für die „alte“ Stiftung eintreten wird. Diese Vergleichbarkeit spricht in hohem Maße für die Annahme eines weiten Verständnisses des Unmöglichkeitsbegriffs i.S.d. § 87 Abs. 1 BGB. Schließlich ist zu beachten, dass die Anerkennung einer „neuen“ Stiftung, die der „alten“ Stiftung ähnelt oder sogar in weiten Teilen vollständig gleicht, ein unnötig aufwendiges und förmelndes Verfahren ist, durch das hohe Kosten entstehen. In Anbetracht der Parallele zur notleidenden Stiftung und dem hohen erforderlichen Aufwand erscheint die Annahme einer Änderungskompetenz der Stiftungsbehörde in einem solchen – freilich in der Praxis sehr seltenen – Fall sachgerechter. Zudem ist zu beachten, dass die Zuständigkeit der Stiftungsbehörde gewahrt wird, die vom Stifter gewollte Stiftung am Ende in der richtigen Ausgestaltung existiert und lediglich unnötige Zwischenschritte vermieden werden. Im Ergebnis ist daher für den Fall, dass nach Anerkennung einer Stiftung ein neuer, anderslautender letzter Wille mit einer geänderten Stiftungserrichtung gefunden wird, eine ausnahmsweise Änderungskompetenz der Stiftungsbehörde gem. § 87 Abs. 1 BGB eröffnet, solange die Abweichungen zwischen den beiden Stiftungsgeschäften nicht signifikant sind und die sachlichen und örtlichen Zuständigkeiten der Stiftungsbehörde gewahrt bleiben. Die Stiftungsbehörde kann hiernach alle erforderlichen Änderungen vornehmen, um die „alte“ Stiftung entsprechend dem neuen letzten Willen anzupassen.

3. Stiftungsgeschäfte weichen signifikant voneinander ab – Verfahrensablauf

Weichen die Stiftungsgeschäfte jedoch signifikant voneinander ab, muss nach dem Auffinden des neuen letzten Willens eine „neue“ Stiftung entsprechend dem letzten Willen anerkannt werden. Diese „neue“ Stiftung kann dann das Erbe von der „alten“ Stiftung auf Grundlage der zuvor genannten Anspruchsgrundlagen herausverlangen. Sie kann die Herausgabe des Erbes an sich als tatsächliche Erbin auf die §§ 2018 ff. und im Einzelfall womöglich auf §§ 985 ff.,

894, 861 ff., 1007 Abs. 1, 812 ff. sowie §§ 823 ff. BGB stützen.[663] Soweit der Erblasser in seinem „alten" letzten Willen der „alten" Stiftung das gleiche Vermögen zugesprochen hat wie der „neuen" Stiftung in seinem „neuen" letzten Willen und dieses Vermögen noch vollumfänglich bei der „alten" Stiftung vorhanden ist, besteht ausschließlich ein Herausgabeanspruch der „neuen" Stiftung gegen die „alte" Stiftung nach den oben genannten Anspruchsgrundlagen. Für den Fall, dass die letztwillige Zuwendung aus dem „alten" letzten Willen an die „alte" Stiftung größer war, als der Erblasser dies nunmehr für die „neue" Stiftung in seinem aktuellen letzten Willen angeordnet hat, hat die „neue" Stiftung nach den o.g. Anspruchsgrundlagen lediglich einen Anspruch auf das Vermögen, das der Stifter ihr in seinem aktuellen letzten Willen zugesprochen hat. Falls eine Unklarheit hinsichtlich der Regelungen aus dem aktuellen letzten Willen über dieses Vermögen besteht, muss der Wille des Erblassers nach den allgemeinen Grundsätzen der erbrechtlichen Auslegung ermittelt werden. Können neben der „neuen" Stiftung auch Dritte einen Erbschaftsanspruch aufgrund des aktuellen letzten Willens geltend machen, stellen die „neue" Stiftung und die weiteren Erben eine Erbengemeinschaft dar. Diese kann die Herausgabe des Nachlasses von der „alten" Stiftung nur zur gesamten Hand verlangen. Im Anschluss daran kann eine entsprechende Auseinandersetzung der Erbengemeinschaft gem. 2042 BGB erfolgen. Soweit ein Dritter im „alten" letzten Willen des Erblassers bedacht wurde, dies jedoch im „neuen" letzten Willen nicht mehr der Fall ist und der Nachlass nunmehr allein oder gemeinsam mit anderen Erben der „neuen" Stiftung zukommen soll, hat diese, zusätzlich zu ihren Ansprüchen gegen die „alte" Stiftung, gegebenenfalls gemeinsam mit den anderen Berechtigten die oben genannten Ansprüche auch gegen den Dritten.

Eine Bestimmung von Höhe und Umfang des Herausgabeanspruchs und die Behandlung der „alten" Stiftung kann sich aber dann als besonders problematisch erweisen, wenn die „alte" Stiftung im Rahmen ihrer Stiftungstätigkeit bereits eine Vermögensveränderung erfahren hat.

Auch wenn eine Stiftung, die keine Verbrauchsstiftung ist, grundsätzlich ihr Grundstockvermögen zu erhalten hat, kann es vorkommen, dass die „alte" Stiftung im Rahmen ihrer Stiftungstätigkeit oder aufgrund der aktuellen finanzwirtschaftlichen Lage Vermögen verloren hat. Ist die „alte" Stiftung hierbei

663 Für eine vollständige Übersicht über sämtliche in einem erbrechtlichen Kontext in Betracht kommenden Ansprüche s. *Keim*, in: Münchener Anwaltshandbuch Erbrecht, § 27 Rn. 1.

gutgläubig und ein nicht verklagter Erbschaftsbesitzer, haftet sie aufgrund der Rechtsfolgenverweisung auf §§ 812 ff. BGB gem. §§ 2021, 818 Abs. 2 und 3 BGB nur in Höhe der noch vorhandenen Bereicherung. Ist ein Nachlassgegenstand unentgeltlich in das Eigentum eines gutgläubigen, nicht verklagten Dritten übergegangen, so hat dieser den Gegenstand gem. § 822 BGB herauszugeben. Der deliktische Erbschaftsbesitzer haftet gem. den §§ 2025, 823 ff. BGB. Ab Rechtshängigkeit haftet der Erbschaftsbesitzer verschärft. Dies umfasst eine Haftung für alle Nutzungen inklusive schuldhaft nicht gezogener Nutzungen gem. der §§ 2023 Abs. 2, 987 BGB sowie für Verschlechterung, Untergang oder eine aus einem anderen Grund eintretende Unmöglichkeit der Herausgabe gem. §§ 2023 Abs. 1, 989 BGB. Gleiches gilt gem. § 2024 BGB für den Fall des bösgläubigen Erbschaftsbesitzers.[664] Eine Bösgläubigkeit wird angenommen, wenn der Erbschaftsbesitzer bei Begründung des Besitzes von seiner fehlenden Erbenstellung weiß oder dies in Folge grober Fahrlässigkeit verkennt. Ferner wird er bösgläubig ab dem Zeitpunkt, an dem er von seinem fehlenden Recht erfährt.[665] Nach überzeugender Ansicht von *Zeising* haftet der Erbschaftsbesitzer jedoch nicht bereits gem. § 2023 BGB direkt oder analog, nur weil ein Erbscheinsverfahren betrieben wird.[666] Im Falle einer Stiftung kann von einer Bösgläubigkeit nur dann gesprochen werden, wenn ihre organschaftlichen Vertreter vom Mangel des „alten“ letzten Willens Kenntnis haben.[667]

Soweit die „alte“ Stiftung ihr Vermögen durch die Erwirtschaftung von Erträgen vermehren konnte, sind diese gem. § 2020 BGB herauszugeben. § 2020 BGB statuiert, dass der Erbschaftsbesitzer dem Erben die gezogenen Nutzungen herauszugeben hat; die Verpflichtung zur Herausgabe erstreckt sich dabei auch auf Früchte, an denen er das Eigentum erworben hat. Im Ergebnis muss die „alte“ Stiftung damit sämtliche Gewinne und Zinserträge, die im Rahmen der Stiftungstätigkeit aufgrund des zu Unrecht zugewendeten Vermögens durch den „alten“ letzten Willen erwirtschaftet worden sind, an die „neue“ Stiftung herausgeben.

---

664 Übersicht über die verschärfte Haftung des Erbschaftsbesitzer ab Rechtshängigkeit s. *Keim*, in: Münchener Anwaltshandbuch Erbrecht, § 27 Rn. 17.

665 Zur Bösgläubigkeit *Keim*, in: Münchener Anwaltshandbuch Erbrecht, § 27 Rn. 17.

666 *Zeising*, ZErb 2009, 172 ff.; zustimmend auch *Keim*, in: Münchener Anwaltshandbuch Erbrecht, § 27 Rn. 17.

667 Allgemein zur Wissenszurechnung bei juristischen Personen *Schwab*, in: MüKo, § 819 Rn. 10.

Hat die „alte" Stiftung Zustiftungen erhalten, sind diese nicht als Früchte oder Nutzungen herauszugeben, da sie die Voraussetzungen der §§ 99 f. BGB nicht erfüllen.[668] Entscheidendes Merkmal der Zustiftung ist, dass sie das Vermögen der Stiftung erhöhen soll, das der Stifter im Rahmen des Stiftungsgeschäfts als in seinem Bestand zu erhalten bestimmt hat.[669] Verbleiben die Zustiftungen daher in der „alten" Stiftung, kommen drei Möglichkeiten für den Zustifter in Betracht: Denkbar ist, dass der Zustifter seine Zuwendung in der Stiftung belassen möchte. Dies kommt insbesondere dann in Betracht, wenn die Zustiftung hoch genug ist und der Stiftungszweck nach wie vor erfüllt werden kann. Alternativ kann der Zustifter seine Zuwendung herausverlangen. Ein Rückforderungsanspruch des Zustifters kann sich hierbei aus § 527 Abs. 1 BGB ergeben, wenn die Zustiftung entsprechend der Auflage nicht mehr im Grundstockvermögen der Stiftung erhalten bleibt, da Auflage oder Bedingung der Zustiftung die Erhöhung des Grundstockvermögens der bestehenden Stiftung ist. Zusätzlich kommt ein Rücktritt vom Schenkungsvertrag gem. § 313 Abs. 1, 3 BGB in Betracht, wenn sich Umstände, die zur Grundlage des Vertrags geworden sind, nach Vertragsschluss schwerwiegend verändert haben. Dies wird insbesondere dann der Fall sein, wenn durch die Herausgabe des Nachlasses das Stiftungsvermögen so geschmälert ist, dass die Stiftung den Stiftungszweck nicht mehr mit der gleichen Effektivität verfolgen kann. Hierbei war die Erwartung des Zustifters im Zeitpunkt der Zustiftung eine effektive Zweckverfolgung mit den Mitteln aus dem Nachlass. In einem solchen Fall haben sich Umstände, die zur Grundlage des Vertrags geworden sind, geändert und eine Rückforderung gem. § 313 Abs. 1, 3 BGB kommt für den Zustifter in Betracht.

Fraglich ist auch, welches rechtliche Schicksal Spenden[670] im vorliegenden Fall erfahren. Anders als Zustiftungen sind Spenden zum Verbrauch gedacht.[671]

---

668 Nach vorherrschender Meinung soll Zustiftungen ein Schenkungsvertrag i.S.d. §§ 516 ff. BGB zugrunde liegen, vgl. *Hüttemann/Rawert*, in: Staudinger, § Vor 80 Rn. 368; *Rawert*, DNotZ 2008, 5, 6 ff.; *Weitemeyer*, in: MüKo, § 80 Rn. 249; *Godron*, in: Handbuch Stiftungsrecht, § 7 Rn. 3 ff.; *Jakob*, Schutz der Stiftung, S. 164 f.; *Reuter*, npoR 2009, 55, 58 f.; *Burgard*, Gestaltungsfreiheit, S. 500 ff.; *Geibel*, in: BeckOGK [01.10.2020], § 80 Rn. 633; *Flues*, Die Zustiftung, 2015, S. 27 ff.; *A. Werner*, Die Zustiftung, S. 124 ff.; *Wiese*, in: Erman, Vor § 80 Rn. 14; BGH, Urteil vom 10.12.2003 – IV ZR 249/02, Rn. 22 (BGHZ 157, 178-187); a.A. *Muscheler*, WM 2008, 1669 ff.

669 *Weitemeyer*, in: MüKo, § 80 Rn. 249; *Hüttemann/Rawert*, in: Staudinger, § Vor 80 Rn. 366; *Godron*, in: Handbuch Stiftungsrecht, § 7 Rn. 3 ff. jew. m.w.N.

670 Zur Rechtsnatur von Spenden s. *Jakob*, Schutz der Stiftung, S. 163 f.; *Godron*, in: Handbuch Stiftungsrecht, § 7 Rn. 7 m.w.N.; *Rawert*, NJW 2002, 3151, 3152.

671 Statt aller *Schlüter/Stolte*, in: Stiftungsrecht, Kap. 2 Rn. 93.

Die Stiftung ist nicht nur berechtigt, sondern auch verpflichtet, diese im Sinne des Stiftungszwecks einzusetzen und nicht dem Grundstockvermögen zuzuführen. Im Ergebnis kann der Spender daher zu keinem Zeitpunkt von einem Erhalt seiner Spende im Vermögen der Stiftung ausgehen. Soweit die Stiftung fortbesteht und sie ihren Stiftungszweck weiterverfolgen kann – beispielsweise, weil Zustifter ihre Zuwendung nicht herausverlangt haben – kommt damit kein Herausgabeanspruch des Spenders gegen die „alte" Stiftung in Betracht. Wird die „alte" Stiftung jedoch mangels Vermögen aufgelöst, kann der Spender seine Spende – so noch vorhanden – gem. § 527 Abs. 1 BGB herausverlangen, weil die Auflage, sie im Sinne des Stiftungszwecks einzusetzen, nicht mehr erfüllt werden kann.

Nachdem das Vermögen nach den vorstehenden Grundsätzen herausgegeben wurde, ist die „alte" Stiftung im Regelfall wegen Vermögenslosigkeit gem. § 87 BGB aufzulösen.[672] Verfügt die „alte" Stiftung nach Herausgabe des Erbes an die „neue" Stiftung weiterhin über ein ausreichendes Vermögen aus nicht herausverlangten Zustiftungen und Spenden zur Verfolgung ihres Zwecks, darf sie von der Stiftungsbehörde nicht aufgelöst werden.

III. Neue letztwillige Verfügung entspricht hinsichtlich des Stiftungsgeschäfts der ersten letztwilligen Verfügung

Soweit die Anordnungen der ursprünglichen letztwilligen Verfügung hinsichtlich des Stiftungsgeschäfts der neuen letztwilligen Verfügung entsprechen, ist eine Änderung der Stiftung nicht erforderlich. Unter Umständen kann jedoch die erklärte Vermögenszuwendung durch den Erblasser eine Änderung erfahren haben, wenn beispielsweise Erben in der späteren letztwilligen Verfügung hinzugekommen oder weggefallen sind. In diesem Fall ist ein unter Umständen vorhandener Erbschein gem. § 353 FamFG einzuziehen oder für ungültig erklären zu lassen. Im Anschluss muss gegebenenfalls ein neuer Erbschein ausgestellt werden, der den Anordnungen des Erblassers entspricht. Ein Ausgleich der Vermögensverteilung hat nach vorgenannten zivilrechtlichen Grundsätzen zu erfolgen.

---

672 Generell zur Aufhebung wegen Vermögenslosigkeit *Hüttemann/Rawert*, in: Staudinger, § 87 Rn. 5 ff.; *Schlüter/Stolte*, in: Stiftungsrecht, Kap. 3 Rn. 40.

IV. Zusammenfassung

Die vorangegangenen Ausführungen haben gezeigt, dass es für den Fall eines später gefundenen und hinsichtlich des Stiftungsgeschäfts abweichenden letzten Willens mit Hilfe der Regelung des § 87 Abs. 1 BGB – in Anlehnung an das Konzept des „Scheiterns der Lebensfähigkeitsprognose" – durchaus die Möglichkeit einer direkten „Umwandlung" oder „Anpassung" der anerkannten Stiftung gibt, soweit die Abweichungen zwischen den Stiftungsgeschäften nicht signifikant sind. Bei zu großen Unterschieden ist allerdings nach wie vor erforderlich, dass die Stiftungsbehörde eine „neue" Stiftung anerkennt und diese sodann ihre Ansprüche – soweit erforderlich im Rahmen eines streitigen Verfahrens – gegenüber der „alten" Stiftung geltend macht. Erst im Anschluss kann die „alte" Stiftung durch die Stiftungsbehörde wegen Vermögenslosigkeit aufgelöst werden.

Fazit

Im Rahmen der vorliegenden Arbeit wurden verschiedene Konstellationen beleuchtet, in denen bei einer letztwilligen Stiftungserrichtung Probleme auftreten können. Ziel war es dabei, die Anforderungen an die letztwillige Stiftungserrichtung darzustellen, mögliche Probleme zu identifizieren und deren jeweilige Behandlung bei der letztwilligen Stiftungserrichtung aufzuzeigen. Insbesondere wurde dabei herausgearbeitet, mit welchen erbrechtlichen Konflikten sich die Stiftung von Todes wegen während und nach ihrer Errichtung konfrontiert sehen kann und wie diese vermieden werden können.

Kapitel B. hat die Frage behandelt, wer in der Schwebephase zwischen Tod des Erblassers und Anerkennung der Stiftung Rechtsträger des Nachlasses ist.[673] Die Untersuchungen haben gezeigt, dass weder eine Vor-Stiftung[674] noch die gesetzlichen Erben im Rahmen einer konstruktiven Vorerbschaft[675] hierfür in Betracht kommen. Die Stiftung besitzt ihre Rechtsfähigkeit im Ergebnis vom Erbfall an, allerdings nur soweit es um die Erbenstellung geht. Sie tritt dabei erst mit der Anerkennung rückwirkend auf den Zeitpunkt des Erbfalls in den Nachlass ein. Während der Schwebezeit besteht lediglich eine objektive Ungewissheit über die Person des Erben und keine *hereditas iacens*.[676] Die Verfügungsbefugnis besitzt in dieser Zeit ein durch den Erblasser bestimmter Testamentsvollstrecker oder ein durch das Nachlassgericht gem. § 1960 Abs. 1 S. 2 BGB zu bestellender Nachlasspfleger.[677] Mit Blick auf die geplante Reform des Stiftungsrechts wäre empfehlens- und wünschenswert, die Pflegerbestellung und die gerichtliche Zuständigkeit bei einer letztwilligen Stiftungserrichtung ausdrücklich in die §§ 80 ff. BGB aufzunehmen.[678]

In Kapitel C. wurden die Anforderungen an die letztwillige Stiftungserrichtung beleuchtet. Der Prüfungsumfang der Stiftungsbehörde umfasst hierbei sowohl den letzten Willen als auch das Stiftungsgeschäft selbst.[679] Es hat sich

673 Kapitel B.I.
674 Kapitel B.II.1.
675 Kapitel B.II.2.
676 Kapitel B.II.3.
677 Kapitel B.II.4.
678 Kapitel B.III.
679 Kapitel C.I.

gezeigt, dass sich die Anforderungen an eine letztwillige Stiftungserrichtung teilweise von denen einer lebzeitigen Errichtung unterscheiden. In formeller Hinsicht wird die Stiftung von Todes wegen durch eine letztwillige Verfügung errichtet, sodass die entsprechenden erbrechtlichen Formvorschriften beachtet werden müssen.[680] Hinsichtlich der materiellen Anforderungen wurde insbesondere die erhebliche Bedeutung des Stiftungszwecks herausgearbeitet. Für seine Bestimmung ist im Ergebnis erforderlich, dass der Stiftungszweck dem Gemeinwohlvorbehalt genügt[681] und er fremdnützig[682] sowie hinreichend bestimmt[683] ist. Außerdem muss die Stiftung eine Vermögensausstattung erhalten, mit der sie ihren Stiftungszweck ausreichend verfolgen kann. Die Höhe des zur Errichtung erforderlichen Vermögens ist gesetzlich nicht festgelegt und bedarf einer Prüfung im Einzelfall. Die Vermögensausstattung muss nicht in voller Höhe durch den Erblasser und Stifter gestellt werden; zwingend ist jedoch, dass dieser überhaupt einen finanziellen Beitrag leistet, um den erbrechtlichen Anforderungen der letztwilligen Stiftungserrichtung gerecht zu werden.[684]

Stellt die Stiftungsbehörde bei der Prüfung des letzten Willens Lücken oder Unklarheiten im Stiftungsgeschäft fest, ist die letztwillige Stiftungserrichtung potenziell gefährdet. Um dem Willen des Erblassers dennoch zur Geltung verhelfen zu können, hat der Gesetzgeber verschiedene Möglichkeiten zur Ergänzung eines lückenhaften letzten Willens und letztwilligen Stiftungsgeschäfts vorgesehen. In Betracht kommt zum einen die erbrechtliche Auslegung und Ergänzung des letzten Willens.[685] Die Ausführungen in Kapitel C. haben hierzu gezeigt, dass es zulässig ist, einen vom Stifter missverständlich oder unklar formulierten Stiftungszweck mithilfe erbrechtlicher Auslegungsmethoden seitens der Stiftungsbehörde zu ergänzen und zu konkretisieren.[686] Dies ist Ausdruck der erbrechtlichen Dimension des letztwilligen Stiftungsgeschäfts.

Zusätzlich erlaubt § 83 S. 2 BGB der Stiftungsbehörde, der Stiftung vor der Anerkennung eine Satzung zu geben oder eine unvollständige Satzung zu ergänzen, wenn das Stiftungsgeschäft nicht den Erfordernissen des § 81 Abs. 1

680 Kapitel C.II.1.
681 Kapitel C.II.2.c).
682 Kapitel C.II.2.d).
683 Kapitel C.II.2.b)bb).
684 Kapitel C.II.2.b)cc).
685 Kapitel C.III.1.
686 Kapitel C.III.1.a).

S. 3 BGB genügt; dabei soll der Wille des Stifters berücksichtigt werden.[687] Um die Möglichkeiten und Grenzen dieser Ergänzungskompetenz herauszuarbeiten, wurde zunächst der Begriff des Stiftungszwecks i.S.d. § 81 Abs. 1 S. 2 BGB und der Art und Weise der Zweckverwirklichung i.S.d. § 81 Abs. 1 S. 3 Nr. 3 BGB unterschieden.[688] Im Ergebnis erlaubt § 83 S. 2 BGB nur dann eine Ergänzung des Stiftungszwecks in der Satzung durch die Stiftungsbehörde, wenn der Erblasser den Stiftungszweck in seinem letzten Willen bereits festgelegt hatte. Ein vollständig fehlender Stiftungszweck kann hingegen nicht durch die Stiftungsbehörde ergänzt werden. Fehlen jedoch nur Angaben über die Art und Weise der Zweckverwirklichung i.S.d. § 81 Abs. 1 S. 3 Nr. 3 BGB, dürfen diese durch die Stiftungsbehörde in die Satzung aufgenommen und ergänzt werden, auch wenn der Stifter sich hierzu nicht verhalten hat.[689]

In der Praxis können damit nicht nur ausdrückliche Festlegungen, sondern auch bloße Andeutungen und Hinweise im letzten Willen des Erblassers berücksichtigt werden.[690] Auch den erbrechtlichen Formanforderungen nicht genügende Satzungen können zur Auslegung herangezogen werden, soweit der Stiftungszweck selbst im formwirksam errichteten letzten Willen ausreichend bestimmt ist.[691] Weiterhin können steuerliche Erwägungen[692] sowie Testaments- oder Satzungsentwürfe[693] berücksichtigt werden. Bei Letzteren sind allerdings die Umstände, die dazu geführt haben, dass der Erblasser die Entwürfe letztlich nicht formwirksam umgesetzt hat, zu beachten.[694] Darüber hinaus dürfen auch sonstige äußere Umstände aus dem Leben des Erblassers zur Auslegung herangezogen werden.[695] Das Auslegungsergebnis in Form des gewonnenen Stifterwillens muss überwiegend wahrscheinlich sein, ansonsten bleibt der Stiftungsbehörde eine Ergänzung des Stiftungsgeschäfts im Wege der Auslegung verwehrt.[696]

---

687 Kapitel C.III.2.
688 Kapitel C.III.2.c)aa).
689 Kapitel C.III.2.c)bb).
690 Kapitel C.III.4.c)aa).
691 Kapitel C.III.4.c)bb).
692 Kapitel C.III.4.c)cc).
693 Kapitel C.III.4.c)dd)(1).
694 Kapitel C.III.4.c)dd)(1).
695 Kapitel C.III.4.c)dd)(2).
696 Kapitel C.III.3.

In Kapitel D. wurde anhand der zuvor gewonnenen Erkenntnisse eine Entscheidungsmatrix für eine letztwillige Stiftungserrichtung erstellt.[697] Diese soll helfen, in der Praxis mögliche Unklarheiten im Stiftungsgeschäft zu vermeiden und soll gleichzeitig die Stiftungsbehörde dabei unterstützen zu ermitteln, inwieweit ihr eine Ergänzungsbefugnis hinsichtlich des Stiftungsgeschäfts zukommt.

Kapitel E. behandelt die unterschiedlichen Rechtswege, die bei Konflikten hinsichtlich der letztwilligen Stiftungserrichtung beschritten werden können. Hierbei ist zu unterscheiden, ob es sich um einen Rechtsstreit vor oder nach Anerkennung der Stiftung handelt. Zunächst wurde die Frage behandelt, welche Instrumente der Stiftungsbehörde vor Anerkennung zur Verfügung stehen, sofern sie Zweifel an der grundsätzlichen Wirksamkeit der zugrundeliegenden letztwilligen Verfügung hat.[698] Es hat sich gezeigt, dass die Möglichkeiten für die Stiftungsbehörde dabei limitiert sind: Da eine Teilrechtsfähigkeit der Stiftung und das Institut einer Vor-Stiftung aus dogmatischen Gründen abzulehnen sind, können weder die Stiftung selbst noch ein Testamentsvollstrecker für die Stiftung einen Erbschein beantragen, dessen Vorlage die Stiftungsbehörde verlangen könnte. Ausschließlich andere Erben oder ein Testamentsvollstrecker, der für diese Erben handelt, können einen (Gesamt)Erbschein beantragen.[699] Auf diesen darf die Stiftungsbehörde grundsätzlich auch vertrauen, soweit ihr nicht Anhaltspunkte für Zweifel hinsichtlich des Erbscheins oder des letzten Willens bekannt sind.[700] Die noch nicht anerkannte Stiftung von Todes wegen kann weder selbst noch im Wege der Prozessstandschaft Partei einer entsprechenden Feststellungsklage sein, da es ihr an der dafür erforderlichen Rechtsfähigkeit fehlt.[701] Wohl aber kann der Testamentsvollstrecker eine eigene Erbenfeststellungklage anstrengen, um sich so der Wirksamkeit des letzten Willens zu versichern.[702] An das Ergebnis dieser Feststellungsklage ist die Stiftungsbehörde hinsichtlich der Frage der Wirksamkeit des letzten Willens gebunden. Die Untersuchungen haben gezeigt, dass die Schutzlücken für die noch nicht anerkannte Stiftung erheblich sind. Dennoch ist ein eigenes Antrags- oder Beschwerderecht der Stiftungsbehörde in diesem Fall abzulehnen.[703] Die

697 Kapitel D.I.
698 Kapitel E.I.1.
699 Kapitel E.I.1.a)cc).
700 Kapitel E.I.1.a)bb).
701 Kapitel E.I.1.b)bb).
702 Kapitel E.I.1.b)bb)(3).
703 Kapitel E.I.2.b)aa).

Stiftungsbehörde ist jedoch – auch und gerade – im Konfliktfall verpflichtet, die Stiftung anzuerkennen, wenn nach ihrer Ansicht die Anerkennungsvoraussetzungen gegeben sind.[704]

Nach Anerkennung der Stiftung können sowohl die Verwaltungs- als auch die Zivilgerichte für Fragen der letztwilligen Stiftungserrichtung zuständig sein.[705] Der Stiftungsbehörde und dem Verwaltungsgericht kommen dabei die Sachkompetenz hinsichtlich der Frage des Vorliegens der Voraussetzungen der Stiftungsanerkennung zu[706], während das Zivilgericht die Sachkompetenz hinsichtlich der Frage besitzt, ob der letzte Wille als solcher wirksam durch den Erblasser errichtet wurde.[707] Nach Ansicht der Verfasserin haben gesetzliche Erben und andere „erbinteressierte" Dritte (Erbprätendenten) jedoch keine Widerspruchs- und Klagebefugnis im Verwaltungsverfahren.[708] Dennoch kann es auch bei einem unzulässigen Rechtsbehelf erforderlich sein, dass die Stiftungsbehörde die sofortige Vollziehung des Verwaltungsakts anordnet.[709]

Laufen beide Verfahren parallel, kann die Tatsache, dass bei der letztwilligen Stiftungserrichtung erbrechtliche und stiftungsrechtliche Fragen zu prüfen sind, die Aussetzung eines Verfahrens erforderlich machen.[710] Entscheidend hierfür ist, in wessen Sachkompetenz die konkret zur Entscheidung stehende Frage fällt. Ist vom Verwaltungsgericht darüber zu befinden, ob der letzte Wille des Erblassers wirksam errichtet wurde, hat das Verwaltungsgericht das Verfahren nach § 94 VwGO auszusetzen und die entsprechende Entscheidung des Zivilgerichts abzuwarten. Sollte für das Zivilgericht entscheidend sein, ob die letztwillige Stiftungserrichtung stiftungsrechtlich wirksam erfolgt ist, hat dieses das Verfahren bis zur Entscheidung der Stiftungsbehörde oder des Verwaltungsgerichts gem. § 148 ZPO auszusetzen. Auch sofern noch kein Verfahren vor dem Verwaltungsgericht anhängig sein sollte und die Frage der Wirksamkeit der Stiftungserrichtung für eine Entscheidung durch das Zivilgericht erforderlich ist, wird dieses die Entscheidung der Verwaltungsbehörde regelmäßig abzuwarten haben.[711] Kommt es aufgrund der zeitlichen Abfolge oder der Nichtaussetzung

704 Kapitel E.I.2.b)bb).
705 Kapitel E.II.
706 Kapitel E.II.1.
707 Kapitel E.II.2.
708 Kapitel E.II.1.a).
709 Kapitel E.II.1.b).
710 Kapitel E.II.3.
711 Kapitel E.II.3.b).

eines Verfahrens zu sich widersprechenden Urteilen ist entscheidend, welches Urteil zuerst ergangen ist.[712]

Kapitel F. behandelt schließlich die Sonderkonstellation eines später aufgefundenen und hinsichtlich des Stiftungsgeschäfts abweichenden letzten Willens. Zwar wird durch das reine Auffinden des letzten Willens die Existenz der „alten“ Stiftung nicht berührt.[713] Die vorangegangenen Ausführungen haben aber gezeigt, dass es für diesen Fall mit Hilfe der Regelung des § 87 Abs. 1 BGB – in Anlehnung an das Konzept des „Scheiterns der Lebensfähigkeitsprognose“ – durchaus die Möglichkeit einer unmittelbaren „Umwandlung“ oder „Anpassung“ der anerkannten Stiftung gibt, soweit die Abweichungen zwischen den Stiftungsgeschäften nicht signifikant sind.[714] Bei zu erheblichen Unterschieden ist allerdings nach wie vor erforderlich, dass die Stiftungsbehörde eine „neue“ Stiftung anerkennt und diese sodann ihre Ansprüche – soweit erforderlich im Rahmen eines streitigen Verfahrens – gegenüber der „alten“ Stiftung geltend macht.[715] Erst im Anschluss kann die „alte“ Stiftung durch die Stiftungsbehörde aufgelöst werden.

Zusammenfassend hat sich gezeigt, dass die Anforderungen an eine wirksame letztwillige Stiftungserrichtung vielfältig sind und die Stiftung unter Umständen schnell in einen erbrechtlichen Konfliktfall geraten kann, der ihre Existenz potenziell bedroht. Dies sollte jedoch keineswegs zum Anlass genommen werden, grundsätzlich von einer letztwilligen Stiftungserrichtung Abstand zu nehmen. Die zwar im Ausgangspunkt hohen Anforderungen an eine letztwillige Stiftungserrichtung sind vielmehr Ausdruck dessen, dass die Stiftung von Todes wegen besonderen Schutz genießt. Durch die erb- und stiftungsrechtlichen Auslegungs- und Ergänzungskompetenzen kann die Stiftungsbehörde aber auch fehlerhafte oder unvollständige Stiftungsgeschäfte retten. Dennoch sollen die in dieser Arbeit aufgezeigten Konfliktkonstellationen den Stifter sensibilisieren und anhalten, möglichst umfangreiche und idealerweise notariell niedergeschriebene stiftungs- und erbrechtliche Vorkehrungen und Entscheidungen zu treffen, um seinem letzten Willen in Form der Stiftungserrichtung auch nach dem eigenen Ableben sicher zur Unsterblichkeit zu verhelfen.

---

712 Kapitel E.II.3.d).

713 Kapitel F.I.1.

714 Kapitel F.II.2.

715 Kapitel F.II.3.

Literaturverzeichnis

Andrick, Bernd: Das modernisierte Stiftungsrecht, RNotZ 2002, 441-444.

Ders.: Die Entwicklung zum modernisierten Stiftungsrecht, ZSt 2003, 3-13.

Ders.: Die staatliche Anerkennung der Stiftung, DVBl 2003, 1246-1252.

Ders.: Rücknahme oder Aufhebung – Stiftungsbehördliche Reaktionen bei erschlichener Stiftungsgenehmigung – Anmerkung zum Urteil des BayVGH vom 12.10.2005, ZSt 2006, 41-43.

Ders. / Suerbaum, Joachim: Das Gesetz zur Modernisierung des Stiftungsrechts, NJW 2002, 2905-2910.

Dies.: Stiftungsgesetz für das Land Nordrhein-Westfalen: StiftG NRW, München 2016 (zit.: *Bearbeiter*, in: Andrick/Suerbaum, StiftG NRW).

Arnold, Arnd / Burgard, Ulrich / Droege, Michael / Hüttemann, Rainer / Jakob, Dominique / Leuschner, Lars / Rawert, Peter / Roth, Gregor / Schauhoff, Stephan / Segna, Ulrich / Weitemeyer, Birgit: Professorenentwurf zur Stiftungsrechtsreform 2020, ZIP 2020, Beilage zu Heft 10, S. 3-19.

Bader, Johann / Ronellenfitsch, Michael: BeckOK VwVfG mit VwVG und VwZG, 49. Edition, Stand 01.10.2020, München 2020 (zit.: *Bearbeiter*, in: BeckOK VwVfG).

Bamberger, Heinz Georg / Roth, Herbert / Hau, Wolfgang / Poseck, Roman: Kommentar zum Bürgerlichen Gesetzbuch,

1. Band: §§ 1-480, 4. Auflage, München 2019

1. Band: §§ 1018-1921, 4. Auflage, München 2019

5. Band: §§ 1922-2385, 4. Auflage, München 2020

(zit.: *Bearbeiter*, in: Bamberger/Roth).

Beck'sches Notarhandbuch: s. *Heckschen / Herrler / Münch.*

Beck'sche Kurzkommentare: Beck'sche Kurzkommentare Bürgerliches Gesetzbuch, 79. Auflage, München 2020 (zit.: *Bearbeiter*, in: Beck'sche Kurzkommentare BGB).

Brinz, Alois: Lehrbuch der Pandekten, Band 1, 2. Auflage, 1873 (zit.: *Brinz*, Lehrbuch der Pandekten, Band 1).

Brox, Hans: Die Einschränkung der Irrtumsanfechtung, ein Beitrag zur Lehre von der Willenserklärung und deren Auslegung, Karlsruhe 1960, zugl. Habilitation Münster 1959 (zit.: *Brox*, Einschränkung der Irrtumsanfechtung).

Ders. (Bgrd.) / *Walker, Wolf-Dietrich*: Erbrecht, 28. Auflage, München 2018 (zit.: Brox/Walker).

Bumiller, Ursula / Harders, Dirk / Schwamb, Werner: Beck'sche Kurzkommentare, FamFG, 12. Auflage, München 2019 (zit.: *Bearbeiter*, in: FamFG).

Burandt, Wolfgang / Rojahn, Dieter: Erbrecht, 3. neubearbeitete Auflage, München 2019 (zit.: *Bearbeiter*, in: Burandt/Rojahn).

Burgard, Ulrich: Gestaltungsfreiheit im Stiftungsrecht – Zur Einführung korporativer Strukturen bei der Stiftung, Köln 2006, zugl. Habilitation Technische Universität Darmstadt 2001/2001 (zit.: *Burgard*, Gestaltungsfreiheit).

Campenhausen, Axel Freiherr von/Richter, Andreas: Stiftungsrechts-Handbuch, 4. Auflage, München 2014 (zit.: *Bearbeiter*, in: v. Campenhausen/Richter, Stiftungsrechts-Handbuch, 4. Auflage).

Delp, Udo: Die Stiftung & Co. KG. Eine Unternehmensform der rechtsgestaltenden Beratungspraxis, Heidelberg 1991 (zit.: *Delp*, Stiftung & Co. KG).

Deubner, Karl Günther: Die Assessorklausur aus der freiwilligen Gerichtsbarkeit, JuS 1961, 66-69.

Dylla, Philip: Die Weisungsfunktion des Stiftungszwecks, Baden-Baden 2015, zugl. Dissertation Universität Heidelberg 2014 (zit.: *Dylla*, Die Weisungsfunktion des Stiftungszwecks).

Ebersbach, Harry: Handbuch des Deutschen Stiftungsrechts, Göttingen 1972, zugl. Habilitation Göttingen 1972 (zit.: *Ebersbach*, Handbuch des Deutschen Stiftungsrecht).

Eder, Florian: Die „Vor-Stiftung", ZStV 2013, 52-55.

Fabricius, Fritz: Versorgungsansprüche nach dem Bundesversorgungsgesetz bei Schädigungen, welche vor der Geburt entstanden sind, FamRZ 1963, 232-236.

Fehling, Michael / Kastner, Berthold / Störmer, Rainer: Nomos-Kommentar Verwaltungsrecht, VwVfG, VwGO, Nebengesetze, 4. Auflage, Baden-Baden 2016 (zit.: *Bearbeiter*, in: Fehling/Kastner/Störmer, Verwaltungsrecht).

Firsching, Karl / Graf, Hans Lothar: Nachlassrecht, Handbuch der Rechtspraxis, Band 6, 11. Auflage, München 2019 (zit.: *Bearbeiter*, in: Firsching/Graf, Nachlassrecht).

Fischer, Hardy: Steuerpflicht und Gemeinnützigkeit einer Stiftung des privaten Rechts, ZEV 2004, 85-87.

Flues, Thomas: Die Zustiftung im Zivilrecht, im Steuerrecht und in der Rechnungslegung unter Berücksichtigung der Rechtslage in Österreich und der Schweiz, Hamburg 2015, zugl. Dissertation Bucerius Law School 2013 (zit.: *Flues*, Die Zustiftung).

Flume, Werner: Die werdende juristische Person, in: Festschrift für Ernst Gessler, München 1971 (zit.: *Flume*, Die werdende juristische Person).

Ders.: Allgemeiner Teil des Bürgerlichen Rechts Erster Band, Zweiter Teil: Die juristische Person, Berlin 1983 (zit.: *Flume*, Allgemeiner Teil des Bürgerlichen Rechts 1. Band 2. Teil).

Gantenbrink, Matthias: Die hoheitliche Beendigung der Stiftung durch die Stiftungsbehörde: Zur Aufhebung und Zusammenführung von Stiftungen, Frankfurt am Main 2011, zugl. Dissertation Universität Bochum 2009/2010 (zit.: *Gantenbrink*, Die hoheitliche Beendigung der Stiftung).

Gerhards, Andreas: Ergänzende Testamentsauslegung und Formvorschriften („Andeutungstheorie") – OLG Frankfurt, DtZ 1993, 216; LG Gießen, DtZ 1993, 217, JuS 1994, 642-649.

Gsell, Beate / Krüger, Wolfgang / Lorenz, Stephan / Reymann, Christoph (Hrsg.): beck-online.Großkommentar zum Zivilrecht, München 2020, Stand jeweils wie angegeben (zit.: *Bearbeiter*, in: BeckOGK [Stand]).

Happ, Annette: Stifterwille und Zweckänderung, Köln 2007, zugl. Dissertation Bucerius Law School 2007 (zit.: *Happ*, Stifterwille und Zweckänderung).

Harder, Manfred / Kroppenburg, Inge: Grundzüge des Erbrechts, 5. Auflage, München 2002 (zit.: *Harder/Kroppenburg*, Grundzüge des Erbrechts).

Häsemeyer, Ludwig: Rezension zu Inge Scherer, Andeutungsformel und falsa demonstratio beim formbedürftigen Rechtsgeschäft in der Rechtsprechung des Reichsgerichts und des Bundesgerichts, AcP 188 (1988), 427-429.

Heckschen, Heribert / Herrler, Sebastian / Münch, Christof: Beck'sches Notar-Handbuch, 7. Auflage, München 2019 (zit.: *Bearbeiter*, in: Beck´sches Notar-Handbuch).

Heidel, Thomas / Hüßtege, Rainer / Mansel, Heinz-Peter / Noack, Ulrich: Nomos-Kommentar Bürgerliches Gesetzbuch, Band 1, 3. Auflage, Baden Baden 2016 (zit.: *Bearbeiter*, in: Heidel/Hüßtege/Mansel/Noack).

Hennerkes, Brun-Hagen / Binz, Mark / Sorg, Martin: Die Stiftung als Rechtsform für Familienunternehmen. Die unternehmensverbundene Stiftung unter besonderer Berücksichtigung der Stiftung & Co. KG., DB 1986, 2217-2221, 2269-2274.

Henssler, Martin / Strohn, Lutz: Beck'sche Kurzkommentare Gesellschaftsrecht, 4. Auflage, München 2019 (zit.: *Bearbeiter*, in: Henssler/Strohn).

Herberger, Maximilian / Martinek, Michael / Rüßmann, Helmut / Weth, Stephan / Würdinger, Markus: juris Praxiskommentar BGB Band 5: Erbrecht, 9. Auflage, Saarbrücken 2020 (zit.: *Bearbeiter*, in: jurisPK-BGB).

Hinz, Michael: Die Haftung der Stiftung für Verbindlichkeiten des Stifters, Baden-Baden 1996, zugl. Dissertation Universität Jena 1995/1996 (zit.: *Hinz*, Die Haftung des Stifters für Verbindlichkeiten der Stiftung).

Hof, Hagen / Bianchini-Hartmann, Maren / Richter, Andreas: Stiftungen: Errichtung, Gestaltung, Geschäftsfähigkeit, Steuern, 2. Auflage, München 2010 (zit.: *Hof/Bianchini-Hartmann/Richter*, Stiftungen: Errichtung, Gestaltung, Geschäftsfähigkeit, Steuern).

Hogenschurz, Johannes: BeckOK WEG, 42. Edition [Stand 01.08.2020], München 2020 (zit.: *Bearbeiter*, in: BeckOK WEG [Stand]).

Holler, Guido: Stiftungssatzungen, Köln 2004 (zit.: *Holler*, Stiftungssatzungen).

Holt, Thomas von / Koch, Christian: Stiftungssatzungen, 2. Auflage, München 2011 (zit.: *v. Holt/Koch*, Stiftungssatzungen).

Horn, Claus-Henrik / Kroiß, Ludwig: Testamentsauslegung – Strategien bei unklaren Verfügungen, 2. Auflage, München 2019 (zit.: *Bearbeiter*, in: Horn/Kroiß).

Hunnius, Steffi: Die Vorstiftung, zugl. Dissertation Universität Jena 1999 (zit.: *Hunnius*, Die Vorstiftung).

Hüttemann, Rainer: Das Gesetz zur Modernisierung des Stiftungsrechts, ZHR 167 (2003), 35-65.

Ders.: Der Beginn der subjektiven Körperschaftsteuerpflicht, in Gocke u.a. (Hrsg.), Festschrift für Franz Wassermeyer, Köln 2005, S. 27-48 (zit.: *Hüttemann*, in: FS Wassermeyer).

Ders.: Stiftungsgeschäft und Vermögensausstattung, in: Saenger/Bayer/Koch (Hrsg.), Festschrift für Olaf Werner, Baden-Baden 2009, S. 85-100. (zit.: *Hüttemann*, in: FS Werner).

Ders.: Der Stiftungszweck nach dem BGB, in: Festschrift für Dieter Reuter, Berlin 2010, S. 121-140 (zit.: *Hüttemann*, in: FS Reuter).

Ders.: Empfiehlt es sich, die rechtlichen Rahmenbedingungen für Gründung und Tätigkeit von Non-Profit-Organisationen übergreifend zu regeln?, NJW-Beil 2018, 55-58.

Ders. / Rawert, Peter: Die notleidende Stiftung, ZIP 2013, 2136-2157.

Ders. / Richter, Andreas / Weitemeyer, Birgit: Landesstiftungsrecht, Köln 2011 (zit.: *Bearbeiter*, in: Hüttemann/Richter/Weitemeyer).

Jakob, Dominique: Schutz der Stiftung: Die Stiftung und ihre Rechtsverhältnisse im Widerstreit der Interessen, Tübingen 2006, zugl. Habilitation München 2005/2006 (zit.: *Jakob*, Schutz der Stiftung).

Jakobs, Horst-Heinrich / Schubert, Werner: Die Beratung des Bürgerlichen Gesetzbuchs: in systematischer Zusammenstellung der unveröffentlichten Quellen, Allgemeiner Teil, §§ 1-240, 1. Teilbd., Berlin 1985 (zit: *Jakobs/Schubert*, Die Beratung des Bürgerlichen Gesetzbuchs, Allgemeiner Teil, §§ 1-240, 1. Teilbd.).

Jakobs, Horst-Heinrich / Schubert, Werner: Die Beratung des Bürgerlichen Gesetzbuchs: in systematischer Zusammenstellung der unveröffentlichten Quellen, Familienrecht II, §§ 1564-1921, Berlin 1988 (zit: *Jakobs/Schubert*, Die Beratung des Bürgerlichen Gesetzbuchs, Familienrecht II, §§ 1564-1921).

jurisPK-BGB: s. *Herberger / Martinek / Rüßmann / Weth / Würdinger.*

Kaper, Aaltje: Bürgerstiftungen, Die Stiftung bürgerlichen Rechts und die unselbstständige Stiftung als Organisationsform für Bürgerstiftungen, Baden-Baden 2006, zugl. Dissertation FU Berlin 2004 (zit.: *Kaper*, Bürgerstiftungen).

Keidel, Theodor (Begr.) / *Engelhardt, Helmut / Sternal, Werner* (Hrsg.): Kommentar zum FamFG, 20. Auflage, München 2020 (zit.: *Bearbeiter*, in: Keidel FamFG).

Klumpp, Christian: Die einstweilige Anordnung zur Sicherstellung von Ausfertigungen des Erbscheins, BWNotZ 2014, 145-149.

Knobbe-Keuk, Brigitte: Der Erblasserwille post testamentum und die Auslegung des Testaments, Bonn 1965, zugl. Dissertation Universität Bonn 1965 (zit.: *Keuk*, Der Erblasserwille post testamentum und die Auslegung des Testaments).

Krause, Nils / Thiele, Dominic: Die Reichweite der Stifterfreiheit bei der Anerkennung von Stiftungen, in: Hüttemann/Rawert/Schmidt/Weitemeyer (Hrsg.), Non Profit Law Yearbook 2007, S. 133-147.

Kroiß, Ludwig / Ann, Christoph / Mayer, Jörg: Nomos Kommentar, BGB, Erbrecht, Band 5: §§ 1922 – 2385 5. Auflage, Baden-Baden 2018 (zit.: *Bearbeiter*, in: Kroiß/Ann/Mayer).

Kroiß, Ludwig / Horn, Claus-Henrik / Solomon, Dennis: Nachfolgerecht, Erbrechtliche Spezialgebiete, 2. Auflage, Baden-Baden 2019 (zit.: *Bearbeiter*, in: Kroiß/Horn/Solomon).

Kronke, Herbert: Stiftungstypus und Unternehmerträgerstiftung, Eine rechtsvergleichende Untersuchung, Tübingen 1988, zugl. Habilitation Trier 1986 (zit.: *Kronke*, Stiftungstypus und Unternehmerträgerstiftung).

Kuchinke, Kurt: Probleme bei letztwilligen Zuwendungen für Stiftungszwecke, in: Festschrift für Karl H. Neumayer, Baden-Baden 1986, S. 389-406 (zit: *Kuchinke*, in: FS Neumeyer).

Langenfeld, Gerrit: Die letztwillige Stiftung, ZEV 2002, 481-484.

Lieder, Jan: Zur Erbeinsetzung einer noch zu errichtenden Stiftung durch privatschriftliches Testament – Zugleich Anmerkung zum Beschluss des LG Berlin vom 26.05.2000, ZSt 2003, 260-261.

Liermann, Hans: Die Stiftung als Rechtspersönlichkeit, in: Franz/Liermann/zur Nedden/von Pölnitz (Hrsg.), Deutsches Stiftungswesen 1948 – 1966, Tübingen 1968, S. 153-172 (zit: *Liermann*, in: Deutsches Stiftungswesen 1948-1966).

Lübtow, Ulrich von: Erbrecht, Eine systematische Darstellung

1. Halbband: Berlin 1971 (zit.: *v. Lübtow*, ErbR I)

2. Halbband: Berlin 1971 (zit.: *v. Lübtow*, ErbR II).

Mädrich, Matthias: Rechtskraftprobleme bei Klagen aus dem Eigentum, MDR 1982, 455-456.

Mayer, Jörg: Fiskuserbrecht und Erbenermittlung: Probleme des „erbenlosen Nachlasses", ZEV 2010, 445-453.

Metzger, Axel: Extra legem, intra ius: allgemeine Rechtsgrundsätze im europäischen Privatrecht, Tübingen 2009, zugl.: Habilitation Hamburg 2007-2008 (zit.: *Metzger*, Extra legem, intra ius).

Milatz, Jürgen / Kemcke, Tom / Schütz, Robert: Stiftungen im Zivil- und Steuerrecht, Ein Praxisleitfaden, Heidelberg 2003 (zit: *Milatz/Kemcke/Schütz*, Stiftungen im Zivil- und Steuerrecht).

Mugdan, Benno: Einführungsgesetze und Allgemeiner Teil, Band 1, Berlin 1899 (zit: *Mugdan*, I. Band).

Münchener Anwaltshandbuch Erbrecht: Münchener Anwaltshandbuch Erbrecht, hrsg. von Stephan Scherer, 5. Auflage, München 2018 (zit.: *Bearbeiter*, in: Münchener Anwaltshandbuch Erbrecht).

Münchener Handbuch des Gesellschaftsrechts: Münchener Handbuch des Gesellschaftsrechts

5. Band: Verein, Stiftung des bürgerlichen Rechts, hrsg. von Volker Beuthien, Hans Gummert, Martin Schöpflin, 4. Auflage, München 2016 (zit.: *Bearbeiter*, in: Münchener Handbuch des Gesellschaftsrechts Band 5)

7. Band: Gesellschaftsrechtliche Streitigkeiten (Corporate Litigation), hrsg. von Manfred Born, Nima Ghassemi-Tabar, und Burkhard Gehle, 6. Auflage, München 2020 (zit.: *Bearbeiter*, in: Münchener Handbuch des Gesellschaftsrechts Band 7).

Münchener Kommentar zum Bürgerlichen Gesetzbuch: Münchener Kommentar zum Bürgerlichen Gesetzbuch, hrsg. von Franz Jürgen Säcker, Roland Rixecker, Dr. Hartmut Oetker und Bettina Limperg

1. Band: §§ 1-240, AllgPersönlR, ProstG, AGG, 8. Auflage, 2018 (zit.: *Bearbeiter*, in: MüKo)

1. Band: §§ 1-240, AllgPersönlR, ProstG, AGG, 7. Auflage, 2015 (zit.: *Bearbeiter*, in: MüKo 7. Aufl.)

1. Band: §§ 1-240, AllgPersönlR, ProstG, AGG, 6. Auflage, 2012 (zit.: *Bearbeiter*, in: MüKo 6. Aufl.)

7. Band: Schuldrecht – Besonderer Teil IV, §§ 705-853, Partnerschaftsgesellschaftsgesetz, Produkthaftungsgesetz, 8. Auflage, 2020

10. Band: Familienrecht II, §§ 1589-1921, SGB VIII, 8. Auflage, 2020

11. Band: §§ 1922-2385, §§ 27-35 BeurkG, 8. Auflage, 2020

(zit.: *Bearbeiter*, in: MüKo).

Münchener Kommentar zum FamFG: Münchener Kommentar zum FamFG, Gesetz über das Verfahren in Familiensachen und in den Angelegenheiten der freiwilligen Gerichtsbarkeit (FamFG) mit Internationalem und Europäischen Zivilverfahrensrecht in Familiensachen (IZVR, EuZVR), hrsg. von Thomas Rauscher

1. Band: §§ 1-270, 3. Auflage, München 2018

2. Band: §§ 271-493, 3. Auflage, München 2019

(zit.: *Bearbeiter*, in: MüKo FamFG).

Münchener Kommentar zur Zivilprozessordnung mit Gerichtsverfassungsgesetz und Nebengesetzen: Münchener Kommentar zur Zivilprozessordnung mit Gerichtsverfassungsgesetz und Nebengesetzen, Band 1, §§ 1-354, hrsg. von Wolfgang Krüger und Thomas Rauscher,

1. Band: §§ 1-354, 6. Auflage, München 2020 (zit.: *Bearbeiter*, in: MüKo ZPO).

Muscheler, Karlheinz: Das vertragliche Stiftungsgeschäft, ZEV 2003, 41-49.

Ders.: Stiftung und Gemeinwohlgefährdung, NJW 2003, 3161-3166.

Ders.: § 84 BGB und die lebzeitige Stiftungsgründung, DNotZ 2003, 661-687.

Ders.: Bundesrechtliche Vorgaben und Grenzen für eine Reform der Landesstiftungsrechte, ZSt 2004, 3-10.

Ders.: Vorrang des Bundesstiftungsrechts vor dem Landesstiftungsrecht, NJW 2004, 713-716.

Ders.: Die Verbrauchsstiftung; in: Festschrift für Olaf Werner zum 70. Geburtstag, Baden-Baden 2009, 129-145 (zit.: *Muscheler*, in: FS Werner).

Ders.: Der Erbschaftsanspruch, Teil 1, ErbR 2009, 38-50.

Ders.: Erbrecht, Band 1, Tübingen 2010 (zit.: *Muscheler*, Erbrecht I).

Ders.: Stiftungsrecht: Gesammelte Beiträge, 2. Auflage, Baden-Baden 2011 (zit.: *Muscheler*, Stiftungsrecht – Gesammelte Beiträge).

Musielak, Hans-Joachim / Voit, Wolfgang: Zivilprozessordnung mit Gerichtsverfassungsgesetz, 17. Auflage, München 2020 (zit.: *Bearbeiter*, in: Musielak/Voit ZPO).

Nissel, Reinhard: Das neue Stiftungsrecht, Stiftungen bürgerlichen Rechts, Baden-Baden 2002 (zit.: *Nissel*, Stiftungsrecht).

Pauli, Rudolf: Stiftung und Testamentsvollstreckung als Gestaltungsmittel zur Sicherung des Erblasserwillens, ZEV 2012, 461-466.

Ders.: Sonderfragen bei der Errichtung von Stiftungen, ZStV 2019, 41-47.

Petersen, Jens: Die Auslegung von letztwilligen Verfügungen, Jura 2005, 597-600.

Posser, Herbert / Wolff, Heinrich Amadeus: BeckOK VwGO, 55. Edition [Stand 01.10.2020], München 2020 (zit.: *Bearbeiter*, in: BeckOK VwGO [Stand]).

Pues, Lothar / Scheerbarth, Walter: Gemeinnützige Stiftungen im Zivil- und Steuerrecht, 3. Auflage, München 2008 (zit.: *Pues/Scheerbarth*, Gemeinnützige Stiftungen).

Rawert, Peter: Die Genehmigungsfähigkeit der unternehmensverbundenen Stiftung, Frankfurt am Main 1990, zugl. Dissertation Universität Kiel 1989 (zit.: *Rawert*, Die Genehmigungsfähigkeit der unternehmensverbundenen Stiftung).

Ders.: Der Stiftungsbegriff und seine Merkmale – Stiftungszweck, Stiftungsvermögen, Stiftungsorganisation, in: Hopt/Reuter (Hrsg.), Stiftungsrecht in Europa, Köln 2001, S. 109-137 (zit.: *Rawert*, in: Stiftungsrecht in Europa).

Ders.: Charitable Correctness – Das OLG Dresden zu Spenden und Pflichtteilsergänzung, NJW 2002, 3151-3153.

Ders.: Kapitalerhöhung zu guten Zwecken – Die Zustiftung in der Gestaltungspraxis, DNotZ 2008, 5-18.

Ders.: Vom Umgang des öffentlichen Rechts mit der Stiftung des BGB, in: Baer u.a. (Hrsg.), Jahrbuch des öffentlichen Rechts der Gegenwart, NF/Bd. 65, 2017, S. 179-212 (zit.: *Rawert*, Vom Umgang des öffentlichen Rechts mit der Stiftung des BGB, in: Jahrbuch des öffentlichen Rechts der Gegenwart, NF/Bd. 65).

Ders.: Gute Taten und das Recht: Regelungsbedarf bei Non-Profit-Organisationen? Zwischen Markt und Staat wächst der „Dritte Sektor" – noch reguliert vor allem das Gemeinnützigkeitsrecht, AnwBl. AO-2018, S. 719-725.

Reuter, Dieter: Die Zustiftung im Recht der selbständigen Stiftung, npoR 2009, 55-62.

Richter, Andreas (Hrsg.): Stiftungsrecht Handbuch, München 2019 (zit.: *Bearbeiter*, in: Handbuch Stiftungsrecht).

Riehmer, Klaus: Körperschaften als Stiftungsorganisationen, Eine Untersuchung stiftungsartiger Körperschaften in Deutschland, England und den USA, Baden-Baden 1993, zugl. Dissertation Universität Kiel 1992/1993 (zit.: *Riehmer*, Körperschaften als Stiftungsorganisationen).

Rittner, Fritz: Die werdende juristische Person, Untersuchungen zum Gesellschafts- und Unternehmensrecht, Tübingen 1973, zugl. Habilitation Bonn 1959 (zit.: *Rittner*, Die werdende juristische Person).

Rotberg, Konrad Freiherr von / Broo, Volker / Frey, Alfred: Kommentar zum Stiftungsgesetz für Baden-Württemberg, 4. Auflage, Wiesbaden 2000 (zit.: *v. Rotberg/Broo/Frey*, StiftG Baden-Württemberg).

Roth, Wolfgang: Umstände außerhalb des Testaments bei Testamentsauslegung, NJW-Spezial 2017, 295.

Röthel, Anne: Erbrecht, 18. Auflage, München 2020 (zit: *Röthel*, ErbR).

Rudolf, Michael / Bittler, Jan / Seiler-Schopp, Ursula: Handbuch Testamentsauslegung und -anfechtung, 2. Auflage, Bonn 2013 (zit.: *Bearbeiter*, in: Rudolf/Bittler/Seiler-Schopp, Handbuch Testamentsauslegung).

Saenger, Ingo: Kommentar zur Zivilprozessordnung, Familienverfahren, Gerichtsverfassung, Europäisches Verfahrensrecht, 8. Auflage, Baden-Baden 2019 (zit.: *Bearbeiter*, in: Saenger ZPO).

Schauer, Dirk: Die Zusammenführung rechtsfähiger Stiftungen, Geltendes Recht und Reformentwurf zur Zulegung und Zusammenlegung, Hamburg 2017, zugl. Dissertation Bucerius Law School 2016 (zit.: *Schauer*, Die Zusammenführung rechtsfähiger Stiftungen).

Schauhoff, Stephan: Handbuch der Gemeinnützigkeit, Verein, Stiftung, GmbH, 3. Auflage, München 2010 (zit.: *Schauhoff*, in: Schauhoff, Handbuch der Gemeinnützigkeit).

Scherer, Stephan (Hrsg.): Münchener Anwaltshandbuch Erbrecht, 5. Auflage, München 2018 (zit.: *Bearbeiter*, in: Münchener Anwaltshandbuch Erbrecht).

Schewe, Markus: Die Errichtung der rechtsfähigen Stiftung von Todes wegen, Frankfurt am Main 2003, zugl. Dissertation Universität Bochum 2003 (zit: *Schewe*, Die Errichtung der rechtsfähigen Stiftung von Todes wegen).

Ders.: Stiftungserrichtung von Todes wegen, ZSt 2004, 270-277.

Schick, Stefan / Schmidt, Oliver / Ries, Gerhard / Walbröl, Hans-Robert: Praxis-Handbuch Stiftungen, Chancen, Risiken, Verpflichtungen aus rechtlicher, steuerlicher und bilanzieller Sicht, Regensburg, Berlin 2001 (zit.: *Schick/Schmidt/Ries/Walbröl*, Praxishandbuch Stiftungen).

Schiffer, Jan: Die Stiftung in der anwaltlichen Praxis, Bonn 2003 (zit.: *Schiffer*, Die Stiftung in der anwaltlichen Praxis).

Ders.: Aktuelles Beratungs-Know-how Gemeinnützigkeits- und Stiftungsrecht, DStR 2004, 1031-1034.

Ders. / Pruns, Matthias: Höchstrichterlicher Abschied von der Vorstellung einer Vorstiftung, zugleich Anmerkung zu BFH-Urteil vom 11.2.2015 – X R 36/11, BB 2015, 1756-1759.

Dies.: Die Stiftung in der Beraterpraxis, 4. Auflage, Bonn 2015 (zit.: *Bearbeiter*, in: Die Stiftung in der Beraterpraxis).

Schlüter, Andreas / Stolte, Stefan: Stiftungsrecht, 3. Auflage, München 2016 (zit.: *Schlüter/Stolte*, in: Stiftungsrecht).

Schmidt, Karsten: Verbandszweck und Rechtsfähigkeit im Vereinsrecht, Eine Studie über Erwerb und Verlust der Rechtsfähigkeit nichtwirtschaftlicher und wirtschaftlicher Vereine, Heidelberg 1984 (zit.: *K. Schmidt*, Verbandszweck und Rechtsfähigkeit im Vereinsrecht).

Ders.: Stiftungswesen – Stiftungsrecht – Stiftungspolitik, Bergisch Gladbach 1987 (zit.: *K. Schmidt*, Stiftungswesen).

Ders.: Gesellschaftsrecht, 4. Auflage, Köln 2002 (zit.: *K. Schmidt*, Gesellschaftsrecht).

Schmidt, Oliver: Die Errichtung von Unternehmensträgerstiftungen durch Verfügung von Todes wegen, Frankfurt am Main 1997, zugl. Dissertation Tübingen 1997 (zit.: *O. Schmidt*, Unternehmensträgerstiftungen).

Ders.: Die Stiftung von Todes wegen im Errichtungsstadium: Gibt es die Vorstiftung?, ZEV 1998, 81-82.

Ders.: Die Auslegung des Stiftungsgeschäfts von Todes wegen, ZEV 2000, 219-221.

Schoch, Friedrich / Schneider, Jens-Peter / Bier, Wolfgang: Verwaltungsgerichtsordnung, Band 1 und 2, 39. Ergänzungslieferung, München 2019 (zit.: *Bearbeiter*, in: Schoch/Schneider/Bier, Verwaltungsrecht).

Schreiber, Eva: Die Unwirksamkeit des Stiftungsgeschäfts, Frankfurt am Main 2015, zugl. Dissertation Bucerius Law School 2014 (zit.: *Schreiber*, Die Unwirksamkeit des Stiftungsgeschäfts).

Schulze, Reiner: Bürgerliches Gesetzbuch, Handkommentar, 10. Auflage, Baden-Baden 2019 (zit.: *Bearbeiter*, in: Schulze).

Schwarz, Christian: Flexibilität und Vermögensbindung bei der Unternehmensstiftung, ZSt 2004, 64-72.

Schwinge, Erich: Die Stiftung im Errichtungsstadium, BB 1978, 527-528.

Seifart, Werner / Campenhausen, Axel Freiherr v.: Stiftungsrechts-Handbuch, 3. Auflage, München 2009 (zit.: *Bearbeiter*, in: Seifart/v. Campenhausen, Stiftungsrechts-Handbuch 3. Aufl.).

Smid, Stefan: Probleme bei der Auslegung letztwilliger Verfügungen, JuS 1987, 283-289.

Sodan, Helge / Ziekow, Jan: Nomos-Kommentar Verwaltungsgerichtsordnung, 5. Auflage, Baden-Baden 2018 (zit.: *Bearbeiter*, in: Sodan/Ziekow, VwGO).

Soergel, Hans Theodor (Begründer): Kommentar zum Bürgerlichen Gesetzbuch,

Band 1: §§ 1-103, 13. Auflage, Stuttgart 2000

Band 21: Erbrecht 1, §§ 1922-2063, 13. Auflage, Stuttgart 2001

Band 22: Erbrecht 2, §§ 2064-2273, §§ 1-35 BeurkG, 13. Auflage, Stuttgart 2003 Band 23: Erbrecht 3, §§ 2274 - 2385 BGB, 13. Auflage, Stuttgart 2002 (zit.: *Bearbeiter*, in: Soergel).

Staudinger, Julius von: Kommentar zum Bürgerlichen Gesetzbuch mit Einführungsgesetzen und Nebengesetzen

1. Buch: Einleitung zum BGB; §§ 1-14; VerschG, Neubearbeitung 2018, Berlin

1. Buch: §§ 80-89 (Stiftungsrecht), Neubearbeitung 2017, Berlin

5. Buch: Erbrecht: Einleitung zum Erbrecht; §§ 1922-1966, Neubearbeitung 2017, Berlin

5. Buch: Erbrecht: §§ 1967-2063, Neubearbeitung 2020, Berlin

5. Buch: §§ 2064-2196, Neubearbeitung 2019, Berlin

5. Buch: Erbrecht: §§ 2197-2228, Neubearbeitung 2016, Berlin

5. Buch: Erbrecht: §§ 2229-2264, Neubearbeitung 2017, Berlin

5. Buch: Erbrecht: §§ 2265-2302, Neubearbeitung 2019, Berlin

5. Buch: Erbrecht: §§ 2346-2385, Neubearbeitung 2016, Berlin

(zit.: *Bearbeiter*, in: Staudinger)

1. Buch: Einleitung, §§ 1-89, Verschollenheitsgesetz, 12. Auflage, Berlin 1980 (zit.: *Bearbeiter*, in: Staudinger, 12. Aufl.).

Steils, Jan: Die Stiftung auf Zeit und die Verbrauchsstiftung: Unter besonderer Berücksichtigung der Anerkennungsvoraussetzungen des § 80 Abs. 2 BGB, Bochum 2014, zugl. Dissertation Universität Bochum 2013 (zit.: *Steils*, Die Stiftung auf Zeit und die Verbrauchsstiftung).

Stein, Friedrich / Jonas, Martin: Kommentar zur Zivilprozessordnung, Band 4, hrsg. von Reinhard Bork und Herbert Roth, 23. Auflage, Tübingen 2018 (zit.: *Bearbeiter*, in: Stein/Jonas, Zivilprozessordnung).

Steffek, Marc-Andreas: Die Anforderungen an das Stiftungsgeschäft von Todes wegen, Baden-Baden 1996, zugl. Dissertation Universität Jena 1996 (zit.: *Steffek*, Die Anforderungen an das Stiftungsgeschäft von Todes wegen).

Stelkens, Paul / Bonk, Heinz Joachim / Leonhard, Klaus (Begründer): Kommentar Verwaltungsverfahrensgesetz, 9. Auflage, München 2018 (zit.: *Bearbeiter*, in: Stelkens/Bonk/Sachs, Verwaltungsverfahrensgesetz).

Stollmann, Frank: Vorläufiger Rechtsschutz von Konkurrenten im Krankenhausrecht, NVwZ 2006, 425-427.

Strickrodt, Georg: Stiftungsrecht, Geltende Vorschriften und rechtspolitische Vorschläge, Baden-Baden 1977 (zit: *Strickrodt*, Stiftungsrecht).

Stumpf, Christoph / Suerbaum, Joachim / Schulte, Martin / Pauli, Rudolf: Kommentar Stiftungsrecht zum BGB-Stiftungsrecht, zu den Landesstiftungsgesetzen und zum Stiftungssteuerrecht, 3. Auflage, München 2018 (zit.: *Bearbeiter*, in: Stumpf/Suerbaum/Schulte/Pauli).

Thole, Larissa: Die Stiftung in der Gründung, Berlin 2009, zugl. Dissertation Universität Bonn, 2008 (zit.: *Thole*, Die Stiftung in der Gründung).

Volkholz, Torsten:: Geltung und Reichweite der Privatautonomie bei der Errichtung von Stiftungen: die Weiterentwicklung des Stiftungsrechts nach Neufassung der §§ 80 bis 88 BGB durch das Gesetz zur Modernisierung des Stiftungsrechts zum 1. September 2002, Frankfurt am Main 2008, zugl. Dissertation Universität Kiel 2007 (zit.: *Volkholz*, Geltung und Reichweite der Privatautonomie bei der Errichtung von Stiftungen).

Vorwerk, Volkert / Wolf, Christian: BeckOK ZPO, 39. Edition [Stand 01.12.2020], München 2020 (zit.: *Bearbeiter*, in: BeckOK ZPO [Stand]).

Wachter, Thomas: Stiftungen: Zivil- und Steuerrecht in der Praxis, Köln 2001 (zit.: *Wachter*, Stiftungen: Zivil- und Steuerrecht in der Praxis).

Ders.: Steuerliche Behandlung von Stiftungen zwischen Errichtung und Anerkennung, ZEV 2003, 445-449.

Ders.: Formwirksame Errichtung einer Stiftung von Todes wegen trotz fehlender eigenhändiger Abfassung der Stiftungssatzung, Anmerkung zu OLG Stuttgart, Beschluss vom 10. 6. 2009 – 8 W 501/08, ZEV 2010, 200-202.

Weidmann, Christina: Stiftung und Testamentsvollstreckung, Hamburg 2009, zugl. Dissertation Bucerius Law School 2009 (zit.: *Weidmann*, Stiftung und Testamentsvollstreckung).

Weimar, Robert / Delp, Udo: Die Stiftung & Co. KG - ein dauerhafter Schutz gegen Bilanzeinsicht?, BB 1987, 1707-1710.

Werner, Almuth: Die Zustiftung, Baden-Baden 2003, zugl. Dissertation Universität Erlangen-Nürnberg 2001/2002 (zit.: *A. Werner*, Die Zustiftung).

Werner, Olaf / Saenger, Ingo / Fischer, Christian: Die Stiftung, Recht, Steuern, Wirtschaft, 2. Auflage, BadenBaden 2019 (zit.: *Bearbeiter*, in: Werner/Saenger/Fischer).

Westermann, Harm Peter / Grunewald, Barbara / Maier-Reimer, Georg: Erman, Bürgerliches Gesetzbuch, Handkommentar, Band I, 16. Auflage, Köln 2020 (zit.: *Bearbeiter*, in: Erman).

Zawar, Rolf: Das Vermächtnis in der Kautelarjurisprudenz, dargestellt am aufschiebend bedingten oder befristeten Vermächtnis, Berlin 1983, zugl. Dissertation Universität Saarbrücken 1982 (zit.: *Zawar*, Das Vermächtnis in der Kautelarjurisprudenz).

Zeising, Jörg: Verschärfte Haftung des Erbschaftsbesitzers bei schwebendem Erbscheinerteilungsverfahren, ZErb 2009, 172-175.

Zimmermann, Walter: Das Verhältnis des Erbscheinsverfahrens zur Erbenfeststellungsklage, ZEV 2010, 457-462.

Ders.: Das neue Nachlassverfahren nach dem FamFG, ZEV 2009, 53-58.

www.ingramcontent.com/pod-product-compliance
Ingram Content Group UK Ltd.
Pitfield, Milton Keynes, MK11 3LW, UK
UKHW022101051026
15623UKWH00003B/608

9 783631 851722